利益相关者视角下
高职院校"创客教育"
整体推进机制研究

唐小艳　著

湖南省自然科学基金科教联合项目：

利益相关者视角下湖南高职院校"创客教育"整体推进机制研究

课题编号：2018JJ5067

西南财经大学出版社

中国·成都

图书在版编目(CIP)数据

利益相关者视角下高职院校"创客教育"整体推进机制研究/唐小艳著.
—成都:西南财经大学出版社,2021.6
ISBN 978-7-5504-4140-8

Ⅰ.①利… Ⅱ.①唐… Ⅲ.①高等职业教育—创造教育—研究
Ⅳ.①G717.38

中国版本图书馆 CIP 数据核字(2019)第 203891 号

利益相关者视角下高职院校"创客教育"整体推进机制研究
Liyi Xiangguanzhe Shijiaoxia Gaozhi Yuanxiao 'Chuangke Jiaoyu' Zhengti Tuijin Jizhi Yanjiu
唐小艳　著

策划编辑:刘治强
责任编辑:王琳
封面设计:张姗姗
责任印制:朱曼丽

出版发行	西南财经大学出版社(四川省成都市光华村街 55 号)
网　　址	http://cbs.swufe.edu.cn
电子邮件	bookcj@swufe.edu.cn
邮政编码	610074
电　　话	028-87353785
照　　排	四川胜翔数码印务设计有限公司
印　　刷	郫县犀浦印刷厂
成品尺寸	170mm×240mm
印　　张	12.5
字　　数	234 千字
版　　次	2021 年 6 月第 1 版
印　　次	2021 年 6 月第 1 次印刷
书　　号	ISBN 978-7-5504-4140-8
定　　价	88.00 元

前　言

近年来，随着世界范围内的工业4.0的兴起与发展，创新的内涵不断丰富。创新范式经历了从创新1.0到创新2.0，再到创新3.0的发展过程。我国顺应时代发展潮流，在经济、社会、教育等领域提出了"中国制造2025""现代职业教育体系构建"等重大发展战略和"一带一路"倡议，并同时出台了一系列相关指导性意见。2015年，《国务院关于大力推进大众创业万众创新若干政策措施的意见》（国发〔2015〕32号）指出，要推进"大众创业、万众创新"。习近平总书记在党的十九大报告中指出："创新是引领发展的第一动力。"高职教育应是一种能快速适应社会发展变化的教育类型。在"开放创新、人人参与、自组织演化"的创新3.0时代，高职院校开展"创客教育"以培养具有创新意识和创新能力的技术技能人才是非常必要且能实现的。高职院校"创客教育"是运用创客理念和方法对教育进行改革的过程，是以培养学生创客精神、创客素质以及创客能力为目标的教育模式。

在国家政策的引导下，我国高职院校"创客教育"取得了显著成效。高职院校利益相关者不断搭建创客平台，使学生的创客素质和创客能力得到较大提升。但是，我们还需意识到高职院校"创客教育"在顶层设计、长效机制、多方协同、实践平台、创客课程、创客师资等方面还存在一系列问题。在充分了解高职院校"创客教育"利益相关者需求的基础上构建高效运行的动力机制，在准确把握高职院校"创客教育"核心要素的基础上构建多方协同的合作机制，在不断调研现状的基础上探索高职院校"创客教育"的协调机制与评价反馈机制，具有重要意义。

全书共分为五章，遵循"应然—本然—实然—使然—必然"的逻辑顺序进行章节构建：第一章为应然分析，即阐明利益相关者视角下高职院校"创客教育"的逻辑起点；第二章为本然溯源，即分析利益相关者视角下高职院校"创客教育"的理论内核；第三章为实然探究，即审视高职院校"创客教育"的现状与问题；第四章为使然方向，即构建利益相关者视角下高职院校

"创客教育"的整体推进机制；第五章为必然研究，即探索利益相关者视角下高职院校"创客教育"整体推进的保障体系。

本书为湖南省自然科学基金科教联合项目"利益相关者视角下湖南高职院校'创客教育'整体推进机制研究"（编号：2018JJ5067）的研究成果。

本书的撰写历时两年多，其间笔者多次参加全国、湖南省以及所在学校关于高职院校创新创业、"创客教育"等方面的研讨会和培训会，同时通过现场观摩、电话访谈等形式调研了部分学校和企业，并得到了有关领导、专家、同行教师等的指导，让笔者受益匪浅、收获颇多。书中许多观点是在他们的启发下思考而成的，在此，表示最真挚的谢意！西南财经大学出版社的领导和编辑对本书的出版给予了大力支持，在此一并表示感谢！

由于"创客"及"创客教育"是近年来出现的新概念，对其内涵及推进机制等的相关研究还刚起步，部分问题尚待进一步深入研究，加之笔者水平有限，因而本书还有许多不足之处，请各位读者批评指正。

唐小艳

目　录

第一章 应然趋势：利益相关者视角下高职院校"创客教育"的逻辑起点

任何教育都不能脱离具体的社会环境而发展，高职教育也是如此。根据国家政策文件，高职教育人才培养目标是培养高素质技术技能人才。技术技能人才培养更注重教育的产业和社会属性，因而高职教育必须与社会发展规律以及国家重大发展战略相适应。目前，社会发展的创新范式已演变至创新3.0。我国顺应时代发展潮流，提出了"中国制造2025""现代职业教育体系构建"等国家重大发展战略和"一带一路"倡议，这些都呼吁对"创客式"技术技能人才的培养。同时，在创新3.0时代，高职院校"创客教育"更容易实现。因而可以说，社会发展规律（创新范式的演变）以及国家重大发展战略是高职院校"创客教育"的逻辑起点。

第一节 创新范式演变及我国重大发展战略

一、社会发展规律：创新范式的演变以及创新3.0解析

目前，世界范围的第四次工业革命（工业4.0）已来临。工业4.0即第四次工业革命，目的在于改革传统工业的弊端，依托先进科技，对传统工业进行智能化调整升级，建立对现代生产项目具有广泛适应性、对各项资源有高效率利用性的智慧工厂[①]。由此可见，工业4.0强调改革和创新。在工业4.0背景下，创新范式也在发生改变。

---

① 吴康林. 工业4.0背景下技术技能人才需求分析及培养路径 [J]. 西部素质教育，2018，4（23）：215.

近年来，创新的内涵不断升级，创新范式由原来的创新 1.0 升级为创新 2.0，再升级到创新 3.0。三种创新范式的出现有不同的社会发展背景，三种创新范式建立在不同的理论基础之上，政府、大学、企业等在创新活动中扮演不同的角色。三种创新范式的内涵特征详见表 1-1[①]。

表 1-1　三种创新范式的内涵特征创新

创新范式	创新 1.0	创新 2.0	创新 3.0
创新特征	自主创新	国家创新体系	创新生态系统
创新模式	线性模式	非线性模式	非线性动态模式
创新价值载体	产品	产品+服务	产品+服务+体验
国家管理模式	政府管理	政府管理+市场调节	政府、市场、社会等多元治理
企业创新模式	封闭模式	开放模式	共生模式
大学创新特征	被动参与创新	主动参与创新	主动参与并体验创新

创新 1.0 作为第一代创新范式，其理论基础为新古典经济增长理论。这一理论产生于 20 世纪 50 年代，主要代表人物为美国经济学家索洛[②]。此阶段创新为线性模式，即投入与产出呈线性均衡发展，政府对创新活动的管理是自上而下的行政管理模式。企业按照计划经济要求，自设研究机构，进行封闭式研发活动。企业创新的动力来自政府需求和自身研发需求，创新价值载体仅为产品。大学在创新活动中参与较少。这一阶段又可称为"政产创新双螺旋模式"阶段[③]。

创新 2.0 作为第二代创新范式，其理论基础为国家创新体系理论。这一理论产生于 20 世纪 80 年代，主要代表人物是英国著名经济学家弗里曼（Freeman）[④]。在创新 2.0 范式下，投入与产出呈非均衡性，是一种非线性模式，强调企业的开放式创新，重视政府、企业、大学之间的相互作用，即产学研合作

① 唐小艳. "创新 3.0"背景下高职院校"创客式"人才培养探析 [J]. 当代教育论坛，2019（3）：105-111.

② 李志宏. 新古典经济增长理论的局限性：基于面板数据的实证分析 [J]. 经济科学，2004（4）：101-109.

③ 李万，常静，王敏杰，等. 创新 3.0 与创新生态系统 [J]. 科学学研究，2014，32（12）：1761-1770.

④ CHRIS FREEMAN. The "National System of Innovation" in historical perspective [J]. Cambridge Journal of Economics，1995（19）：5-24.

共同构建国家创新体系。这一时期开始关注市场调节，不仅输出产品，同时输出服务。在国家创新体系中，大学也主动参与企业创新，但这一时期政府仍采用自上而下的管理模式。这一阶段又可称为"政产学创新三螺旋模式"阶段①。

创新3.0作为第三代创新范式，其理论基础为演化经济理论②。演化经济理论萌芽较早，最早可追溯到19世纪晚期达尔文提出的生物进化理论③。但将演化经济理论运用于创新领域来阐述创新范式演变是在21世纪初，其代表人物是埃里克·冯·希普尔（Eric Von Hippel），他于2002年提出用户导向创新理论。创新3.0强调国家创新生态系统，强调用户个性化需求、体验及创意。这是一种非线性动态模式。政府转变管理职能，不再自上而下管理创新活动，而是强调政府、市场、社会等多元治理，政府提供创新生态，企业、大学、用户等处于创新生态系统中，进行自组织演化创新，即产学研用的"共生式"模式，创新不仅输出产品，还输出服务及参与者体验。大学主动参与并体验创新，实现共生共赢。这一阶段又可称为"产学研用创新四螺旋模式"阶段④。

近年来，世界各国充分认识到创新对国家科技、产业发展的重要性，对提升国家核心竞争力的重要作用，逐渐意识到创新内涵和范式正在发生改变，都积极探索适应创新3.0范式的创新政策。美国成立了科技政策办公室，开始研究基于创新生态系统的第三代创新政策，经过一系列研究，于2011年正式发布《科学政策学手册》⑤。2013年，欧盟通过研究与探索，也发布第三代创新政策——《都柏林宣言》，强调创新生态系统的11项政策及达成路径⑥。由此可见，欧美等发达国家和地区已经跨入第三代创新政策阶段。

我国顺应时代发展要求，2015年《国务院关于大力推进大众创业万众创新若干政策措施的意见》（国发〔2015〕32号）指出，"推进大众创业、万众

①　李万，常静，王敏杰，等. 创新3.0与创新生态系统［J］. 科学学研究，2014，32（12）：1761-1770.

②　李万，常静，王敏杰，等. 创新3.0与创新生态系统［J］. 科学学研究，2014，32（12）：1761-1770.

③　陈道江. 经济学的新发展：演化经济理论的回顾与展望［J］. 学海，2004（1）：155-161.

④　李万，常静，王敏杰，等. 创新3.0与创新生态系统［J］. 科学学研究，2014，32（12）：1761-1770.

⑤　KAYE F. A Handbook of The Science of Science Policy［M］. California：Stanford University Press，2011：1-33.

⑥　The European Commission. Open Innovation 2.0-Sustainable Economy & Society-Stability. Jobs. Prosperity［R］. Dublin，Ireland：The European Commission，2013.

创新"。"双创"政策的确立，充分体现了创新 3.0 的技术创新特征，即技术创新成果的最终用户直接或通过共同创新平台参与创新成果的研发、应用和推广的全过程①，强调协同创新、民主化创新、开放创新。创新不再是传统意义上的科技人员源头创新，而是用户参与、人人参与的创新。在创新 3.0 时代，创新不再高不可攀、遥不可及，创新无处不在。习近平总书记在党的十九大报告中指出，"创新是引领发展的第一动力"。2018 年 5 月 26 日，在由国务院发展研究中心指导、中国发展出版社主办的"国研智库论坛·全球科技创新发展与交流合作峰会 2018"上，财政部政策研究室巡视员汪义达提出了建立政府、市场、产业、企业先进技术协同发力的创新生态系统，推动创新在各个行业、领域的深度广泛运用②。这进一步说明我国已全面深入推进第三代创新政策的发展。在第三代创新政策下，高职院校"创客教育"更容易开展和实现。

二、我国重大发展战略

（一）"中国制造 2025"

1. 战略概述

中国作为世界制造业大国，近年来中国企业（特别是制造企业）发展迅速。经过几十年的快速发展，目前我国制造业规模跃居世界第一，建立起门类齐全、独立完整的制造体系，成为支撑我国经济社会发展的重要基石和促进世界经济发展的重要力量③。2014 年，我国有 100 家企业入选"财富世界 500强"，其中不含港澳台的制造业企业有 56 家，成为仅次于美国（128 家）的世界 500 强的企业数第二大国④。2015 年我国入选"财富世界 500 强"的企业共有 106 家，美国 128 家，我国稳居世界第二⑤。2016 年我国入选"财富世界500 强"的企业共有 110 家，美国 134 家，我国仍居世界第二⑥。连续三年我国进入世界 500 强的企业数位居世界第二，且企业总数呈逐年增加趋势，与位

① 张枝实，杨茹，陈东毅. 基于创新 2.0 的在线学习支持服务系统的构建 [J]. 中国远程教育，2011（8）：68-72.

② 胡晖. 多方面打造国家创新生态系统 [N]. 中国经济时报，2018-05-28（2）.

③ 敬石开."中国制造 2025"与职业教育 [J]. 中国职业技术教育，2015（21）：5-9.

④ 规划司.《中国制造 2025》解读之二：我国制造业发展进入新的阶段 [EB/OL].（2015-05-19）[2018-9-9]. http://www.miit.gov.cn/n11293472/n11293832/n11294042/n11481465/16595200. html.

⑤ 2015 年财富世界 500 强 [EB/OL].（2015-7-22）[2018-6-9]. http://www.fortunechina.com/fortune500/c/2015-07/22/content_244435. htm

⑥ 2016 年财富世界 500 强 [EB/OL].（2016-7-20）[2018-9-9]. http://www.fortunechina.com/fortune500/c/2016-07/20/content_266955. htm.

居世界第一的美国之间的差距越来越小。在我国进入世界500强的企业中，超过半数的企业为制造企业。制造业已成为我国的主导产业，是保持国家核心竞争力的重要源泉。

　　然而，我国仍处于工业化的发展进程之中，与发达国家的差距比较大。制造业"大而不强"、某些领域"强而不精"，自主创新力不强，高端装备与核心技术对外依存度较高，创新体系不完善；缺乏高档次产品，世界知名品牌较少；环境污染比较突出，对资源的利用效率比较低；产业结构合理性不够，生产性服务业和高端装备制造业发展相对滞后；信息化水平相对较低，与工业化融合广度和深度不够；产业的国际化程度相对较低，企业的全球经营能力还不高①。

　　目前，资源、能源、环境等问题带来很多约束，劳动力等生产要素成本正加速增长，出口和投资的增速变得缓慢，主要依靠低成本投入而实现规模扩张的粗放型增长模式已难以持续。转型升级、调整结构、提高效益和质量已成为经济社会发展的重要目标。因而，急需加强科技创新，尤其是制造业基础能力方面的创新，还应加强经营管理模式的创新，提高智能制造水平，加强战略性新兴产业的关键装备的开发与研究，加强对绿色技术的开发与研究②。

　　在新一轮产业变革和科技革命中，要建立中国的竞争优势，把握新一轮浪潮提升中国的制造业，我们就必须进行改革。为此，国务院总理李克强主持召开国务院常务会议，部署加快推进实施"中国制造2025"，实现制造业转型升级。党的十八大提出"推进新型工业化、信息化、城镇化、农业现代化道路同步发展，推动信息化和工业化深度融合"的战略目标，为我国现代化，特别是制造业这一事关国家未来经济社会发展的产业指明了战略方向。实施"中国制造2025"是落实创新驱动发展战略的重要举措，是实现"稳增长、调结构、转方式、惠民生"战略要求的具体途径，是应对内外部发展环境挑战的根本措施，是实现向"制造强国"转变的战略选择，对我国当前和未来经济社会发展具有重大的战略意义③。

　　"中国制造2025"的基本方针是：创新驱动、质量为先、绿色发展、结构

---

　　① 国务院. 国务院关于印发《中国制造2025》的通知［EB/OL］.（2015-05-08）［2018-10-20］.http://www.gov.cn/gongbao/content/2015/content_2873744.htm.
　　② 敬石开."中国制造2025"与职业教育［J］.中国职业技术教育，2015（21）：5-9.
　　③ 敬石开."中国制造2025"与职业教育［J］.中国职业技术教育，2015（21）：5-9.

优化、人才为本。其主要内容如下①：

（1）坚持"一条主线"，即以新一代信息技术与制造业深度融合为主线。

（2）为了"两大应对"，即主要是为了应对新一轮科技革命和产业革命的需要。

（3）实施"三步走"战略，即2015—2025年，迈入制造业强国行列；2025—2035年，达到制造业强国阵营中等水平；2035—2049年，制造业综合实力进入世界制造业强国前列。

（4）坚持"四项基本原则"，即市场主导，政府引导；立足当前，着眼长远；整体推进，重点突破；自主发展，开放合作。

（5）实施"四大重点工程"，即国家制造业创新中心建设工程、工业强基工程、绿色制造工程和高端装备创新工程。

（6）秉承"六大特性"：前瞻性、先导性、基础性、差异性、战略性和长期性。

（7）布局"七大优势行业"：航天装备、通信装备、发电与输变电装备、轨道交通装备、钢铁冶金装备、石油化工和家用电器。

（8）实施"八大战略支撑"，主要包括深化体制机制改革、营造公平竞争市场环境、完善金融扶持政策、加大财税支持力度、健全多层次人才培养体系、完善中小微企业政策、进一步扩大制造业对外开放、健全组织实施机制。

（9）安排"九大重点任务"，即提高国家制造业创新能力、推进信息化与工业化深度融合、强化工业基础能力、加强质量品牌建设、全面推行绿色制造、大力推动重点领域突破发展、深入推进制造业结构调整、积极发展服务型制造和生产性服务业、提高制造业国际化发展水平。

（10）聚焦"十大重点领域"，即新一代信息技术、高档数控机床和机器人、航空航天装备、海洋工程装备及高技术船舶、先进轨道交通装备、节能与新能源汽车、电力装备、新材料、生物医药及高性能医疗器械、农业机械装备。

"中国制造2025"是我国实施制造业强国战略第一个十年行动纲领，它是着眼于整个国际国内的经济社会发展、产业变革大趋势的一个长期战略性计划，不仅可以推动传统制造业的转型升级和健康稳定发展，还可以在应对第三

---

① 国务院．国务院关于印发《中国制造2025》的通知［EB/OL］.（2015-05-08）［2018-10-20］.http://www.gov.cn/gongbao/content/2015/content_2873744.htm.

次技术革命的同时，实现我国高端制造业的跨越式发展。其基本特点是①：

（1）创新是主要核心。"中国制造2025"将创新摆在制造业发展全局的核心位置，并作为国家战略来积极推进，强调完善以企业为主体、市场为导向、政产学相结合的制造业创新体系，推动跨领域跨行业协同创新，突破一批重点领域关键共性技术，促进制造业数字化、网络化、智能化，走创新驱动的发展道路。

（2）新一代信息技术与制造业深度融合是一条主线。"中国制造2025"将更快速地带动两化深度融合：信息技术面向制造业全面嵌入，将颠覆传统的生产流程、生产模式和管理方式；生产制造过程与业务管理系统的深度集成，将实现对生产要素高度灵活的配置，实现大规模定制化生产。这一切都将有力地推动传统制造业加快转型升级的步伐。

（3）智能制造是主攻方向。智能制造已成为全球制造业发展的新趋势，智能设备和生产手段在未来必将广泛替代传统的生产方式。当前，我国在智能测控、数控机床、机器人、新型传感器、3D打印等领域已初步形成完整的产业体系。但总的来看，我国制造业仍以简单的扩大再生产为主要途径，通过智能产品、技术、装备和理念改造提升制造业任务尤为迫切。"中国制造2025"将智能制造作为主攻方向，推进制造过程智能化，通过信息物理系统（CPS），利用物联网技术、软件技术和通信技术，加强信息管理和服务，提高生产过程的可控性，保证设计智能化、产品智能化、管理精细化和信息集成化，从而实现研发、生产、制造工艺及工业控制等环节全方位信息覆盖，确保各个生产制造环节都能处于最优状态，从而引导制造业向智能化转型。

（4）人才是根本保证。"中国制造2025"的实现离不开人力资源。长期以来，我国的人力资源具有较强优势，这是我国长期坚持教育优先发展战略所带来的"人才红利"。据统计，2010年，中国总人力资本相当于美国的3.60倍；预计到2020年，中国总人力资本将是美国的3.85倍②。

"中国制造2025"坚持将人才作为建设制造业强国的根本，通过建立健全科学合理选人、用人、育人机制，加快培养制造业发展急需的专业技术人才、经营管理人才、技能人才。为适应"中国制造2025"以创新为核心的发展战略，需要营造"大众创业、万众创新"的氛围，建设一支结构合理、素质优

---

① 国务院. 国务院关于印发《中国制造2025》的通知[EB/OL].（2015-05-08）[2018-10-20].http://www.gov.cn/gongbao/content/2015/content_2873744.htm.

② 胡鞍钢，王洪川，鄢一龙. 中国现代化：人力资源与教育（1949—2030）[J]. 教育发展研究，2015（1）：9-14.

良的创新型人才队伍，走人才引领的发展道路。

根据《中国统计年鉴2015》，2014年我国第二产业（主要为制造业）的从业人数为2.31亿人。这些从业人员中大部分是在生产、管理、服务第一线从事创造性劳动的技术技能人才。根据全国行业职业教育指导委员会提供的资料，2014年，机械行业从业人员总数约为1 800万人，技术技能人员约为980万人，占比为54.4%；交通运输行业从业人员约为3 800万人，其中技术技能人员约为2 000万人，占比为52.6%；石油化工行业从业人员总数约为850万人，其中技术技能人员约为380万人，占比为44.7%[①]。职业教育作为技术技能人才培养的主阵地，成为推进"中国制造2025"的重要支撑力量。

2. "中国制造2025"对高职教育的影响

"中国制造2025"是为与世界工业4.0接轨而提出的重大发展战略。杰里米·里夫金于2012年指出：世界工业4.0是以互联网为基础，与新材料、新能源、新技术相互高度融合，以创新为标志的革命，凸显了制造的数字化、消费的个性化、市场的网络化、组织的扁平化和能源的信息化等特征。这将促进全球制造业从低价生产、批量销售的模式转向定制化、数字化甚至智能化模式，即制造业数字化。这一转变通过互联网和高科技技术给传统制造产业带来全新的变革，人们可以便捷地获取和使用个人化数字制造技术和设备，如开源软硬件、桌面3D打印机、3D扫描仪、激光切割机等。这也将为人人创新提供条件，创新不再被少数企业靠专利所垄断。由此，创新理念从以生产者为中心、以技术为出发点的方式逐渐向以用户为中心、以服务与应用为切入点的方式转变，突出了公众参与性，更加倡导利用各种数字化、智能化技术与设备，使知识共享、扩散和创新的程度加深。这不仅是未来社会对应用型创新人才要求的反映，也是人自身个性化价值的实现和适应社会发展的反映[②]。因而，人才培养方式也应紧跟社会、产业发展趋势进行调整改变。

从外部动力来看，"中国制造2025"的提出是发达国家与发展中国家"双向挤压"的结果；从内生动力来看，这一行动纲领是中国制造业从资源和劳动密集型向资本和技术密集型转变的必然结果。低端制造业的转移与高端技能型制造业的回流，对我国人力资源市场造成了一定冲击，而该现象的出现也恰恰反映了我国人力资源队伍建设的结构性矛盾。我国中低端制造业企业大多属于劳动密集型企业，技术含量低，对劳动者的技术层次要求不高。长三角、珠三角等产业集

---

① 于志晶，等. 中国制造2025与技术技能人才培养 [J]. 职业技术教育. 2015, 36 (21)：10-24.

② 杨刚. 创客教育双螺旋模型构建 [J]. 现代远程教育研究, 2016 (1)：62-68.

群区域汇集了大量制鞋、服装、纺织等传统初级加工制造业，这有效解决了大量中低端技术技能人才的就业问题。而低端制造业向新兴发展中国家的转移使得中低端技术技能人才的市场需求达到饱和状态。并且，具有强竞争力、高附加值和高技术含量的高端制造业在我国仍然处于发展初期。行业运转所需要的大量核心技术仍需依赖国外引进，高端制造业未形成具有整体竞争力的基本实力与发展态势。而我国人才队伍现状与人才培养格局无法满足高端制造业在生产、科研、管理等关键环节的迫切需求。这就使得人才供求矛盾日益尖锐：一方面是中低端技术技能人才过剩，另一方面则是高端技术技能人才明显不足。这种供求矛盾正是我国技术技能人才培养的结构性矛盾导致的①。

制造强国将淘汰低端制造业或将传统制造业转型升级，企业需要一大批高端技术技能人才。我国高职院校在高端技术技能人才培养中扮演着重要角色。但在高职教育领域，目前总体以培养中低端人才为主，高端技术技能人才非常匮乏，高级技工非常短缺。2016年国务院发展研究中心的研究数据表明，2010—2015年，我国职业院校每年加工制造类专业的招生数量和毕业生数量高达100万人次，其中接近80%的制造类专业毕业生获得了相关的职业资格证书，然而大部分毕业生所获的是中级及以下的职业资格证书，获得高级职业资格证书的比例不足10%②。高端技术技能人才培养不足是制约"中国制造2025"战略实施的主要瓶颈，而高端技术技能人才的重要特征就是创新素质和创新能力，因而高职教育的人才培养目标应增加"创新"内涵，开展"创客教育"势在必行。

（二）"一带一路"倡议与"一带一部"战略

2013年9月和10月，中国国家主席习近平在出访中亚和东南亚国家期间，先后提出共建"丝绸之路经济带"和"21世纪海上丝绸之路"（以下简称"一带一路"）的倡议，得到国际社会高度关注。"一带一路"建设是一项系统工程，要坚持共商、共建、共享原则，积极推进沿线国家发展战略的相互对接。为推进实施"一带一路"倡议，让古丝绸之路焕发新的生机活力，以新的形式使亚欧非各国联系更加紧密，互利合作迈向新的历史高度，中国政府发布《推动

---

① 李政. "中国制造2025"与职业教育发展观念的转轨 [J]. 中国职业技术教育，2015（33）：38-44.

② 陈诗慧，张连绪. "中国制造2025"视域下职业教育转型与升级 [J]. 现代教育管理，2017（7）：107-113.

共建丝绸之路经济带和 21 世纪海上丝绸之路的愿景与行动》①。

1. 概述

（1）"一带一路"倡议

《推动共建丝绸之路经济带和 21 世纪海上丝绸之路的愿景与行动》指出②：

当今世界正在发生复杂深刻的变化，国际金融危机深层次影响继续显现，世界经济缓慢复苏、发展分化，国际投资贸易格局和多边投资贸易规则酝酿深刻调整，各国面临的发展问题依然严峻。共建"一带一路"顺应世界多极化、经济全球化、文化多样化、社会信息化的潮流，秉持开放的区域合作精神，致力于维护全球自由贸易体系和开放型世界经济。共建"一带一路"旨在促进经济要素有序自由流动、资源高效配置和市场深度融合，推动沿线各国实现经济政策协调，开展更大范围、更高水平、更深层次的区域合作，共同打造开放、包容、均衡、普惠的区域经济合作架构。共建"一带一路"符合国际社会的根本利益，彰显人类社会共同理想和美好追求，是国际合作以及全球治理新模式的积极探索，将为世界和平发展增添新的正能量。"一带一路"的互联互通项目将推动沿线各国发展战略的对接与耦合，发掘区域内市场的潜力，促进投资和消费，创造需求和就业，增进沿线各国人民的人文交流与文明互鉴，让各国人民相逢相知、互信互敬，共享和谐、安宁、富裕的生活。

加快"一带一路"建设，有利于促进沿线各国经济繁荣与区域经济合作，加强不同文明交流互鉴，促进世界和平发展，是一项造福世界各国人民的伟大事业。

"一带一路"是促进共同发展、实现共同繁荣的合作共赢之路，是增进理解信任、加强全方位交流的和平友谊之路。中国政府倡议，秉持和平合作、开放包容、互学互鉴、互利共赢的理念，全方位推进务实合作，打造政治互信、经济融合、文化包容的利益共同体、命运共同体和责任共同体。

"一带一路"贯穿亚欧非大陆，一头是活跃的东亚经济圈，一头是发达的欧洲经济圈，中间广大腹地国家经济发展潜力巨大。丝绸之路经济带重点畅通中国经中亚、俄罗斯至欧洲（波罗的海）；中国经中亚、西亚至波斯湾、地中

---

① 国家发展改革委、外交部、商务部（经国务院授权发布）. 推动共建丝绸之路经济带和 21 世纪海上丝绸之路的愿景与行动［EB/OL］.（2015−03−02）［2018−10−20］. https://www.yidaiyilu.gov.cn/yw/qwfb/604.htm.

② 国家发展改革委、外交部、商务部（经国务院授权发布）. 推动共建丝绸之路经济带和 21 世纪海上丝绸之路的愿景与行动［Z］. 2015−3−28.

海；中国至东南亚、南亚、印度洋。21 世纪海上丝绸之路重点方向是从中国沿海港口过南海到印度洋，延伸至欧洲；从中国沿海港口过南海到南太平洋。

根据"一带一路"走向，陆上依托国际大通道，以沿线中心城市为支撑，以重点经贸产业园区为合作平台，共同打造新亚欧大陆桥、中蒙俄、中国—中亚—西亚、中国—中南半岛等国际经济合作走廊；海上以重点港口为节点，共同建设通畅安全高效的运输大通道。中巴、孟中印缅两个经济走廊与推进"一带一路"建设关联紧密，要进一步推动合作，取得更大进展。

"一带一路"建设是沿线各国开放合作的宏大经济愿景，需各国携手努力，朝着互利互惠、共同安全的目标相向而行。努力实现区域基础设施更加完善，安全高效的陆海空通道网络基本形成，互联互通达到新水平；投资贸易便利化水平进一步提升，高标准自由贸易区网络基本形成，经济联系更加紧密，政治互信更加深入；人文交流更加广泛深入，不同文明互鉴共荣，各国人民相知相交、和平友好。

沿线各国资源禀赋各异，经济互补性较强，彼此合作潜力和空间很大。以政策沟通、设施联通、贸易畅通、资金融通、民心相通为主要内容，全面加强合作。

（2）"一带一部"战略

从湖南省区域层面看，2013 年 11 月习近平总书记来湖南考察时指出：湖南要发挥作为东部沿海地区和中西部地区过渡带、长江开放经济带和沿海开放经济带结合部的区位优势，抓住产业梯度转移和国家支持中西部地区发展的重大机遇，提高经济整体素质和竞争力，加快形成结构合理、方式优化、区域协调、城乡一体的发展新格局[①]，这即是"一带一部"战略。战略要求紧紧抓住产业梯度转移、空间梯度开发、开放梯度推进和对接国家战略的历史机遇，大力推进制造强省建设和 20 个工业新兴优势产业链行动计划，实现创新链、产业链、资金链的有效嫁接及深度融合，补齐湖南省项目总量不多、质量不高，基础建设项目偏多，产业项目偏少的短板，推动湖南实现高质量发展。"一带一部"战略的提出对湖南制造业的发展具有战略意义。一方面湖南可以把优势制造业转移出口；另一方面湖南可以利用长沙作为内陆开放型经济高地的区位优势，积极引进外资，发展以"长株潭"为核心的制造产业研发中心，并在此基础上在全省范围内推动制造产业的优化升级，同时进行省内制造业的结构优化与优势产能的转移。这保证了制造业的健康发展，也是新常态下湖南省

[①] 坚持"一带一部"战略定位 [N]. 湖南日报，2018-07-30（001）.

经济持续健康发展的保障①。

2. "一带一路"倡议及"一带一部"战略对高职教育的影响

2016 年，教育部国际交流司政策法规处刘剑青处长在"一带一路"产教协同峰会中围绕《关于做好新时期教育对外开放工作的若干意见》《推进共建"一带一路"教育行动》等国家对外开放领域方针政策做了重点解读，指出中国教育对外开放已从过去的以规模发展为主，向以内涵质量发展为主要特征转化，因而教育要通过完善治理、提质增效等，加强与世界各国的合作，扩大开放，提升教育水平，在促进各国民心相通和人才支撑方面发挥重要作用②。

党的十九大报告强调，要以"一带一路"建设为重点，加快培育国际经济合作和竞争新优势。经贸合作取决于产品的创新，因而改变人才培养模式促进创新发展是我国高职教育满足"一带一路"建设需求的必要之举③。

"一带一路"倡议为培养创新型人才、促进人力资本深化提供了政策红利。进行产品创新、提高产品技术含量是"一带一路"倡议开展经贸合作的基础和先导。要进行创新，先要将现有的资本深化模式转变为人力资本深化模式，进而实现由投资驱动型增长方式向创新驱动型增长方式的转变。我国人力资本总量很大，随着 21 世纪以来高等教育的快速扩展，人力资本的积累速度也迅速提高。根据国家统计局统计的数据，普通高校毕业生数从 2000 年的 95 万增加到了 2016 年的 704 万，为经济发展奠定了坚实的人力资本基础。但由于人力资本深化不足，人才的创新能力明显不够，根据《中国劳动统计年鉴》历年数据计算得出，我国劳动生产率由年均 8% 的增长趋势逐步回落到了不足 6%，加上人口生育率下降和老龄化趋势严重，劳动年龄人口总量从 2012 年到 2017 年累计减少超过 2 000 万④，劳动力供给不足的现象日益明显，原有的推动经济增长的人口红利逐渐消失，所以建立在劳动力无限供给条件上的通过投资拉动经济增长的发展方式已经不可持续。"一带一路"倡议的提出，要求我们必须重新思考人才供给如何在结构、质量和数量三个方面满足未来国际贸易合作和产业结构调整的需求。同时，在"一带一路"倡议逐步推进的过程中，

---

① 李欢欢，付程程. 中国制造 2025 背景下湖南制造业优化升级研究 [J]. 企业导报，2015 (20)：49-50.

② 刘红. "一带一路"战略背景下我国职业教育发展机遇、挑战与路径："一带一路"产教协同峰会会议综述 [J]. 中国职业技术教育，2017 (4)：20-23.

③ 苏丽锋，史薇. "一带一路"倡议的政策红利与高等职业教育改革对策 [J]. 教育与经济，2018 (5)：3-7，39.

④ 苏丽锋，史薇. "一带一路"倡议的政策红利与高等职业教育改革对策 [J]. 教育与经济，2018 (5)：3-7，39.

国家密集出台诸多创新型人才培养的配套政策，譬如：2016 年科技部等制定的《推进"一带一路"建设科技创新合作专项规划》和 2017 年国家提出的《"一带一路"科技创新合作行动计划》均对我国创新领域发展提供了重要制度支撑，对高等教育领域改革与人才培养模式的转变提供了政策红利，对于我国如何提高人力资本质量，不断培养创新型人才，从人力资本深化中获取第二次人口红利，推动经济的可持续增长意义深远。

"一带一路"为学生就业和创业提供了诸多政策红利。"一带一路"为古老的"丝绸之路"赋予了当今时代的新内涵，不仅规划了改革开放的美好蓝图，同时也为年青一代的创新创业提供了许多机会。面对新时期就业压力增大的问题，通过创业带动就业已然成为开辟就业新渠道的重要途径。近年来国家出台多项促进创新创业的新政策。2016 年国务院常务会议指出要"大力支持大众创业、万众创新，把创业和就业结合起来，以创业创新带动就业"。2017 年"一带一路"国际合作高峰论坛提出"要为互联网时代的各国青年打造创业空间、创业工厂"，会议还详细指出了青年群体创新创业的政策方向和行动计划，其间我国与 30 多个国家签署了经贸合作协议，为各国年轻人的跨国商业合作提供了广阔空间。创新创业一方面需要优越的政策环境，另一方面需要有良好的市场机会，"一带一路"倡议为青年创新创业提供了巨大的市场机会，例如，新技术、新产品、旅游、文化、金融服务、高端制造等领域均可能成为青年创业者的最佳选择。国家工商总局调查发现，近年来我国新设小微企业表现非常活跃，周年开业率达到 70.8%，其中初次创业企业占比高达 85.8%，受"一带一路"倡议引导，西部地区开业率最高[①]。另外，与沿线国家在海上、陆上以及航空基础设施的互联互通，亚欧大桥、新亚欧大桥等骨干性交通要道的建成，将大大拓展我国企业国际合作的范围。届时，国外新理念、新技术都会给青年带来无限的创新空间，助长个人创业梦和中国梦的同步实现。

相应地，从区域层面来看，湖南"一带一部"战略的实施离不开人力资源。高等学校输送合格的人才，才能在供给侧满足"一带一部"战略的需求。高职教育作为高等教育的半边天，是为湖南"一带一部"战略的实施培养输送技术技能人才的主阵地和主渠道。

---

① 苏丽锋，史薇."一带一路"倡议的政策红利与高等职业教育改革对策 [J]. 教育与经济，2018（5）：3-7，39.

（三）现代职业教育体系建设

1. 重要意义

构建现代职业教育体系是贯彻《国家中长期教育改革和发展规划纲要（2010—2020年）》文件精神的重要途径，是职业教育适应经济社会发展方式改变和产业结构优化升级的要求，也是促使中高职教育协调统一发展的重要举措，还是落实教育部《关于推进中等和高等职业教育协调发展的指导意见》（教职成〔2011〕9号）、系统培养服务于现代产业体系建设的数以亿计的高素质技术技能人才的重点任务。

我国将构建现代职业教育体系作为职业教育发展的战略性目标，主要如下：①转变经济发展方式和发展现代产业体系，为现代职业教育体系建设给予有力的保障和支撑。转方式、调结构、实施重点产业振兴规划、发展战略性新兴产业与现代农业等，都急需培养大量高素质技术技能人才，才能尽快把经济增长从依靠增加人力资本数量转变到依靠提升人力资本质量上来。②有利于建设学习型社会与构建终身教育体系。新农村建设、城市化发展、和谐社会构建，都是建设现代职业教育体系的动力。要满足人的全面发展以及多样化学习的需要，应发挥职业教育服务区域、面向人人、改善民生、促进就业的作用，为现代职业教育体系建设提供全方位服务。③有利于职业教育的持续发展。现代职业教育体系为职业教育的持续发展提供保障。首先，职业院校的规模越来越大，急需加强政府统筹管理系统的保障，强化学籍管理、办学条件预警、技术研发管理、校企合作管理等方面的建设；其次，大力发展职业教育由规模为主转向质量为重，迫切需要完善职业资格证书系统、强化职教科研系统支撑①。

2. 建设历程

我国现代职业教育体系的建设历程主要如下②：

（1）现代职业教育体系的起步期（1949—1991年）

新中国成立后，我国现代职业教育体系就已起步，但由于受"以阶级斗争为纲"和"左"的思想的影响，在发展中大起大落，尤其是"文革"期间受林彪、"四人帮"的破坏，大批中等专业学校和技工学校被迫停办，农业中学、职业学校被摧残殆尽，造成中等教育结构单一化，与国民经济的发展需要严重脱节。为此，1980年8月，中共中央《关于转发全国劳动就业会议文件

---

① 范唯，郭扬，马树超. 探索现代职业教育体系建设的基本路径 [J]. 中国高教研究，2011（12）：62-66.

② 曹晔. 我国现代职业教育体系建设历程与发展趋势 [J]. 职教论坛，2012（25）：44-48.

的通知》指出："目前，我国高中毕业生升大学的只有百分之四左右。必须积极地逐步地把一部分普通中学改为职业学校。今后企业单位增人，应以经过职业训练的毕业生为重点。要把职业教育作为教育体系的重要组成部分，逐步建立职业教育网，包括中等专业学校、函授学校、技工学校、业余学校、电视学校以及各种职业训练班。"为了满足社会技能型人才的急需，同年10月，国务院批转教育部、国家劳动总局《关于中等教育结构改革的报告》明确指出："职业技术教育是我国社会主义教育制度的重要组成部分。"该报告提出："根据大力发展职业技术教育的要求，我国广大青少年一般应从中学阶段开始分流：初中毕业生一部分升入普通高中，一部分接受高中阶段的职业技术教育；高中毕业生一部分升入普通大学，一部分接受高等职业技术教育。在小学毕业后接受过初中阶段的职业技术教育的，可以就业，也可以升学。凡是没有升入普通高中、普通大学和职业技术学校的学生，可以经过短期职业技术培训，然后就业。"同时，对办学体制也做出了明确规定："实行普通教育与职业技术教育并举，全日制学校与半工半读学校、业余学校并举，国家办学与业务部门、厂矿企业、人民公社办学并举的方针，县以下教育事业应当主要面向农村，为农村和各项建设事业服务。在城乡要提倡各行各业广泛办职业（技术）学校。"该报告比较全面系统地规定了构建我国现代职业教育体系的方针、措施和途径，但在实际落实过程中，主要是围绕中等职业教育体系进行构建的。

同时，我国积极开展成人中等职业教育，使职业教育从以往的学历教育为主转向学历和非学历教育并重。1981年2月中共中央、国务院做出了《关于加强职工教育工作的决定》，采取多种措施加强职工的职业教育，同年9月国务院批转教育部《关于举办职工中等专业学校的试行办法》，在企业职工中开始开展成人中等职业教育学历教育。

1985年我国召开了经济体制改革以来的第一次全国教育工作会议，会后颁发了《中共中央关于加快教育体制改革的决定》，该决定进一步明确提出："调整中等教育结构，大力发展职业教育。"并首次明确提出："发展职业技术教育要以中等职业技术教育为重点，发挥中等专业学校的骨干作用，同时积极发展高等职业技术院校，优先对口招收中等职业技术学校毕业生以及有本专业实践经验、成绩合格的在职人员入学，逐步建立起一个从初级到高级、行业配套、结构合理又能与普通教育相互沟通的职业技术教育体系。"第一次以中央文件的形式提出建立职业技术教育体系。

1986年5月，国家教育委员会下发了《关于建立职业技术教育委员会的通知》，成立了由国家教委、国家计委、国家经委、财政部、劳动人事部等十多个部委组成的职业技术教育委员会，来协调各部委、各有关部门和省、自治区、直辖市及计划单列市的职业技术教育工作。为了加强职业教育与行业、企业的联系，同年 6 月 23 日，国家教育委员会、国家计划委员会、国家经济委员会联合颁发了《关于经济部门和教育部门加强合作促进就业前职业技术教育发展的意见》，指出"为了使各级职业技术学校毕业生能够熟悉生产过程，具有较强的实践动手能力，对口的企业应积极接纳师生下厂进行生产实习和实践"。"可以进行厂校合作培训制度的试点，即企业要依靠自己的技术力量和生产装备，负责对学生进行严格的技能训练；同时，学校要依靠自己的教学力量，负责对学生进行必要的文化及基础理论教学，厂校共同负责考核。"开始探索校企合作培养人才模式，从校企合作的体制上来构建职业技术教育体系。

1991 年国务院召开改革开放以来第二次全国职业教育工作会议，国务院颁发了《大力发展职业教育的决定》。这次会议总体上是对改革开放以来我国中等及以下职业教育的总结，实现了高中阶段职普教育 1：1 的目标，提出了进一步大力发展中等职业教育的方针政策，对高等职业教育很少提及。这次会议明确指出：经过十多年的发展，我国已"初步建立起有中国特色的，从初级到高级、行业配套、结构合理、形式多样，又能与其他教育相互沟通、协调发展的职业技术教育体系的基本框架"。这标志着我国初步形成了以中等职业教育为主体的职业教育体系①。

（2）现代职业教育体系的催生期（1992—2000 年）

在计划经济体制下，大中专毕业生就业由国家计划分配，是供给主导的教育，这样的教育不能有效反映社会和企业的需求。但随着商品经济的发展，尤其是我国确立建立社会主义市场经济体制以来，企业不再是政府的附属，成为市场主体，完全按照市场需求进行自主经营、自我发展，社会对专科层次（高技能）人才需求开始凸显。

1992 年，我国提出建立社会主义市场经济体制，高等职业教育的发展被提上议事日程。1993 年，国务院颁发了《中国教育改革和发展纲要》，进一步明确提出"要大力加强和发展地区性的专科教育"的方针。1994 年，我国召开了第二次全国教育工作会议，会议明确提出"通过现有的职业大学、部分高等专科学校和独立设置的成人职业院校改革办学模式，调整培养目标来发展职业教育。仍不满足时，经批准利用少数具备条件的重点中等专业学校改制或举办高职班等方式作为补充来发展高等职业教育"的基本方针，即所谓的

---

① 曹晔. 我国现代职业教育体系建设历程与发展趋势［J］. 职教论坛，2012（25）：44-48.

"三改一补"。与此同时，扩大了五年制高职的试点范围，国家教委于 1994 年 10 月下发了《关于在成都航空工业学校等 10 所中等专业学校试办五年制高职班的通知》，确定了成都航空工业学校、广州民航学校等 10 所学校自 1994 年起在 30 个班（1 200 人）内组织实施以初中毕业生为起点的五年制职业教育①。1996 年，国家颁布了《职业教育法》，确立了职业教育的法律地位，明确规定："国家根据不同地区的经济发展水平和教育普及程度，实施以初中后为重点的不同阶段的教育分流，建立、健全职业学校教育与职业培训并举，并与其他教育相互沟通、协调发展的职业教育体系。"并提出"高等职业学校教育根据需要和条件由高等职业学校实施，或者由普通高等学校实施。其他学校按照教育行政部门的统筹规划，可以实施同层次的职业学校教育"的方针，提出了职业教育可由高等学校实施的规定，拓展了我国高等教育发展的空间。但总的来看，受传统观念和体制的影响，职业教育仍处于缓慢发展阶段。

1998 年，国务院机构改革，撤销国家教育委员会，成立教育部。新组建的教育部，进一步加强对高职教育的发展，提出了"三多一改"（多渠道、多规格、多模式发展高职教育，重点是教学改革，真正办出高职特色）发展职业教育的方针，并拨出了 11 万个招生指标，在 20 个省市用于发展职业教育，职业教育进入了大发展时期。尤其是 1999 年我国开始实行高等教育大众化，把发展职业教育作为大众化的重要内容。中共中央、国务院颁布的《关于深化教育改革全面推进素质教育的决定》提出："要大力发展高等职业教育……现有的职业大学、独立设置的成人职业院校和部分高等专科学校要通过改革、改组和改制，逐步调整为职业技术学院（或职业学院）。支持本科高等学校举办或与企业合作举办职业技术学院（或职业学院）。省、自治区、直辖市人民政府在对当地教育资源的统筹下，可以举办综合性、社区性的职业技术学院（或职业学院）。"构建了多元化举办职业教育的体制。从此，职业教育走上快速发展的轨道。教育部于 1999 年 11 月在北京召开了全国第一次高职高专教学工作会议。

2000 年 1 月教育部颁布了《关于加强高职高专教育人才培养工作的意见》，标志着我国高职高专教育进入规模化、正规化和规范化发展阶段。至此，我国职业教育体系从 20 世纪 80 年代以前的以中等职业教育为主体的发展阶段进入了中等和高等职业教育并驾齐驱的历史新时期②。

---

① 本刊记者. 新发展新动向：记高职班试点工作座谈会 [J]. 中国职业技术教育，1994（12）：43.

② 曹晔. 我国现代职业教育体系建设历程与发展趋势 [J]. 职教论坛，2012（25）：44-48.

（3）现代职业教育体系的发展期（2001—2009年）

从2001年开始，我国中高职教育得到了协调统一发展，特别是出现了中高职衔接的五年制高职教育模式。2002年3月，教育部颁发了《关于进一步办好五年制高等职业技术教育的几点意见》，以加强对五年制高职的指导。文件指出五年制高职以独立设置的职业技术学院为主要办学主体，并规定"独立设置的职业技术学院及有关高等学校也可以根据社会对五年制高职人才的需求，在自身条件满足不了办学需求的情况下，可利用优质的中等职业教育资源进行五年制高职前三年的教育教学工作，但后两年职业教育阶段必须在高等学校举办"。五年制高职从以往的一体化衔接也走向了分阶段衔接。由于高技能人才完善了社会人才结构，受到社会的广泛欢迎，为了满足社会对高技能人才的需求，2002年国务院颁发的《关于大力推进职业教育改革与发展的决定》指出：要"扩大中等职业学校毕业生进入高等学校尤其是进入高等职业学校继续学习的比例，适当提高高等职业学校专科毕业生接受本科教育的比例，适度增加发展初中后五年制高等职业学校"，并且"高等职业学校可单独组织对口招生考试，优先招收中等职业学校的优秀毕业生"。

综上所述，我国中高职衔接是从适应社会需求、解决教育内部矛盾起步，在国家建立社会主义市场经济体制时取得了快速发展。至此，经过20多年的发展，我国中等职业教育与职业教育（高等教育）衔接和沟通的渠道初步形成，但还存在沟通渠道单一、体制不完善、机制不健全、发展不稳定等问题。1999年我国开始实施高等教育大众化，但由于高等教育资源不足，通过升格或合并把中等职业教育资源转化为高等教育资源，中高等职业院校出现了升格热，为此，2004年9月教育部等七部门联合下发的《关于进一步加强职业教育工作的若干意见》指出："中等职业学校不再升格为职业院校或并入高等学校，专科层次的职业院校不再升格为本科院校。"2004年国家提出了职业教育"以就业为导向，以服务为宗旨"的办学方针，而现实中中高等职业学校学生热衷于升学，为此，2007年6月教育部下发的《关于进一步做好高等学校各类招生管理工作的通知》进一步明确指出："普通专升本招生计划按不超过当年应届普通高职（专科）毕业生5%的比例安排，五年制高职招生计划（招收初中毕业生）按不超过当年普通高职（专科）招生计划5%的比例安排，职业院校对口招收中职毕业生计划不超过当年应届中职毕业生5%的比例安排。"中等职业教育衔接进入一个有计划发展阶段，在一定程度上制约了中高职的衔接。

2005年，国务院颁布了《关于大力发展职业教育的决定》，标志着我国职业教育进入一个新的发展阶段，人才培养从以往的学科本位向能力本位过渡，培养模式从学校本位向工学结合、校企合作模式转变，因此，《关于大力发展职业教育的决定》对我国现代职业教育体系进行了重新规划：进一步建立和完善适应社会主义市场经济体制，满足人民群众终身学习需要，与市场需求和劳动就业紧密结合，工学结合、校企合作、灵活开放、结构合理、自主发展、形式多样，有中国特色的现代职业教育体系①。在此后的几年时间里，现代职业教育体系建设进入了快速发展期。

（4）现代职业教育体系的完善期（2010年至今）

2010年，党中央国务院颁布《国家中长期教育改革和发展规划纲要（2010—2020年）》，标志着我国教育进入全面提高质量的新时期。教育质量是社会评价的结果，能有效满足社会需求的教育才是高质量的教育，因此，提高教育质量本身也意味着发展多样化的教育。从世界一些发达国家高等教育大众化的经验来看，如美国高等教育大众化，随着工业化和城市化的发展，从传统从事博雅教育的大学逐渐扩展到独立的专业技术学院、赠地学院（州立大学）和社区学院，传统本科教育一分为二，前两年实施的是大众化的本科预备教育，后两年实施本科教育。尤其是随着人口增长速度放缓，甚至下降，教育必然进行更加细致的分层、分类，走向专业化，满足多样化的社会需求。所以，我国建立现代职业教育体系，一是无论是中职院校还是高职院校都可以进一步分层分类办学。如目前一些中等职业学校，同一专业有的是面向市场就业的，有的是面向对口升学的；对初中毕业的学生开展三年的职业教育，对高中文化程度的学生开展一年的职业教育，这些都是非常好的衔接和沟通。当前，我国教育管理体制僵化，学校办学自主权没有落实到位，制约了职业学校的创新。多年的实践证明，只要给学校允分的办学自主权，群众的创造力是巨大的。二是职业教育进一步向上延伸，办本科、甚至研究生层次的职业教育。目前关于办本科层次的高职或技术本科、应用型本科，学术界争议很多，一些人认为技术本科大量存在，没有必要试办，实际上这是一种只允许自己故步自封，而不允许别人改革创新的行为。我国职业教育发展到今天就是在各种非议中前行的。今天看来职业院校兴办本科层次的教育可能是对传统教育的反叛，明天很可能成为中国本科教育的一支生力军，引领高等教育的改革与创新。

尽管多年来我们一直强调培养应用型人才，但由于职业技术教育是一种办学成本昂贵的教育，在"穷国办大教育"的情况下培养技术技能型人才可谓

---

① 曹晔. 我国现代职业教育体系建设历程与发展趋势 [J]. 职教论坛，2012（25）：44-48.

是巧妇难为无米之炊，因此在实践中高等教育只能培养所谓的科学型或工程型人才，而难以培养出应用型人才，因而出现了职业院校毕业生回炉职业院校的现象。如今，随着我国综合经济实力的增强和国家对教育投入的增加，学校办学条件不断改善，越来越具备了培养技术技能型人才的条件。同时，学生上大学越来越重视市场就业，用人单位越来越重视毕业生的实践动手能力，据此许多普通高等院校，尤其是地方高等院校也越来越重视对学生实践能力的培养，出现了普通高等教育职业化的倾向，职业教育已不再是中等院校和职业院校的专利，而是面向人人、面向全社会，越来越大众化、普遍化①。

2019年1月，《国务院关于印发国家职业教育改革实施方案的通知》进一步指出："职业教育与普通教育是两种不同教育类型，具有同等重要地位。""完善学历教育与培训并重的现代职业教育体系，畅通技术技能人才成长渠道。发展以职业需求为导向、以实践能力培养为重点、以产学研用结合为途径的专业学位研究生培养模式，加强专业学位硕士研究生培养。推动具备条件的普通本科高校向应用型转变，鼓励有条件的普通高校开办应用技术类型专业或课程。开展本科层次职业教育试点。"这进一步延伸了我国现代职业教育体系的内涵和外延，明确了现代职业教育体系是从中等职业教育、高等专科职业教育、应用型本科教育、专业学位研究生教育等不断延伸的一种教育类型体系，职业教育不再是高等教育的低层次，而是内含不同序列教育的一种教育类型，进一步体现了我国现代职业教育体系建设已进入完善期和成熟期。

3. 主要内容

《国家中长期教育改革和发展规划纲要（2010—2020年）》（以下简称《教育规划纲要》）对现代职业教育体系的表述为："到2020年形成适应经济社会发展方式转变和产业结构调整要求、体现终身教育理念、中等和高等职业教育协调发展的现代职业教育体系，满足人民群众接受职业教育的需求，满足经济社会对高素质劳动者和技能型人才的需要。"

就当前而言，关于我国现代职业教育体系的内涵问题，学术界探讨的重要依据是《教育规划纲要》。许多学者认同《教育规划纲要》对我国现代职业教育体系内涵的界定，即"适应经济发展方式转变和产业结构调整要求、体现终身教育理念、中等和高等职业教育协调发展"，并从不同角度进行阐述。代表性的学者有马树超、范唯、郭扬，他们在《构建现代职业教育体系的若干

---

① 曹晔. 我国现代职业教育体系建设历程与发展趋势［J］. 职教论坛，2012（25）：44-48.

政策思考》①、《探索现代职业教育体系建设的基本路径》②、《职教体系建设应加强顶层设计》③ 等文章中，从内部适应性、外部适应性和系统协调性等方面对我国现代职业教育体系的内涵进行解析，总结出这个体系的显著特征：内部适应性、外部适应性和系统自身协调性。上述特征既是现代职业教育体系的基本内涵，也是其本征功能。

一些学者的见解与上述观点脉理相承。比如王明达在《努力推进现代职业教育体系的研究工作》④ 中指出，现代职业教育体系的本质特征是必须适应国家现代化建设对各类职业人才的需求。基于此，现代职业教育体系务须以满足人们的就业需求为导向。唐高华在《基于大职业教育理念的现代职业教育体系构建》⑤ 中认为，随着经济社会的发展，职业教育体系的内涵也在发生变化，但其变化趋势总是体现和服务于先进生产力的发展要求。换言之，服务经济发展是现代职业教育体系的最根本的属性。徐涵在《关于建设中国特色的现代职业教育体系的思考》⑥ 中提出，建立现代职业教育体系的立足点是经济技术发展水平，换言之，职业教育层次要与经济技术水平匹配，这也意味着服务经济建设是职业教育的最本质属性。韩民在《有机衔接是体系构建的核心》⑦ 中，也认为构建现代职教体系要更好适应经济产业结构调整、体现终身教育理念和促进中等职业教育协调发展和有机衔接，同时还指出现代职教体系建设的核心是促进各级各类职业教育的衔接与沟通，促进各种相关要素的相互协调和有机整合，实现各层次职业教育的有机衔接。

也有部分学者持不尽相同的观点，周建松在《关于全面构建现代职业教育体系的思考》⑧ 中，对我国现代职业教育体系的基本目标进行解读，认为现代职业教育体系的内涵除"适应我国经济发展方式的转变和现代产业体系的发展，充分体现终身教育理念，促进中高等职业教育协调发展"外，还包括两个满足，即满足公众接受职业教育的需求和经济发展对各类高素质人才的需

① 马树超，范唯，郭扬. 构建现代职业教育体的若干政策思考 [J]. 教育发展研究，2011 (21)：1-6.

② 范唯，郭扬，马树超. 探索现代职业建设的基本路径 [J]. 中国高教研究，2011 (12)：62-66.

③ 马树超. 职教体系建设应加强顶层设计 [N]. 光明日报，2012-03-24 (10).

④ 王明达. 努力推进现代职业教育体系的研究工作 [J]. 教育与职业，2004 (5)：1.

⑤ 唐高华. 基于大职业教育理念的现代职育体系构建 [J]. 职业技术教育，2011 (22)：19-22.

⑥ 徐涵. 关于建设中国特色的现代职业教育体系的思考 [J]. 中国职业技术教育，2012 (12)：18-23.

⑦ 韩民. 有机衔接是体系构建的核心 [N]. 中国教育报，2012-03-21 (5).

⑧ 周建松. 关于全面构建现代职业教育体系的思考 [J]. 中国高教研究，2011 (7)：74-76.

要。这种观点更加全面，内涵更加丰富，但内容上有重复，不够明晰。另外，还有学者从不同的视角对现代职业教育体系的内涵做出解析。比如蒋旋新和蒋萌在《中国特色现代职业教育体系内涵与特征研究》① 中指出，中国特色现代职业教育体系内涵包括鲜明的教育宗旨、自主的发展道路、开放的办学体制、完善的教育体系、独特的人才培养模式、现代的组织管理制度等方面。事实上，这是从现代职业教育体系的中国特色进行分析的，其中的有些内容也未必属于内涵的范畴。

综上所述，现代职业教育体系的基本内容主要体现为三个要素：即适应需求、有机衔接、多元立交。现代职业教育体系的目标是中国特色、世界水准。

适应需求是在终身教育理念下的适应，现代职业教育体系比目前的职业教育现状更加适应经济社会发展的需求，适应现代产业体系建设的需求，更加契合区域经济社会转型及产业升级对技能型人才培养的要求②。

有机衔接是协调发展的重要载体和核心任务，应以课程衔接体系为重点，促进培养目标、专业设置、教学资源、招生制度、评价机制、教师培养、行业指导、集团化办学等领域相衔接，切实增强人才培养的针对性、系统性和多样化。有机衔接第一方面是职业教育各层次的定位与培养目标衔接，中职、高职、应用型本科、专业学位硕士要把握好各自的发展定位，并建立人才成长通道。有机衔接第二方面就是整合共享中职、高职、应用型本科等教育资源。有机衔接的第三方面就是做好专业、课程、实训、师资等方面的衔接，使职业人才在人才培养各环节中建立衔接机制和发展通道。实践证明：与外部衔接是推动职业教育内部衔接的巨大引擎，经济社会发展迫切要求职业教育适应外部需求，迫切要求职业教育为经济社会服务。因此，有机衔接的第四方面就是做好职业教育体系的外部衔接，使职业教育与经济社会发展的各个方面、各个领域、各个行业有机衔接，职业教育与学历教育、职业教育与社会行业企业培训的衔接、职业教育与国际职业教育及国际其他教育的衔接③。

4. 建设路径

应当遵循"系统思考、遵循规律、明确定位、服务需求、构建制度、整

---

① 蒋旋新，蒋萌. 中国特色现代职业教育体系内涵与特征研究 [J]. 成人教育，2010（8）：17-20.

② 王长文. 构建现代职业教育体系的思考与实践：在现代职业教育体系建设国际职教论坛上的讲话 [J]. 哈尔滨职业技术学院学报. 2012（4）：1-3.

③ 王长文. 构建现代职业教育体系的思考与实践：在现代职业教育体系建设国际职教论坛上的讲话 [J]. 哈尔滨职业技术学院学报，2012（4）：1-3.

体设计、分步实施、分类指导”的原则，构建有效的现代职业教育体系结构，逐步推进职业教育体系的重心上移和协调发展，完善职业资格系统、管理系统、经费投入系统和法律制度系统，加快建设师资队伍建设系统、科研支撑系统、学生就业服务和职业发展系统。在合理规范的职业教育体系里，技术技能人才、高端技术技能人才及应用型人才培养需要科学合理的系统化设计、实施与推进，主要通过以下三个基本路径来实现，即增强外部适应性、内部适应性及内在协调性，主要如下①：

（1）增强外部适应性

体现与外界对接的要求，提升职业教育对经济社会发展的贡献度。职业教育作为与经济社会结合最为紧密的教育类型，必须密切关注区域经济发展方式转变，积极响应产业结构调整，建立与本地区现代产业体系相适应的现代职业教育体系。因此，一方面要强调体系的开放性，强化学校与行业企业合作；另一方面要密切关注区域经济发展方式转变，响应产业结构调整。这是我们构建现代职业教育体系的逻辑起点，反映了职业教育发展的经济属性。

职业教育要坚持以服务发展为主线，主动服务各地经济发展方式转变，推动职业学校随着经济发展方式转变而动、跟着产业结构调整而走、围绕企业人才需求而转、适应社会和市场需求而变。具体而言，就是要在现代职业教育体系建设中，重点推进深化人才培养模式改革的“五个对接”，即专业与产业对接、课程内容与职业标准对接、教学过程与生产过程对接、学历证书与职业资格证书对接、职业教育与终身学习对接。为此，北京市提出了实施职业教育服务“北京创造”、助力“北京服务”、服务战略性新兴产业、服务都市型现代农业、服务创新型企业“十百千工程”和服务重点区域六大专项行动；江苏省则提出建设职业教育创新发展实验区，要求完善职教体系，优化学校布局，调整专业结构，对接职业岗位实际要求，构建和实施以学生为主体、以能力为根本、理论实践一体化、中高职相衔接的课程教学体系。这些做法都值得在全国范围内推广。

（2）增强内部适应性

体现职业教育的育人性和以人为本，真正实现面向人人、服务终身。职业教育具有为经济发展培养技能型人才的经济属性，更具有承担育人功能的教育属性。育人是职业学校的根本任务，在强调就业导向的同时必须坚持把育人放

---

① 范唯，郭扬，马树超. 探索现代职业教育体系建设的基本路径 [J]. 中国高教研究，2011（12）：62-66.

在学校各项工作的首位，既要加强学生的技能培养，更要从学生的全面发展出发培养其学习能力，为其终身学习和发展打下基础。因此，职业教育要从系统培养人才的角度制定和完善政策，营造职业教育发展的良好环境，增强职业教育的吸引力。这是我们构建现代职业教育体系的根本目的，要求突出职业教育与生俱来的教育属性。同时，职业教育是面向人人的教育，既是终身教育的主要内容，也是终身教育体系构建的重要环节。要建立面向人人的学习制度，创新办学模式和教育内容，针对不同教育对象提供量身定制的个性化模块，采取更加灵活的方式方法，为人们在不同的发展阶段提供相应的服务，使每一个社会成员都可以在这一体系内不受年龄、时间、空间限制，为达到各自职业发展目标而自主选择和有针对性地学习，可以是多次学习、远程学习、非连续性的学习。如江苏省以其四个国家教育体制改革实验区和部分职业教育集团为主要载体建立的职业教育"立交桥"，强调其不仅是"学校—学校"，还要允许"学校—社会（工作）—学校"，这种建立多元化通道的做法值得重视。而北京市提出的职业教育分级制度，使学习者可以通过连续学习或多次学习来实现知识、技能水平的提高，同时以五级架构为主体并能够纵向发展的分级体系也为高端技能型人才的培养预留了接口，有利于在提高人力资本质量和建设学习型社会方面发挥重要作用。

（3）增强内在协调性

推进中等职业教育和职业教育协调发展，系统培养技能型人才。推进中等职业教育协调发展，必须明确中等职业学校和高等职业学校的各自定位。中等职业教育作为高中阶段教育的重要组成部分，重点是培养技能型人才，需要保持发展规模，改善办学条件，提高教学质量，在建设现代职业教育体系中发挥基础性作用；职业教育作为高等教育的重要组成部分，重点是培养高端技能型人才，要以提高质量、创新体制和办出特色为重点，努力建设具有中国特色、达到世界水准的职业教育，在现代职业教育体系建设中发挥引领作用。

中等职业教育协调发展是建设现代职业教育体系的关键路径，是系统培养技能型人才的重要前提，具有十分丰富的内涵。要根据经济社会发展及其对技能型人才成长的特定要求，通过中等和高等职业教育在办学规模、教学质量、专业设置、层次结构、经费投入等方面的协调发展，实现中等职业教育在培养目标、专业设置、专业内涵、教学条件等方面的延续与衔接；要以职业资格证书等级系统为重要载体，实现中职与高职学生技能水平评价的互认衔接；要以规范的专业教学标准建设为抓手，促进课程内容和职业资格标准融通，实现中职和高职学校专业课程体系和教材的有机衔接，探索中等职业教育贯通的人才培养模式，体现现代职业教育的内在系统性。

同时，要积极探索现代职业教育体系的向上延伸，这是经济社会发展的客观要求。当然，这种延伸是基于经济社会需求因行业、产业而异的。近期要重点探索高端技能型人才通过应用本科院校教育和职业院校实施专业学位高等教育对口培养的制度，系统提升职业教育服务经济社会发展的能力和支撑国家产业竞争力的能力。要建立一套体现职业特点的中等职业教育、职业教育以及继续教育的课程衔接体系，鼓励毕业生在职继续学习，完善职业学校毕业生直接升学制度，为接受职业教育的学生提供完整的继续学习通道，搭建学生终身发展的"立交桥"，优化现代职业教育体系的发展环境。

当前，我国正处于加快转变经济发展方式的历史关键时期，在明确了未来10年现代职业教育体系建设目标的新形势下，职业教育已经进入以全面提高技能型人才培养质量为核心的改革发展新阶段。因此，必须加强现代职业教育体系建设的顶层设计，着力完善职业教育现代管理系统、职业资格证书系统、教学质量评价系统、法律制度系统和经费投入系统，加快建设科研支撑系统、师资队伍建设系统、学生职业发展和就业服务系统，为职业教育的持续健康发展提供强有力的支撑，为加快建设一支门类齐全、技艺精湛的高素质技能型人才队伍，形成我国技能型人才的竞争优势，为实现由人力资源大国向人才强国转变做出重要的贡献①。

建设现代职业教育体系，首先是建立健全政府主导的工作机制，其次要建立行业指导、企业参与的工作机制。行业组织最了解本行业领域的技术前沿、运行规律、人才需求、领先企业、发展趋势等情况，要在专业建设、教学改革、实习实训、教材编写、教学资源建设、师资队伍培养等方面发挥重要作用。在经济结构转型升级时期，技能型人才的匮乏使企业参与人才培养的愿望和要求变得愈加迫切，企业又有参与职业学校人才培养的人力、技术、设备和场地资源，这都是职业教育校企合作的利益共同点。企业与学校的最佳合作模式是建立利益共享、责任共担的校企利益共同体。在校企利益共同体中，人力、技术、厂房、设备、资金、管理、经营、价值观、文化等各种要素相互渗透、相互交融，经济利益、政治利益、社会效益实现共享②。

目前，职业教育的内涵和外延不断延伸，高职院校不再是职业教育的终

<hr>

① 范唯，郭扬，马树超. 探索现代职业教育体系建设的基本路径 [J]. 中国高教研究，2011（12）：62-66.

② 王长文. 构建现代职业教育体系的思考与实践：在现代职业教育体系建设国际职教论坛上的讲话 [J]. 哈尔滨职业技术学院学报，2012（4）：1-3.

点。职业教育作为一种教育类型，由中等职业教育和高职教育构成，高职教育又包括专科层次的高职院校、应用型本科、专业研究生教育等层次。目前，随着应用型本科建设工作的推进，职业教育体系日趋完善，高职院校也不再是高职教育的终点，而是作为起点，去连接应用型本科以及专业学位研究生教育①。可见，现代职业教育体系不再是中高职衔接，而是中职、高职、应用本科、专业研究生等整个职业教育体系的衔接。这延伸了现代职业教育体系的内涵和外延，对高职教育的要求也越来越高，传统高职教育方式应进行改革，创新型、复合型人才培养是高职教育改革的方向。

综上所述，现代职业教育体系要构建技术技能人才成长成才的"立交桥"，应构建中等职业教育、高等专科职业教育、应用型本科教育、专业学位研究生教育等各序列教育之间相互衔接、不断延伸的体系；应构建职业教育与普通教育两种教育类型之间的相互贯通、相互补充的体系，实现各类型、各序列教师团队的协同培养；应构建学历教育与培训教育相互衔接沟通的体系；应构建中国职业教育与全球职业教育衔接发展的路径，实现我国职业教育国际化。

第二节　高职院校教育方式的再思考

一、"创客教育"——高职院校教育方式的再审视

在创新 1.0 时期，创新是高深理论的研究，是科学研究人员的封闭式创新。在创新 2.0 时期，虽然重视产学研合作进行开放式创新，但这种开放是有限的；虽然开始引入大学创新，但更多的是本科大学，参与创新的高职院校较少。高职院校是技术技能人才培养的主阵地，但很长一段时期内，技术技能人才被误认为不需要知识创新，能知会用显性知识和进行技术操作就行。"用户体验、人人参与"是创新 3.0 范式的重要特征，高职院校参与创新越来越容易。在高职教育领域，适应创新 3.0 的"共生式"创新模式，对接产业创新的新范式，培养"创客式"人才，势在必行②。"创客式"人才与目前世界范围内兴起的"创客"有相似之处，但不完全等同。

---

① 曹起武. 本科院校转型形势下高职院校的定位分析 [J]. 职教论坛，2015 (22)：40-43.
② 唐小艳. "创新 3.0"背景下高职院校"创客式"人才培养探析 [J]. 当代教育论坛，2019 (3)：105-111.

"创客"一词由英文 maker 翻译而来，是指那些有强烈的兴趣与爱好，通过开放创新、共同创造活动，运用 3D 打印机、互联网等工具，把自己的各种创意转变为现实产品的人①。"创客"具有三个特征：通过 DIY（自己动手制作）的方式，设计自己感兴趣和喜欢的产品；通过开源社区，共享设计数据；通过 3D 打印机等自己制造生产产品，或是委托给制造商制造生产②。

"创客式"人才是指具有创新意识、创新思维、创新能力的人才，强调"创造中学"，提倡乐于发现、分享创意的精神，鼓励动手操作、合作探究的实践方式③。

"创客式"人才培养采用"创客式教育"方式。"创客式教育"不同于"创客的教育"。"创客的教育"侧重于培养"创客"；"创客式教育"侧重于应用创客理念及方法改造教育④，并不要求将每位学生培养成"创客"，但应将学生培养成"创客式"人才，以应对新时代的社会需求。笔者界定的"创客教育"是指"创客式教育"。

"创客教育"目前还没有权威的定义。在 2016 年 2 月，"创客教育"专家委员会第一次会议上通过集体讨论对现阶段"创客教育"给出了一个全新的定义：""创客教育"是创客文化与教育的结合，基于学生兴趣、以项目学习的方式，使用数字化工具，倡导造物，鼓励分享，培养跨学科解决问题能力、团队协作能力和创新能力的一种素质教育。"笔者赞同并借鉴这种定义，认为"创客教育"旨在培养学生的创意创新创业精神与能力，培养学生的批判思维和创造性，培养学生敢想、敢干、体验、愉悦的学习精神，让学生在做中学、学中做，成为高素质的复合型创新型人才。

二、高职院校"创客教育"实施的意义

（一）有利于突破高职教育的瓶颈

从大多数高职院校的发展轨迹来看，"十一五"时期，高职院校基本处于外延式发展阶段；"十二五"时期，高职院校看似进入内涵式发展阶段，但改革的力度还不够，对以体制机制创新为切入点的区域制度性改革涉及不多，对

① CHRIS ANDERSON. Makers：The New Industrial Revolution ［M］. New York：Crown Business，2012：6-29.

② 克里斯·安德森. 创客：新工业革命 ［M］. 北京：中信出版社，2012.

③ 陈安，林祝亮. 职业院校创客教育的价值、现状及路径 ［J］. 中国职业技术教育，2018（2）：25-28.

④ 杨现民，李冀红. 创客教育的价值潜能及其争议 ［J］. 现代远程教育研究，2015（2）：23-34.

以利益相关者参与的内涵发展机制涉及不多，对现代职业教育体系的新要求对接不畅，对"创客教育"的实施与推进涉及不多，因而培养的技术技能人才不能充分满足利益相关者的利益诉求，社会适切性不够。

为了改变我国高职教育"生源不理想"的局面，国家及区域都在找突破口，这时候全球创客运动的蓬勃繁荣发展为高职教育的改革创新提供了新的方向和契机。"创客教育"从学习内容、学习形式、学习方式、学习环境等方面为创新创业人才培养提供了新的途径和思路，有利于突破高职教育"前腿乏力、后劲不足"的瓶颈。

（二）有利于推进国家重大战略的实施

从国家层面看，目前"中国制造2025""现代职业教育体系建设"等国家战略和"一带一路"倡议的实施，需要"创客式"技术技能人才的强力支撑。本书提出高职院校"创客教育"整体推进机制建议，有利于推进国家重大战略实施。

从湖南省区域层面来看，习近平总书记在湖南视察时，对湖南做出发挥"一带一部"区位优势的重要指示，即湖南应发挥作为东部沿海地区和中西部地区过渡带、长江开放经济带和沿海开放经济带结合部的区位优势，提高经济整体素质和竞争力。"一带一部"发展战略将作为统领湖南未来发展的宏大战略。实施"一带一部"战略，离不开人力资源。高等学校输送合格的人才，才能在供给侧满足"一带一部"战略的要求。高职教育作为高等教育的半边天，是为湖南"一带一部"战略的实施培养输送技术技能人才的主阵地和主渠道。湖南实施"一带一部"发展战略，应紧跟世界和全国经济、教育发展趋势，审时度势地确定区域教育发展机制。

目前，随着世界工业4.0和"中国制造2025"的推进，创新的内涵不断升级，由原来的创新1.0、创新2.0升级为创新3.0，创新1.0是指专业科技人员从实验室研发出科技创新成果后用户被动使用的创新模式。政府对创新活动采用自上而下的行政管理模式，企业按照计划经济要求，自设研究机构，进行封闭式研发活动。企业创新的动力来自政府需求和自身研发，创新价值载体仅为产品，大学在创新活动中参与较少，是以技术为出发点的创新。创新2.0是一种非线性模式创新，强调企业的开放式创新，重视政府、企业、大学之间的相互作用，即产学研合作，共同构建国家创新体系。这一时期开始关注市场调节，不仅输出产品，同时输出服务，在国家创新体系中，大学也主动参与企业创新，但这一时期政府仍采用自上而下的管理模式。创新3.0强调国家创新生态系统，强调用户个性化需求、体验及创意，这是一种非线性动态模式，政府转变管理职能，不再自上而下管理创新活动，而是强调市场、政府、社会等多元治理，政府提供创新生态，企业、大学、用户等处于创新生态系统中，进行自组织演化创新，即产学研用的"共生式"模式，创新不仅输出产品，还输出服务及参与者体验。大学主动参与并体验创新，实现共生共赢，是技术创新成果的最终用户，直接或通过共同创新平台参与技术创新成果的研发和推广应用全过程，是以人为出发点的创新，以用户为中心，以社会实践为平台，以协同创新、开放创新、民主化创新为主要特征①。2015 年 6 月，《国务院关于大力推进大众创业万众创新若干政策措施的意见》指出，推进大众创业、万众创新，是发展的动力之源。从这个意义上说，创新 2.0 时代要求动手及转化与创新相结合，即创业与创新相结合，进行创客式教育，才能使创新发展动力更加强劲。

（三）有利于提高技术技能人才培养的适切性

目前，许多高职院校按照传统方法培养人才，传统人才的创新、创造和创业意识缺乏。受到升入高职院校之前的中学应试教育的影响，很多高职学生还是沿用应试教育的方式来学习高职课程，教师的教学方式也没有改革，从而导致高职院校培养的技术技能人才难以适应社会发展变化的需要。

在高职院校开展"创客教育"，使高职学生能在未来的工作岗位上运用创新思维和创新能力从而创造性地解决问题，能够提升高职学生的创新素质和创造能力。"创客教育"实现了创新与学习一体化，理论与实践一体化，有利于增强高职院校的吸引力，增强企业对高职技术技能人才的青睐程度，从而缓解就业压力。

"创客教育"有助于高职院校产教融合的实现。现行教育体制多以应试教育和被动学习为主，高职院校要落实创新创业课程，在综合性和系统上满足创业者的要求，就应该建立成熟的教育理论体系，实行"创客教育"。"创客教育"的项目学习法、DIY 教育、体验教育、快乐教育以及构造论等方法有助于教学成果商业化、产业化，从而培养学生的创新和实践能力②。

"创客教育"有助于高职院校实现全人教育。"创客教育"是让学生学会配合、修正、调试的教育，不是仅凭一己之力或一次教育就能完成教学项目。"创客教育"有效培养了学生的合作精神，让学生勇于正视困难、正视自己，敢于挑战，从而提高学生环境适应能力和创新实践能力。"创客教育"使学生

---

① 唐小艳. "创新 3.0"背景下高职院校"创客式"人才培养探析 [J]. 当代教育论坛，2019（3）：105-111.

② 周京. 探究高职院校创客教育的意义和策略 [J]. 教育观察，2018，7（6）：132-133，144.

在获得学科知识的同时，又具备创新与创造能力、自我认知能力、合作能力、沟通能力和责任感，从而实现以创造力发展为核心的全人教育①。

综上所述，高职院校"创客教育"的推进势在必行。这是新时代的新课题，也是教育行政管理部门亟待解决的问题。笔者将从高职院校"创客教育"的理论内核、发展现状、存在问题、推进机制、政策建议等方面为教育行政管理部门提供决策咨询建议，为国家和区域重大战略实施对创客人才的需求以及创客人才的培养途径和方法等提供有效的意见和建议。

目前，"创客教育"在学术界是有待深入讨论和剖析的问题，明确"利益相关者与'创客教育'""利益相关者与高职院校'创客教育'"的内涵、特征及关系，有利于丰富目前的学术思想，有利于丰富"创客教育"理论，填补某些学术观点的空白。

---

① 周京. 探究高职院校创客教育的意义和策略 [J]. 教育观察，2018，7（6）：132-133，144.

第二章 本然溯源：利益相关者视角下高职院校"创客教育"的理论分析

上一章阐述了社会发展规律和国家重大发展战略对高职"创客式"人才培养的需求，从应然趋势上阐明了高职院校"创客教育"的必要性和重要性。本章着重从理论层面，即本然溯源的角度，在进行相关理论研究现状综述的基础上，阐明了高职院校"创客教育"的核心概念、理论基础、研究意义等，明确其理论内核，为整体推进机制的构建提供理论溯源及本质基础。

第一节 研究现状综述

一、"创客教育"研究现状

"创客"，来源于英语中的"maker"一词，产生于西方 20 世纪 60 年代的 DIY 文化，泛指那些由于自己的兴趣、爱好和特长，而勇于创新，努力将自己的创意和想法变为现实的人①。什么是"创意"？约翰·霍金斯指出创意包含了四个特征：①创意是个性化的，是人的个性化思想的反映；②创意是原创性的，即创意不是复制和模仿；③创意是有意义的，是有智慧的活动；④创意是有价值的，它能解决现实中的实际问题②。创客的"产品"就是多样化的创意创新作品。

但严格意义上说，"创客"一词源自麻省理工学院比特与原子研究中心发起的个人制造实验室（fab lab）。该实验室通过提供 Arduino 等开源硬件平台，

---

① 安德森. 创客：新工业革命 [M]. 萧潇，译. 北京：中信出版社，2012：9-23.
② 金吾伦. 创新的哲学探索 [M]. 上海：东方出版中心，2010：156.

为那些期待创造各种新奇发明但没有雄厚资金设备的普通人提供了机会。克里斯·安德森（Chris Andersen）在2012年出版《创客：新工业革命》，预示着"创客"正式进入全球公众视野①。

"创客"这一概念自2011年传入中国，特别是《创客：新工业革命》一书引入中国，创客运动在中国不断壮大②。对创客及创客人才培养的相关研究逐渐增多。相关研究主要涉及以下几个方面：

（一）相关概念研究

1. 创客

国外学者强调创客的"抽象化"，侧重于创客的创新、造物和非营利性特质；国内学者更多强调创客的"具体化"，创客是指乐于动手实践和分享的人。主要代表观点有：

戴尔·多尔蒂（Dale Dougherty）认为，创客是指把具备相当技术挑战的创意变为现实的人③。

克里斯·安德森（Chris Andersen）认为，创客是指不以营利为目标、在个人兴趣和爱好的驱动下把创意转变为现实的人④。

姜奇平认为，创客是高附加值、高创新性的劳动密集型产业，将引领新工业革命2.0的改革，达到制造业服务化的增值效果，提高国家竞争力与民众福利⑤。

祝智庭等认为，广义的创客是指所有把具备相当的技术挑战的创意转变为现实的人，狭义的创客是指那些兴趣和爱好主要集中在电子、机器人、机械、3D打印等以工程化为导向的主题的人⑥。

曾明星等认为创客一般指不以营利为目的，出于自身的兴趣和爱好，借助各种数字化、智能化和开源化的工具努力把各种摄像与创意转变为现实产品的人⑦。

---

① 郭伟，钱玲，赵明媚. 我国教育视域下创客研究述评 [J]. 现代教育技术，2015，25 (8)：107-112.

② 郭伟，钱玲，赵明媚. 我国教育视域下创客研究述评 [J]. 现代教育技术，2015，25 (8)：107-112.

③ DOUGHERTY D. We are makers[EB/OL].（2016-12-25）[2018-09-10].http://www.ted.com/speakers /dale _ Dougherty.

④ 安德森. 创客：新工业革命 [M]. 萧潇，译. 北京：中信出版社，2012：9-23.

⑤ 姜奇平. 史诗般的创客与新工业革命 [J]. 互联网周刊，2012 (23)：6.

⑥ 祝智庭，雒亮. 从创客运动到创客教育：培植众创文化 [J]. 电化教育研究，2015 (7)：5-13.

⑦ 曾明星，宁小浩，周清平，等. 面向大学生创客的网络学习空间构建 [J]. 中国电化教育，2016 (11)：30-38.

姜艳玲等提出创客在被理解为一群勇于创造、创新的人的同时，也可以被看作一种对基础理论进行改造、创新并付诸实践的理念和精神①。

2. "创客教育"

"创客教育"是创客运动在学校的延续。关于"创客教育"，不同学者的理解不同，主要观点如下：

祝智庭等认为，"创客教育"与创客的内涵一样，有广义和狭义之分，广义上"创客教育"是以培育大众创客精神为导向（make spirit - aimed education）的教育形态，狭义上"创客教育"就是培养创客的教育形态②。

杨现民等认为，"创客教育"是一种融合信息技术，秉承"开放创新、探究体验"教育理念，以"创造中学"为主要学习方式和以培养各类创新型人才为目的的新型教育模式③。

朱龙和胡小勇认为"创客教育"是一种能力导向式的教育，关注学生能力培养，注重问题探究、动手设计操作④。

（二）"创客教育"的价值诉求研究

"The NMC Horizon Report（2015 Higher Education Edition）"指出，"创客教育"被认为是提升学生实践力、探究力和创造力，促进高等教育学习变革的战略性策略⑤。

祝智庭等认为，"创客教育"具有贯彻以学生为中心的教学思想、促进学生间的交流合作、推进教育信息化进程、发展学生的动手能力、培育"尚技重工"的文化等优势⑥。

（三）"创客教育"的实践研究

1. 实践模式研究

目前，国内外学者总结了四种类型的"创客教育"实践模式。

------

① 姜艳玲，古岱月. "互联网＋"环境下微视频实现创客学习研究 [J]. 中国电化教育，2016（6）：71-76.

② 祝智庭，雒亮. 从创客运动到创客教育：培植众创文化 [J]. 电化教育研究，2015（7）：5-13.

③ 杨现民，李冀红. 创客教育的价值潜能及其争议 [J]. 现代远程教育研究，2015（2）：23-34.

④ 朱龙，胡小勇. 面向创客教育的设计型学习研究：模式与案例 [J]. 中国电化教育，2016（11）：23-29.

⑤ NMC. The NMC Horizon Report（2015 Higher Education Edition）[EB/OL].[2016-12-25]. http://www.nmc.org/publication/nmc-horizon-report-2015-higher-education-edition.

⑥ 祝智庭，雒亮. 从创客运动到创客教育：培植众创文化 [J]. 电化教育研究，2015（7）：5-13.

（1）项目探究型

国外开展"创客教育"的基本模式为项目探究型，美国的"创客教育"主要依托创客项目来实施，学生的创造过程是在教师的专业指导下进行的，享受来自资金、政策、物力、人力等多维度多层次的支持。

陈鹏提出基于创客项目学习（maker project-based learning，MPBL）的新型学习模式[①]。他认为创客项目实践的本质在于以知促行、以行促知、知行促创，因此基于创客项目的学习活动应是一个知行合一的过程，基于创客项目的学习活动涉及知识体系、创新创造、自我认知、协作分享、交流沟通和伦理责任六个学习领域。详见表2-1[②]。

表2-1　创客学习活动六个学习领域

学习领域	学习结果	认知技能
知识体系	学生能有效建构跨学科的知识体系，并灵活应用这些知识，能将事实性、概念性知识发展成高级规则类知识，实现从陈述性知识到程序性知识的转变	搜寻、探究、理解和应用
创新创造	学生能通过创新创造实践，生成创造性地发现问题、提出问题、分析问题和解决问题的策略与方法	创造性思维、创造性人格
自我认知	学生能认识到自己在创客素质方面的需求，灵活地进行自我调控，从而保持强烈的创造动机、饱满的学习动力和最佳的学习状态，最终促进自身素质的提升	自我管理
协作分享	学生能与他人共享知识与资源、多样化观点与经验，共同达成团队的目标，并形成积极、互相信赖的协同创新关系	研讨、协同
交流沟通	学生能通过不同方式有效阐述自己的观点，积极倾听，理解听众，并建立有效的连接	表达、倾听
伦理责任	遵循可持续发展原则，把公众的安全、健康和福祉置于首位	伦理、责任感

王同聚提出依托创客文化、创客空间、创客教师、创客学习、创客课程、创客环境和创客资源等搭建"创客教育"平台的"ZC Space""创客教育"模型。他认为开展"创客教育"需要依托创客空间所提供的创客课程、创客教

---

① 陈鹏. 基于创客项目的学习模式探究 [J]. 现代教育技术，2016（11）：13，19.
② 陈鹏. 基于创客项目的学习模式探究 [J]. 现代教育技术，2016（11）：13，19.

师、创客环境和创客资源，创客们通过创意智造和创客学习，利用线下空间（实体空间）、线上空间（虚拟空间）交融互动，在创新、实践、分享和协作的过程中形成创客文化，在此基础上培养创客们的跨界探究能力、动手实践能力、创新设计能力和团队协作能力[①]。

（2）系统整合型

祝智庭等从理念的融合、教学内容与方法、教师角色的重构等方面将"创客教育"与传统教育相区别，构建了重塑全人发展的"创客教育"。他认为，"创客教育"的实践，主要使用项目学习（project based learning）的方法。项目学习法可看作贯彻体验教育与情境学习理念的具体实践方法。"创客教育"中学生所需掌握的知识和技能潜藏在一个个精心设计的创客项目之中，而非存在于书本或教师教条式的讲述之中。学习是学生借由完成一个个富于挑战的创客项目活动完成的。这些创客学习项目具有一系列特点，如要与学习者生活环境符合，要具有一定的新颖性以激发学习者的学习热情，要具备由浅入深的难度和复杂性以调动学习者的动力，需要让学生调用各种资源，还要通过分工让学生互动协作，鼓励学生分享经验和学习成果，还要保证一定的强度和合理的时间分配[②]。

（3）螺旋结构型

有多位研究者提出了类似的结构模式。杨刚构建了基于利益驱动的社会"创客教育"链和基于专业驱动的学校"创客教育"链相互交织，形成如 DNA 双螺旋结构的"双螺旋""创客教育"系统[③]；高群提出，创新教育由技术创新驱动、创新人才需求拉动两条链组成，在高校、社会、政府的协同推进下实现螺旋上升[④]。

（4）创业驱动型

郑燕林认为，"创客教育"有利于个体创造与创新能力、分析与解决问题的能力、就业创业能力的培养等。并对美国高校实施"创客教育"的经验与具体举措进行总结与梳理，分析美国高校开展"创客教育"的基本路径，即在意识层面积极响应全美创客行动，充分重视"创客教育"在高等教育中的

① 王同聚. 基于"创客空间"的创客教育推进策略与实践［J］. 中国电化教育，2016（6）：65-85.

② 祝智庭，雒亮. 从创客运动到创客教育：培植众创文化［J］. 电化教育研究，2015（7）：5-13.

③ 杨刚. 创客教育双螺旋模型构建［J］. 现代远程教育研究，2016（1）：63，68.

④ 高群，王小慧. 创新双螺旋视角下的高校创客教育模式［J］. 中国石油大学学报（社会科学版），2016，32（4）：89-93.

价值，这是实施"创客教育"的起点与目标指向；在规划层面注重对学校开展"创客教育"的整体设计，并充分关注与社区"创客教育"的有效联动，这是实施"创客教育"的重要前提；在实践层面着力打造优质的创客空间提供"创客教育"环境，灵活选择适切的"创客教育"实施方式，这是"创客教育"得以真正实施的重要依托①。

2. 课堂实践研究

Blikstein 等指出，创客理念在学校和课堂的运用实例甚少，教师没有可参照的标准和教案，其课程设计与流程多会借鉴其他学科的课程模式，且创客材料的选择与使用多基于学生目前相关的学习项目②。

Eriksson E, Heath C, Barendregt W 等人结合创客理念，在传统课堂情境下探讨了其课程设计、教学活动，并进行了一整个学期的追踪研究。事实上，创客课程其实就是以所设计的创客材料为工具，利用技术、人才、亲密的师生关系、专业的知识背景以及学生的主观能动性，使学生成为学习的设计师③。

（四）"创客教育"中存在的问题研究

创客运动在掀起全社会对创新创造的热情的同时，也引发了不少的争议，不少学者对其存在的问题进行了研究。美国欧林工程学院的 Debbie Chachra 教授于 2013 年 1 月 23 日在 The Atlantic 网站上发表了一篇名为 "Why I Am Not a Maker" 的文章，引起了学术界的广泛讨论。Callicott 等对创客运动表示了深深的担忧，认为创客过度强调制造产品（making artifact）的价值，是一种畸形的技术文化，忽视了对非创客人群存在价值的尊重④。虽然这仅代表其个人观点，但不可否认，"创客教育"在发展中确实面临着种种问题和挑战。国外也有很多学者针对"创客教育"面临的问题进行了相关研究。Thompson 指出，"创客教育"对教师的要求往往比较高，目前"创客教育"面临的一个很大的问题就是师资问题，教师往往缺乏深度和连贯性，对复杂问题缺乏想象力，无法应对社会、政治、经济、环境、安全所面临的挑战，孤立和过于简单化的解

① 郑燕林. 美国高校实施创客教育的路径分析 [J]. 开放教育研究, 2015 (3): 21-29.

② BLIKSTEIN P, KRANNICH D. The makers´ movement and FabLabs in education: experiences, technologies, and research [C] //International Conference on Interaction Design and Children. ACM, 2013: 613-616.

③ 徐千慧. 真实性评价在创客教育中的应用研究 [D]. 深圳: 深圳大学, 2018: 6-8.

④ CALLICOTT B B, SCHERER D, WESOLEK A. Making Institutional Repositories Work [J]. Journal of Electronic Resources Librarianship, 2015, 28 (2): 137.

决问题的方式在教师中盛行，因此也很难推动学生对策略的制定①。

二、利益相关者研究现状

（一）国外对利益相关者研究现状

1. 国外对利益相关者内涵的研究

"利益相关者"概念最早产生于20世纪60年代，来源于经济学领域，首次对其下定义的是斯坦福研究院（Stanford Research Institute）。后经弗里曼（Freeman）、安索夫（Ansoff）等学者的不断完善发展，"利益相关者"理论越来越丰富。根据米切尔（Mitchell）与伍德（Wood）的统计，利益相关者的有关定义多达27种②。

1963年，斯坦福研究院将"利益相关者"定义为：在企业发展过程中存在一些相关的利益群体，如果缺少了利益群体的支持，企业将无法生存和发展③。这一概念强化了利益相关者在企业经营管理中的地位，企业的关注点不仅仅是股东利益，还应包括利益相关者的利益和需求。这一概念是在企业过度强调股东利益的背景下提出的。当时，信奉"股东至上"的英、美企业在经营发展中遭遇了严重的经济重创，而强调企业利益相关者需求和利益的德国、东南亚等国家的企业发展顺利有序，这促使西方学术界开始反思英、美企业在公司经营发展制度选择上的科学性和合理性④。1965年，美国学者安索夫正式将"利益相关者"理论引入经济学领域和管理学领域，他认为："要制定理想的企业目标，必须综合平衡考虑企业的各利益相关者之间相互冲突的索取权，他们可能包括管理人员、股东、工人、消费者以及供应商。"⑤

20世纪70年代，"利益相关者"理论被宾夕法尼亚大学的沃顿商学院引

---

① THOMPSON G. The Maker Movement Connects to the Classroom：A Hands‐OnApproach to STEM Engages Students，but How Does Project‐Based Learning Connect with Standardized Testing？［J］. The Journal，2014（41）：103-116.

② 侯施昱. 利益相关者视角下的校企合作管理策略优化研究［D］. 上海：华东师范大学，2018：11-19.

③ 姚树伟. 职业教育发展动力机制研究［D］. 长春：东北师范大学，2015：18-25.

④ EVANS J R. An exploratory study of performance measurement systems and relationships with performance results［J］. Journal of Options Management，2004，10（5）：326-354.

⑤ ANSOFF H I. Corporate Strategy：An Analytic Approach to Business Policy for Growth and Expansion［M］. New York：Mc‐Graw‐Hill，1965：205.

入企业战略管理的课程教学中，目的在于分析企业的经营、管理及发展①。Carroll 认为，利益相关者是对公司下了赌注的人，他们可以通过法律对公司的财产行使权力②。

20 世纪 80 年代，美国经济学家弗里曼在他的著作《战略管理：利益相关者方法》中将利益相关者定义为：能够影响组织实现目标或者在组织目标实现过程中受影响的团体或人，是企业价值创造过程中的参与者③。弗里曼对"利益相关者"的定义已被大多数管理学家及经济学家奉为标准范式④。该定义科学合理、内涵丰富、外延广阔，认为利益相关者不仅包括影响组织目标实现的团体或个人，还包括因实施行动去实现组织目标的过程中受影响的团体或个人，其中包括政府、社区等利益相关者实体，这更进一步延伸和扩展了研究对象的外延和范畴⑤。"利益相关者"理论的出现是对传统"股东至上"观点的极大挑战。"股东至上"的观点认为企业以追求股东的利益最大化为目标⑥。

20 世纪 90 年代，学术界逐渐形成了运用"利益相关者"理论来分析问题的基本框架，"利益相关者"理论被认为是评价"企业社会责任"最有效的理论框架⑦。Alkhafaji 认为"利益相关者是对公司负有责任的人"⑧。Clarkson 等认为利益相关者对企业或者企业活动享有主张者所有权、利益或者权利⑨。Atkinson 等认为利益相关者理论强调了三个要点：首先，所有利益相关者（包括股东在内）都享有企业的所有权和决策权，共担企业风险；其次，企业不单

① SANTORO M D, GOPALAKRISHNAN S. Relationship Dynamics between University Research Centers and Industrial Firms: Their Impact on Technology Transfer Activities [J]. The Journal of Technology Transfer, 2001 (26): 163–171.

② CARROLL B A. A three dimensional conceptual model of corporate social performance [J]. In Academy of Management Review, 1979 (4): 497–505.

③ FREEMAN R E. Strategic management: a stakeholder approach [M]. Cambridge University Press, 1984: 5–10.

④ 孙珊珊. 基于利益相关者视角的高职院校校企合作研究 [D]. 沈阳：沈阳师范大学，2015: 16–19.

⑤ 刘美玉. 企业利益相关者共同治理与相互制衡研究 [D]. 大连：东北财经大学，2007: 15–25.

⑥ DONALDSON T, PRESTON L E. The Stakeholder Theory of the Corporation: Concepts, Evidence and Implications [J]. Academy of Management Review, 1995, 20 (1): 65–91.

⑦ WOOD D J J R E. Stakeholder matching a theoretical problem in empirical research on corporate social permance [J]. International Journal of Orgnational Analysis, 1995, 03 (3): 229–267.

⑧ ALKHAFAJI B A F. A Stakeholder Approach to Corporate Governance [M]. 1989: 15–25.

⑨ CLARKSON M. A Stakeholder Framework for Analyzing and Evaluating Corporate Social Performance [J]. Academy of Management Reviw, 1995 (20): 92–117.

追求股东的利益最大化，而且强调所有利益相关者的需求和收益；最后，每个利益相关者与企业有契约关系，各利益相关者有平等谈判的权力，每一方都需要被兼顾①。该定义从企业角度界定了利益相关者，进一步丰富和延伸了斯坦福研究院对利益相关者的内涵界定。从这个意义上说，在企业经营管理中，能够影响企业以及受企业影响的团体或个人都是利益相关者②。

21世纪，利益相关者理论的内涵和外延进一步明晰，并得到广泛应用。Baumann认为，利益相关者是通过与企业签订契约等形式确立了责、权、利关系的人，利益相关者对企业的生产经营负责，利益相关者通过行使自己的权力而使企业正常运行经营，企业对利益相关者的利益获取负责，利益相关者参与企业的经营发展是为了获取利益，企业通过良好的经营发展使利益相关者获得分红和利益，这实现了企业责任③。

Mitchell和Wood总结了1963—1995年西方研究者关于"利益相关者"理论的研究文献，归纳了27种具有典型代表性的"利益相关者"定义，详见表2-2④。

表2-2　利益相关者的定义

界定者	利益相关者的定义
Stanford memo，1963	利益相关者是没有他们的支持组织就不能存在的群体
Rhenman，1964	利益相关者依靠企业实现个人目标，企业也依靠他们维持生存
Ahlstedt & Jahnukain-en，1971	利益相关者是企业活动的参与者，他们被利益或目标所驱动，因此必须依赖企业；而企业为了生存，也必须依赖他们
Freeman & Reed，1983	广义的利益相关者是能够影响组织目标实现、也受组织影响的个人或群体。狭义的利益相关者是组织为实现其目标必须依赖的个人和群体
Freeman，1984	利益相关者是能够影响到组织目标实现，或者他们自身受组织影响的个人或群体

①　ATKINSON A A, WATERHOUSE J, WELLS R B. A stakeholder approach to strategic perform-ance measurement [J]. Sloan Management Review, 1997, 3 (38)：25-37.

②　JENSEN M C, MECKLING W H. Theory of the firm：Managerial agency costs and ownership structure [J]. Social Science Electronic Publishing, 1976, 3 (4)：305-360.

③　BAUMANN-PAULY D W C S. Organizing Corporate Social Responsibility in Small and Large Firms：Size Matters [J]. Journal of Business Ethics, 2013 (4)：115.

④　侯施昱. 利益相关者视角下的校企合作管理策略优化研究 [D]. 上海：华东师范大学，2018：17-18.

表2-2(续)

界定者	利益相关者的定义
Freeman & Gilbert, 1987	利益相关者是能够影响组织目标实现，或者他们自身受组织影响的个人或群体
Cornell & Shapiro, 1987	利益相关者是与企业有着契约关系的要求权人
Evan & Freeman, 1988（1）	利益相关者是在企业下了"赌注"，或者享有对企业要求权的个人或群体
Evan & Freeman, 1988（2）	利益相关者是那些因企业而受益或受损，其权利因企业活动而受尊重或侵犯的个人或群体
Bowie, 1988	利益相关者是指没有他们的支持，企业就不能存续的个人或群体
Alkhafaji, 1989	利益相关者是那些企业对其负有责任的群体
Carroll, 1989	利益相关者是在企业下了"赌注"的个人或群体，他们能够凭借所有权或依据法律对公司的资产或财产行使权利
Freeman & Evan, 1990	利益相关者是与企业有契约关系的人
Thompson et al., 1991	利益相关者是与组织有关系的人
Savage et al., 1991	利益相关者的利益受到组织活动的影响，同时他们有能力影响组织的活动
Hill & Jones. 1992	利益相关者是对企业有合法要求权的群体，他们通过交换关系建立起相互的联系，即他们向企业提供关键性资源，以换取个人利益目标的满足
Brenner, 1993	利益相关者与组织间存在非同一般的关系，如交易关系、行为影响及道德责任
Carroll, 1993	利益相关者是在企业下了"赌注"的个人或群体，他们能够影响企业的活动，或者自身为企业所影响
Freeman, 1994	利益相关者是联合创造价值的人为活动的参与者
Wicks et al., 1994	利益相关者是与企业相联系、并赋予企业特定含义的个人或群体
Langtry, 1994	利益相关者对企业拥有道德或法律要求权，而企业则对利益相关者的福利承担显而易见的责任
Starik, 1994	利益相关者是能够并正向企业投入真实"赌注"的个人或群体，他们受到企业实际或潜在活动的影响，也可以实际或潜在地影响企业

表2-2(续)

界定者	利益相关者的定义
Clarkson，1994	利益相关者已经在企业投入了实物资本、人力资本、财务资本或其他有价值的东西，并因此承担了一些风险，或者说，他们因企业的活动而承担风险
Clarkson，1995	利益相关者是对企业或企业活动享有索取权、所有权和要求权的人
Nasi，1995	利益相关者是与企业有关的人，他们使企业的运营成为可能
Brenner，1995	利益相关者能够影响企业的活动，同时他们也被企业影响
Donaldson & Preston，1995	利益相关者是那些在公司活动中具有合法权益的人和团体

2. 国外对利益相关者分类的研究

国外关于利益相关者的分类方式，被专家学者广为认同的是多维细分法和米切尔评分法两大类。

（1）多维细分法

多维细分法是指从单一特征或多个特征维度出发，对利益相关者进行分类。弗里曼（1984）从所有权、经济依赖关系、社会利益关系三个角度将利益相关者分为三类：对企业拥有所有权的利益相关者，主要有持有公司股票者，譬如董事、经理人员等；与企业有经济依赖关系的利益相关者，主要有消费者、雇员等；与企业有社会利益关系的利益相关者，主要有政府、特殊群体等。弗雷德里克（1988）按照利益相关者与企业的利益关系及对企业的影响程度将利益相关者分成两类：直接利益相关者，主要有员工、股东、消费者等；间接利益相关者，主要有政府、社会团体、其他团体等。格兰特（1991）从威胁的潜力和合作的潜力两个维度，将企业的利益相关者分为以下三类：支持型利益相关者，主要有管理者、董事会、母公司等；边缘利益相关者，主要有股东等；混合型利益相关者，主要有员工、代理商等；反对型利益相关者，主要有竞争对手等。查克汉姆（1992）按照企业与相关群体是否存在交易性合同关系，将利益相关者分为以下两类：契约型利益相关者，主要有股东、顾客、雇员等；公众型的利益相关者，主要有政府部门、消费者、当地社区等。克拉克森（1994，1995）归纳了两种典型的利益相关者分类方法。1994年，克拉克森根据相关群体在企业经营活动中承担的风险的种类，将利益相关者分为自愿的利益相关者和非自愿的利益相关者。1995年，克拉克森根据相关群体与企业联系的紧密性，将利益相关者分为首要的利益相关者和次要的利益相关者①。

威勒（1998）将社会性维度引入到利益相关者的分类中，结合克拉克森提出的紧密性维度，威勒将所有的利益相关者分为以下四种：首要的社会性利益相关者、次要的社会性利益相关者、首要的非社会性利益相关者、次要的非社会性利益相关者。沃克和麦芮（2002）根据利益相关者对企业承诺的不同层次对其加以评估，按态度和行为的忠诚度高低将利益相关者分为完全忠诚、易受影响、可保有和高风险四类，认为利益相关者管理的终极目标，就是实现战略性利益相关者群体的最大化并致力于保持这些完全忠诚的利益相关者②。

从多个维度来细分利益相关者的思路大大深化了人们对企业的利益相关者的认识。然而这些分类方法普遍都停留在学院式的研究中，缺乏可操作性③。

（2）米切尔评分法

20世纪90年代后期，美国学者米切尔、阿格尔和伍德提出了米切尔评分法。米切尔评分法被学术界广泛认可。米切尔等详细分析了学术界有关利益相关者的27种定义，在此基础上提出了利益相关者应具备以下三个基本条件：合法性、权力性、紧迫性④。合法性，是指一个特定群体是否被赋予了对企业的索取权力，这种权力是有法律效力的；权力性，是指某一群体是否有一定的地位以及能力，能够影响企业的决策；紧迫性，是指某一群体的要求是否能立即引起管理层的关注⑤。三者至少符合一条，否则不是利益相关者。三个基本条件不同程度的组合产生了不同类型的利益相关者。根据利益相关者的三种属性进行评分，不同的分值表明该团体或个人是否属于利益相关者以及判定利益相关者的类别。米切尔评分法将企业利益相关者分为确定型利益相关者（兼具三种属性）、预期型利益相关者（兼具两种属性）、潜在利益相关者（只具一种属性）。详见表2-3⑥。

---

① 郭德芳. 利益相关者分类研究综述 [J]. 东方企业文化，2012（15）：158.
② 张凡. 利益相关者导向的内部控制研究 [D]. 青岛：中国海洋大学，2008：25-36.
③ 郭德芳. 利益相关者分类研究综述 [J]. 东方企业文化，2012（15）：158.
④ 姚树伟. 职业教育发展动力机制研究 [D]. 长春：东北师范大学，2015：33-39.
⑤ MITCHELL R K, AGLE B R, WOOD D J. Toward a Theory of Stakeholder Identification and Salience：Defining the Principle of who and What Really Counts [J]. Academy of Management Review, 1997, 22（4）：853-886.
⑥ 周柳. 基于利益相关者视角的现代学徒制研究 [D]. 广州：广东技术师范学院，2016：23-29.

表 2-3　米切尔评分法结果认定

属性	确定型利益相关者		预期型利益相关者			潜在利益相关者	
合法性	√		√		√	√	
权力性	√		√		√		√
紧急性	√			√	√		√

（二）国内对利益相关者的研究现状

1. 国内关于利益相关者内涵的研究

我国对于利益相关者理论的关注始于 20 世纪 90 年代中期①，国内对利益相关者理论的研究虽然起步较晚，但相关研究较多。

20 世纪 90 年代，对于企业治理创新来说，学术界主要存在两种争论：一是以张维迎等为代表的股东主权模式②；二是以杨瑞龙等为代表的建立利益相关者合作逻辑下的国有企业共同治理机制，主张建立银行董事制度、职工董事制度以及职工监事制度③。我国采取了第一种方案。2002 年中国证监会与原国家经贸委联合出台的《上市公司治理准则》规定："上市公司应尊重银行及其他债权人、职工、消费者、供应商、社区等利益相关者的合法权利。"从而在制度层面上为中国上市公司治理中的利益相关者利益的保护奠定了基础。尽管我国企业制度的改革已经进行了 10 多年，但是由于缺乏有效的治理结构安排，大股东侵占小股东、内部人控制、高管和董事会合谋、损害利益相关者的现象非常严重④。

20 世纪初，杨瑞龙和周业安提出了利益相关者的三种内涵：①最广义的内涵：凡是能够影响企业活动或被企业活动影响的团体或个人，包括股东、雇员、债权人、消费者、供应商、政府部门、相关社会团体、社会组织、社会民众等。②稍窄的内涵：与企业有直接关系的团体或个人，该定义排除了政府部门、相关社会团体、社会组织、社会民众等。③最狭义的内涵：特指在企业中下了"赌注"的团体或个人。这一内涵与主流经济学中的"资产专用性"理论的内涵相类似，主流经济学中的内涵是：只有在企业中投入了专用性资产的

---

① 柳锦铭. 基于利益相关者的品牌危机管理研究 [D]. 天津：天津大学，2007：39-41.

② 张维迎. 所有制、治理结构及委托—代理关系：兼评崔之元和周其仁的一些观点 [J]. 经济研究，1996（9）：3-15.

③ 杨瑞龙，周业安. 论利益相关者合作逻辑下的企业共同治理机制 [J]. 中国工业经济，1998（1）：38-45.

④ 林萍. 利益相关者理论综述 [J]. 闽江学院学报，2009，30（1）：54-58.

团体或个人才是利益相关者①。

贾生华和陈宏辉指出，利益相关者应当指那些在企业中进行了一定专用性投资，并承担了相应风险的群体和个体。他们的活动直接影响企业目标的实现，或直接受到企业目标实现过程的影响。这既强调了专用性投资，又突出了企业与利益相关者的关联性②。

孙珊珊指出，从管理学的角度看，"利益相关者"是一个重要的理论研究对象。企业本身存在着多个不同的利益相关者，企业发展需要各利益相关者以不同方式进行投入与付出。因此，公司的最终目标是实现利益相关者的共同利益而非个体利益，在其经营管理活动中要充分考虑各利益相关者的利益诉求，并为综合平衡这些利益诉求而做出努力③。

综上所述，关于利益相关者的内涵和外延的研究，至今仍处于不断发展完善中，目前还没有统一、权威的定义，但作为一种理论框架，它已逐渐深入人心，已被广泛地应用于社会发展的各个领域，甚至被一些研究者称为"新经济时代的管理哲学"。

2. 国内关于利益相关者分类的研究

在借鉴和参考国外研究成果的基础上，国内学者对利益相关者的分类进行分析与研究，提出了代表性观点。

万建华等根据利益相关者是否与企业有官方的、正式的契约，将利益相关者划分为一级利益相关者（主要包括人力资本所有者、财务资本所有者、顾客等）和二级利益相关者（包括社区、公众等)④。

陈律熴将利益相关者分为以下两类：①内部利益相关者，包括经营者、股东和员工，他们都是作为产权主体，都向企业投入专用性资产。经营者将自己的管理经营能力视为管理资本，股东则投入货币等实物资本，劳动者则投入专用性人力资本。他们都要求作为资本所有者而加入现代企业，从而分享企业的经营业绩，最终形成了管理资本所有者、物质资本所有者和人力资本所有者三大利益相关者主体，所以从本质上说企业是利益相关者缔结的一组契约。企业的活力不仅来自一方，更来自利益相关者之间的合作。这要求平等地对待每一

① 杨瑞龙，周业安. 企业的利益相关者理论及其应用 [M]. 北京：经济科学出版社，2000.

② 贾生华，陈宏辉. 利益相关者管理：新经济时代的管理哲学 [J]. 软科学，2003 (1)：39-42, 46.

③ 孙珊珊. 基于利益相关者视角的高职院校校企合作研究 [D]. 沈阳：沈阳师范大学，2015:13-26.

④ 万建华，戴志望，陈建. 利益相关者管理 [M]. 深圳：海天出版社，1998：33.

个利益相关者的需求和利益。经营者追求更高的工资待遇、福利分红以及管理权最大化等；股东追求利益最大化，追求更多的利益回报以及对企业的更大控制权；劳动者则追求更多的工资收入、更好的福利待遇、优良的工作环境，受到尊重，工作稳定，享有隐私权，言论自由等。②外部利益相关者，包括消费者、政府、社区、环境、竞争者等。随着经济的发展，企业不再是封闭的系统，外部利益相关者的内涵和外延越来越广泛，企业也越来越关注外部利益相关者①。

李心合从威胁性和合作性两个角度将利益相关者分为以下四类：①支持型利益相关者，这类利益相关者往往与企业保持密切的经济联系，因此会成为企业的支持者，主要有股东、供应商、员工等；②不支持型利益相关者，这类利益相关者与企业之间往往是一种非合作关系，甚至是对立关系，主要有社区、竞争对手、媒体等；③混合型利益相关者，这类利益相关者和企业之间的关系往往比较复杂，既有合作又有冲突，主要有政府、顾客等；④边缘利益相关者，这种利益相关者与企业之间的关联往往不紧密，但又有一定的联系，主要有消费者利益保护组织、雇员的职业联合会等②。

陈宏辉从利益相关者的重要性、主动性和紧急性三个维度将其定义的10种利益相关者细分为以下三类：①核心利益相关者，主要有管理人员、股东、员工等；②蛰伏利益相关者，主要有政府、消费者、债权人、供应商和分销商；③边缘利益相关者，主要有社区、特殊团体等③。

吴玲从资源依赖理论、资源基础理论两个维度将不同技术特征、不同性质以及处于不同生命周期的利益相关者划分为关键利益相关者、重要利益相关者、一般利益相关者、边缘利益相关者四类④。温素彬和方苑按照利益相关者向企业投入资本形态的种类，将企业的利益相关者分为人力资本利益相关者、货币资本利益相关者、生态资本利益相关者、社会资本利益相关者⑤。郭德芳从不同角度对利益相关者进行了划分⑥。孙珊珊将利益相关者归纳为以下几种类型：①企业内部利益相关者，主要包括创立者、股东、员工；②企业外部利益相关者，主要包括消费者、配套供应商、政府、社区、居民、媒体、社会团

---

① 陈建熿. 利益相关者管理 [J]. 经济管理, 2000 (4): 58.
② 李心合. 面向可持续发展的利益相关者管理 [J]. 当代财经, 2001 (1): 66-70.
③ 陈宏辉. 企业的利益相关者理论与实证研究 [D]. 杭州: 浙江大学, 2003: 39-55.
④ 吴玲. 中国企业利益相关者管理策略实证研究 [D]. 成都: 四川大学, 2006: 39-53.
⑤ 温素彬, 方苑. 企业社会责任与财务绩效关系的实证研究: 利益相关者视角的面板数据分析 [J]. 中国工业经济, 2008 (10): 150-160.
⑥ 郭德芳. 利益相关者分类研究综述 [J]. 东方企业文化, 2012 (15): 158.

体等；③企业活动影响的对象，主要有人类后代、自然环境、非人物种等。企业的成败与所有利益相关者均息息相关①。

三、国内外研究现状简评

综上所述，对"高职院校'创客教育'"的相关研究还处于起步阶段，学者对与"创客教育"相关的许多概念和内涵还没有达成共识，目前的研究更多集中于研究创客课程的开发、跨专业教学的实现、创客空间的搭建、创客技术的支持、教材的选择等方面。大部分高职院校还没有建立系统性的"创客教育"模式，对"创客教育"的推进机制研究得较少，同时从利益相关者角度来阐释"高职院校"创客教育""整体推进机制的研究更少，因而本书有较强的研究价值。

第二节　核心概念分析

一、高职院校"创客教育"

（一）高职院校

高职院校的全称为"高等职业院校"，是以培养高素质技术技能人才为目标的学校。高职院校是进行职业教育的高等阶段，既不同于中等职业技术学校，又不同于普通高等教育院校（包括普通的多科性本科学院和综合性大学）。

1. 职业教育的内涵和外延不断延伸，高职院校在高等职业教育中起着奠基石的作用

从高等职业教育体系内的层次关系来看，高职院校是高职教育的奠基石。高职院校对接中职教育的终点，处于高职教育的起点。高职院校是初高中学生、中等职业学校学生继续学习进一步接受教育的主要渠道。

目前，职业教育的内涵和外延不断延伸，高职院校不再是职业教育的终点。《国务院关于印发国家职业教育改革实施方案的通知》（国发〔2019〕4号）指出："职业教育与普通教育是两种不同教育类型，具有同等重要地位。""完善学历教育与培训并重的现代职业教育体系，畅通技术技能人才成长渠

---

① 孙珊珊.基于利益相关者视角的高职院校校企合作研究［D］.沈阳：沈阳师范大学，2015.

道。发展以职业需求为导向、以实践能力培养为重点、以产学研用结合为途径的专业学位研究生培养模式，加强专业学位硕士研究生培养。推动具备条件的普通本科高校向应用型转变，鼓励有条件的普通高校开办应用技术类型专业或课程。开展本科层次职业教育试点。"职业教育不再是一种低层次教育，而是与普通本科教育并行的一种教育类型，由中等职业教育和高等职业教育构成，高等职业教育又包括高职专科教育、应用型本科教育、专业学位研究生教育等不同序列。目前，随着对应用型本科院校建设工作的重视和推进，现代职业教育体系建设日趋完善，高职院校也不再是高职教育的终点，而是作为起点，去连接应用型本科教育与专业学位研究生教育，因而高职院校是高职教育的"奠基石"，应为高职教育奠定坚实基础。

2. 高职院校在整个教育系统中起着承上启下的作用

从整个教育系统的宏观视角来看，高职院校起着承上启下的作用。目前，高职院校是大多数初高中毕业生以及中职学生进入到高职教育体系中的主要途径。同时，教育部等六部门印发的《现代职业教育体系建设规划（2014—2020年）》（教发〔2014〕6号），明确提出了针对健康服务、学前教育等特殊专业领域颁布五年制高职目录，完善五年制高职教育，这使得高职院校进一步与初中对接，成为基础教育与高职教育之间的重要"纽带"①。《现代职业教育体系建设规划（2014—2020年）》反复强调中高职教育的衔接和协调发展，目的就是要求高职院校发挥其在职业教育体系中特殊的作用，不仅要将自身做强，更要起到应有的"承上启下"的作用。

总之，《国务院关于印发国家职业教育改革实施方案的通知》（国发〔2019〕4号）中"开展本科层次职业教育试点"，对高职教育提出了新的要求，对高职院校培养的人才水平和质量的要求也有所提升，传统的技术技能人才培养模式和教育方式已经不适应国家对高职院校人才培养类型的要求，因而必须改革教育方式。

（二）"创客教育"

1. 创新

在"创客教育"的概念中，"创新"既是达到的目标，也是教育的方式，因而首先需厘清"创新"的内涵。对于"创新"，有多种不同的解释。下面分别从词义学、经济学和哲学的角度来阐释创新的内涵。

---

① 曹起武. 本科院校转型形势下高职院校的定位分析 [J]. 职教论坛，2015（22）：40-43.

在词义学中，"创新"一是指"抛开旧的，创造新的"；二是指创造性；新意①。这种词义学概念，是中国人认识和理解什么是创新的基础。在日常生活中，人们使用创新精神、创新能力、创新人才、创新成果等概念时，无不依赖这种词义学概念②。

经济学家对"创新"的理解匠心独具。1912 年，美籍奥地利经济学家约瑟夫·阿罗斯·熊彼特（Joseph Alois Schumpeter）在其著作《经济发展理论》中首先运用"创新"的概念来说明资本主义社会经济长期波动周期的形成原因。在熊彼特的理论中，"创新"是指"新的生产函数的建立"，即"企业家对生产要素之新的组合"，也就是把一种从来没有过的生产要素和生产条件的"新组合"引入生产体系③。

显然，熊彼特所说的"创新"是一种经济学概念，或者说它具有特定的经济学内涵。这种"创新"概念能够较好地体现技术变革在经济发展中的作用，有利于纠正科技与经济相互脱节的弊端，促进科技与经济的结合，因此已在许多国家和联合国、经合组织、欧洲共同体等一些有影响的国际组织中得到广泛的认同和应用。近年来，在我国实施的技术创新工程以及力图创建的国家创新体系等项目中，在运用"创新"一词时都蕴含着经济学的内涵。

从哲学的角度看，创新是生命体的一种机能，是事物内部新的进步因素通过矛盾斗争战胜旧的落后因素，最终发展成新事物的过程。这跟词义学上的概念是一脉相承的，都是"弃旧造新"的过程。

"创新"不但指"抛开旧的，创造新的"，是一种首创性的活动；而且必须是一种有价值的活动，产生有价值的成果，这种价值不仅包括精神方面的，更多的是指经济上的。当然，这种活动要"弃旧造新"，就一定要与旧事物做斗争，抛开一切因循守旧的思想，战胜一切阻挡前进脚步的事物，从而营造有利于创新的环境，获得创新性成果。

为了更透彻地了解创新的内涵，我们必须清楚地知道创新与发明、创造的关系。它们三者的相同点主要是指产品具有新颖性，都需要进行创造性思维，都需要有创造力，都需要进行探索性工作等。但是它们三者之间的含义还是有所不同的。创新主要体现"有中更好"，侧重经济领域的技术改进和制度更

———————

　　① 中国社会科学院语言研究所词典编辑室. 现代汉语词典 [M]. 北京：外语教学与研究出版社，2002：306.

　　② 肖云龙. 别无选择：中国创新论 [M]. 长沙：湖南大学出版社，1999：75.

　　③ 约瑟夫·熊彼特. 经济发展理论 [M]. 何畏，易家详，译. 北京：商务印书馆，1990：83.

新，如使用更方便、性能更好、价格更便宜、应用范围更广等①。创造是"无中生有"，体现独特、独创，创造侧重于新思想、新理论、新方法的创建。发明侧重于技术的应用，如新方法、新工艺、新产品等，强调新颖性、先进性和实用性。发明、创造是创新的基础和前提，创新是为了获取更高的经济利益和社会价值。创新过程需要发明创造，发明创造是不可预测的，也不能计划，具有偶然性；而创新虽然有风险，但可以预测，可以计划，可以有组织、有目的、有体系地进行。

创新是一个持续不断的、复杂多变的甚至异常艰辛的过程。而发明是偶然的，偶然的发明并不能直接推动生产力的发展，发明只有经过不断创新的过程，才能变为实实在在的应用，才能最终发挥作用。事实证明，创新是比发明更复杂、更重要的过程。例如，100多年以前莱特兄弟发明的飞机很简单，飞不高，也飞不远，根本不能成为人们的交通工具。真正要使其成为人们的交通工具要靠以后的科学家的不断创新和改进。又如，我国的四大发明之一的火药，我国长期应用于烟花爆竹，传入西方后，经过不断创新，用于工程和军事，才使其更有用，更有价值。

发明是创新的第一步，要使发明得到应用就必须创新。在科学领域，人们经常发明一些东西，每年发明的专利有数百万件，但真正转化为对社会有用的东西很少，这就需要不断创新，使发明创造的成果及时转化为社会生产力。

创新具有以下基本特征②：

（1）新颖性。创新产品的新颖程度可以分为以下三种层次：一是"前所未有"的创新，这是最高层次的新颖性，如首次发现新的事物、发明新的东西、提出新的思想、创建新的学说、创作新的作品，这是对未知领域有所发现的开拓性的创新；二是"发展性"的创新，这是中等层次的新颖性，就是在前人已有认识、研究和创造发明成果的基础上的创新，这是对已知领域有所突破的承继性的创新；三是"有所新意"的创新，这是低等层次的新颖性，就是对已知事物有新的认识、对探索的问题有新的进展、对进行的工作有新的思路、对开展的活动有新的方法等，这是多数人在各个领域、各种活动中都可以进行的一种创新活动，它是高层次创新的萌芽和前提。

（2）风险性。创新的主要风险性在于创新的投入可能超出创新得到的收益，即投入的人力、物力和财力等与创新得到的价值相比得不偿失。由于创新

① 唐小艳. 大学科研创新团队的成长环境研究 [D]. 长沙：中南大学. 2006：15-16.
② 唐小艳. 大学科研创新团队的成长环境研究 [D]. 长沙：中南大学. 2006：15-16.

活动掺杂着各种不确定的因素，创新可能失败，可能产生副作用，这就需要创新工作者有高度的风险意识，敢于冒险。

（3）价值性。任何高风险的活动都会产生高价值的成果。创新产品的价值性可以从其使用价值、经济价值、社会价值、学术价值和推进人类文明进步的积极意义等方面进行衡量。如我国主要以科技发明奖、科技进步奖等奖项来衡量科技工作者的创新产品价值。

（4）连续性。这是说创新是一个过程，是一个对有用的东西不断改进和完善的过程。人们对追求美好事物的需求是不断的，因而对创新的需求也是不断的，只要有需求，只要生命不停止，创新的过程就永不停止。

（5）目的性和现实性。目的性是指创新是有针对性的，它针对有用的事物，针对需要解决的问题，针对人们的需求。现实性是指创新需要客观条件，需要良好的创新环境和氛围，需要宏观、中观以及微观环境的支持与配合，是与现实密切相关的。

2. 创客

"创客"英文直译为"maker"，有"制造者"和"创造者"之意。结合学术界大多数学者的观点，一般认为创客是指那些以个人爱好、兴趣为初衷，通过电子、互联网、3D打印机、机械等高科技设备，借助新兴科技和互联网，敢于创新，勇于把创意转变成现实的一群人。

但是，在创客的狭义和广义的理解上，笔者偏向于其广义的内涵，即创客是指敢于创新并勇于将具有挑战性的创意和想法转变为现实的一类人。在对创客的内涵界定上，笔者赞同姜艳玲等的理解和阐释。创客既是指勇于创造创新的一类人，也可以是具有对基础理论进行创新、改造并将其付诸实践的精神和理念。从这个意义上说，人人都可能成为创客，而不仅限于有技术背景的那类人。创客的特征是具有永无止境的追求创新创造的精神，其关注的焦点是做事的精神和态度，与是否制造出物化的产品没有直接的关系[①]。创客的成果可以是一种新产品，也可以是一种新的工艺流程，一种新的设计方法，一种新的思维方式，一种新的评价方式，一种新的管理模式，等等。从这个意义上说，工科、理科背景的学生可以成为创客，文科背景的学生也可以成为创客。创客的共通点是愿意尝试、敢于实践，有直面问题的勇气，有分析问题的意愿，有解决问题的信心和能力，有合作共享的团队精神。创客一般出于自己的爱好和兴

---

① 贾旭琴. 高等师范教育中融入创客教育的教学实践模式探究 [D]. 哈尔滨：哈尔滨师范大学，2018：1-2.

趣来进行实践，出于一定的实践需要来进行创新，而不以营利为目的。

创客具有创新创意理念，能通过实践操作、交流思想和共享成果等，不断提高自身素质和能力。创客们擅于将自己独特的创新创意的想法转变为现实，这种创新创意精神及工匠精神，正是当代在创新范式转型的社会大背景下需要大力培养的。高职院校的教师和学生也需要培养创客素质，如果加大培养和挖掘力度，教师和学生的创客素质都能提高，也都能成为创客①。

3. "创客教育"

（1）基本内涵

"创客教育"是一种融合信息技术，秉承"探究体验、开放创新"的教育理念，以"创造中学""学中创造"为主要教学方式，以培养具有创新意识、创新思维和创新能力的人才为目的的教育模式。笔者界定的"创客教育"是指"创客式教育"，而不是"创客的教育"。"创客式教育"不同于"创客的教育"。"创客的教育"主要培养"创客"；"创客式教育"则主要是应用创客理念、思维及方法改造教育，并不强调将每位学生培养为"创客"②。"创客式教育"将"通过创造学习"或"基于创造的学习"作为学生的主要学习方式，强调的是"创客式"人才培养，而"创客的教育"强调的是"创客"的培养。

笔者界定的"创客教育"是运用创客的理念与方法，对教育进行重新改革及改造的过程。从一定意义来讲，高职院校"创客教育"是以培养学生的创新精神、创客素质及创客能力为目标的教育模式。"创客教育"强调学生在学习实践过程中的创新意识、能动意识、分享意识、协作意识、实践意识、交流意识等，这种新型教育模式使学生乐学、好学、想学、能学、擅学③。在创新 3.0 时代，培养优秀的，具有创造思维、创意创新意识、创新创业能力的多元复合型人才，在不同学科领域及不同专业中创造性地发现和发展自己和团队的潜能，具有重要意义。也可以说，"创客教育"是注重培养具有创客理念、创新思维、创新意识和创新能力的"创客式"人才，或者说是具有创客理念、创新精神，具有分析问题、解决问题的能力和具有团队协作意识的复合型创客

---

① 张晓振. 创客教育在高职 VB 教学中应用的实践研究 [D]. 哈尔滨：哈尔滨师范大学，2017：10-23.

② 杨现民，李冀红. 创客教育的价值潜能及其争议 [J]. 现代远程教育研究，2015（2）：23-34.

③ 张晓振. 创客教育在高职 VB 教学中应用的实践研究 [D]. 哈尔滨：哈尔滨师范大学，2017：10-23.

式人才的教育①，启发学生的创意创新意识，引导学生敢于想，敢于创意，敢于思考，精诚协作，勇于实践，敢于变理想为现实，使学生的知识、思维和能力结构更完善。学生在"做中学""玩中学"，以获得学习的兴趣，感受实践的快乐，体验成功的喜悦，分享协作的幸福感等，这样才能达成高职院校"创客教育"的预期目标，提升技术技能人才培养的适切性。

高职院校"创客教育"的主要特征：①创新性。高职院校"创客教育"旨在培养学生的创新意识、创造思维和创新能力，高职学生在"创客教育"过程中通过 DIY 实现想法和创意，敢于想、敢去做、不怕失败、不气馁，最终取得成功。②技术性。高职院校"创客教育"具有鲜明的技术特征，在信息技术时代，"创客教育"是将教育教学活动与信息技术平台深度融合的一种教育变革形式。③操作性。高职院校"创客教育"的主要方式是"学中做""做中学"。"创客教育"在不断实践的过程中强调学生的动手操作与实践能力，强调"做中学"的方式，边做边学，边学边做，有创意就不断去实现。④协作性。高职院校"创客教育"是"合作探究式"教育，在一起进行创客实践的学生不局限于同一学科或专业，允许跨越多个学科或专业进行团队"合作探究式"学习，在团队交流和分工合作中，协作共同完成项目，在通过任务分配让学生团体共同完成创客项目的过程中，使学生体验团队协作的功能和作用②。⑤精益性。高职院校"创客教育"体现了"工匠精神"，主要体现在学生在进行制作和创造过程中对作品精心设计、多次修改、不断优化、追求极致的思维和行为，而这种"精益求精"的思维、意识及行为就是工匠精神的体现③。⑥创业性。学生通过动手实践、团队协作，创造性解决问题的能力进一步提升，因而对于就业就会有很多自己的看法和体会，这样会更有利于培养学生的创业能力，促成学生创业。

另外，"创客教育"还具有趣味性、综合性、艺术性。学生将想法变成现实是一个愉快的过程，这种愉快体现了趣味性；综合性体现在专业知识、技能、想象力等的综合；艺术性是指作品呈现的美感和体现的艺术价值。

（2）"创客教育"与创新教育、STEM 教育的区别

"创客教育"、创新教育和 STEM 教育是一组含义相近的教育模式，三者既有区别，又有联系。

---

① 张晓振. 创客教育在高职 VB 教学中应用的实践研究 [D]. 哈尔滨：哈尔滨师范大学，2017：10-13.

② 庄琪琪. 我国高校创客教育发展现状与发展策略研究 [D]. 青岛：青岛大学，2018.

③ 王竹立. "互联网+教育"意味着什么 [J]. 今日教育，2015（5）：1.

从一定意义上说，我国的"创客教育"就是创新教育，两者的目的都是把学生培养成具有创新思维、创新意识与创新能力的人才①。

STEM教育是science（科学）、technology（技术）、engineer（工程）和mathematics（数学）教育的缩写。这种教育模式是美国在20世纪80年代为提升劳动力创新能力和国家竞争力而提出的国家教育战略，主要目的在于打破学科边界，致力于培养学生的科学技术理工素养②。目前它已成为世界范围内教育界关注劳动力水平提升以及复合型创新性人才培养的热门话题。STEAM是在STEM的基础上增加art（艺术领域），随后出现的STEMx，增添了更多的学科领域，丰富了STEM教育的内涵及外延，使其涉及人文、艺术、计算机科学、体育、创造与革新、调查研究、全球沟通协作等新时代需要的知识与能力，发展为跨学科的综合性素养教育③。

关于"创客教育"与创新教育、STEM教育的关系：STEM教育和"创客教育"是实现创新教育的方式及手段，STEM教育和"创客教育"的出现，能让创新教育尽快落实，为创新教育提供了发展思路和方向。打个比方来说，若把创新教育看作是飞机的"机身"，那么STEM教育和"创客教育"则是飞机的"两翼"④。

二、利益相关者

要分析"利益相关者"的内涵，先要分析"利益"的内涵。在《现代汉语词典》里，"利益"的解释为"好处"，是指以一定条件为前提，人类在社会实践中能满足组织或个体某种需要的内容，包括物质、精神等方面。追求利益是人类最普遍、最基础的心理特征和行为规律⑤。马克思指出，人们奋斗所争取的一切，都同他们的利益有关⑥。列宁也指出，利益推动着民族的生活⑦。

---

① 何克抗. 论创客教育与创新教育 [J]. 教育研究, 2016 (4)：12-24.

② 王旭卿. 面向STEM教育的创客教育模式研究 [J]. 中国电化教育, 2015 (8)：36-41.

③ 袁刚, 沈祖芸. 全球都在跨越STEM [EB/OL]. http://mp.weixin.qq.com/mp/appmsg/show?__biz=MjM5Njg3ODkwMQ==&appmsgid=1000160 1&itemidx=1&sign=d9e6dc4975747018ac659a9e66 b1dc77#wechat_redirect [2014-10-01].

④ 王旭卿. 面向STEM教育的创客教育模式研究 [J]. 中国电化教育, 2015 (8)：36-41.

⑤ 姚树伟. 职业教育发展动力机制研究 [D]. 长春：东北师范大学, 2015：16.

⑥ 中共中央马克思恩格斯列宁斯大林著作编译局. 马克思恩格斯全集（第1卷）[M]. 北京：人民出版社, 1972：42.

⑦ 中共中央马克思恩格斯列宁斯大林著作编译局. 列宁全集（第55卷）[M]. 北京：人民出版社, 1990：75.

利益具有主观性①：①主体对其基本生存和发展需要具有强烈的意愿和诉求，只有满足其意愿和诉求，利益的价值才能实现；②主体须发挥其主观能动性，以满足主观意愿和需求以及达到需要的相关条件；③实现利益取决于社会认同，这是由于利益本身具有较强的社会性，只有在社会所提供的条件下并且使用社会提供的方法和手段才能实现。利益相关者，其英文翻译为"stakeholder"（原意为"筹码持有者"），这跟"stockholder"（股东）是有区别的，"股东"（stockholder）指的是在赌场中不仅持有筹码而且还可以下注的人。

作为一种重要的教育类型，高职教育的发展需要政府、学校、行业企业、受教育者个人、社会团体等多元利益主体的广泛参与。而利益是纽带，是影响以上主体是否参与以及如何参与高职教育的直接因素。接受高职教育是社会民众的基本权利，同时民众可选择所要接受的教育；而在体制机制、政策制度等不完善的情况下，为了追求成本最小化、效益最大化，学校、企业、行业、社会团体等利益主体是否参与高职教育、以何种方式参与以及参与的广度和深度等，也是具有选择性的。从这个意义上说，接受、参与以及举办高职教育，是多元主体的利益及价值选择的过程②。从教育属性来看，高职教育属于公共事业领域，高职院校属于非营利性组织。非营利性组织意味着没有人能拥有组织的所有权、控制权与剩余索取权，而只有法人财产权，这表明高职院校是典型的利益相关者组织③。高职院校的每一个人或每一类人（如教师、学生、管理人员等）都不能对其行使独立的控制权，都不能获得学校的剩余利润，而只能由利益相关者共同控制。因而，高职院校是典型的利益相关者组织，其人才培养无法回避利益相关者的参与④。高职院校是人力资本所有者的集聚之地，其运作、经营与企业的营利行为差别很大，其本身就是"利益相关者相互关系的联结"⑤。将利益相关者理论应用于高职院校领域，是将高职院校作为非营利性机构来理解的⑥。但是，高职院校作为利益相关者，虽"不以营利为目的"，但并不是说不关注利益相关者的利益。其实，高职教育涉及多元主体的利益。不同主体从不同角度看待利益，对利益内涵会有不同的解读。高职教育

① 姚树伟. 职业教育发展动力机制研究［D］. 长春：东北师范大学，2015：16-23.

② 姚树伟. 职业教育发展动力机制研究［D］. 长春：东北师范大学，2015.

③ 姚树伟，谷峪. 高职院校发展动力因素与机制研究：基于利益相关者视角［J］. 教育理论与实践，2014（15）：18-20.

④ 唐小艳. 高职环保人才培养的利益相关者角色定位分析［J］. 中国市场，2017（7）：80-81.

⑤ 贾建国. 我国高等职业教育制度的改革与创新：基于利益相关者视角［J］. 职教论坛，2009（15）：14.

⑥ 洪彩真. 学生：高等教育之核心利益相关者［J］. 黑龙江高教研究，2006（12）：118-121.

发展过程中的三种基本利益矛盾是：个体与集体的矛盾、局部与整体的矛盾、眼前与长远的矛盾。高职教育发展的目标，就是解决这些矛盾，调和利益冲突。利益分析是研究高职教育发展问题非常重要的视角。只有从这个视角出发，才能真正深入知晓高职教育发展的实质问题，理解和分析利益相关者之间的博弈行为，才能从制度上约束和规范利益相关者的行为①。只有从本质上把握并分析各种利益的分配、平衡，才能理解各利益主体之间进行各自行为选择、价值选择的根源，从而把握影响高职教育进步或阻滞的关键因素。这是基于利益相关者理论框架探讨高职教育发展的一个基本依据②。从政策学角度，作为调整、分配、确定利益和资源的工具和方案，国家政策是影响高职教育发展的最关键因素。"从本质上说，政策执行就是相关主体基于利益得失考虑而进行利益博弈的过程。"③

作为表达国家意志、落实价值选择的基本形式，国家政策的制定和执行是为了实现国家利益和公共利益，并调整集体利益、个体利益之间的矛盾和冲突。在政策执行过程中，必须以目标利益为核心，从平衡利益矛盾关系入手实现政策目标。就个体而言，利益既包括与自己生存和发展有关的各种现实存在物，也包括与价值诉求、生活质量直接相关的精神存在物。利益，具有物质与精神的统一性，从总体维度进行利益分析是基础性的、必要的。当前，世界各国普遍重视与强调高职教育的公益性，也为从利益相关者视角研究问题提供了一个新的视角。目前，我国高职教育经费主要由政府财政拨款、学生学费、联合办学、企业支持、社会资助等部分构成。经费构成也体现出高职教育及其实施机构在事实上成为利益相关者的联合体④。

将利益相关者理论作为分析框架，研究高职教育发展问题，在理论与实践上具有双重意义。从理论上可以对利益相关者进行确认和分类，明确利益相关者相互之间的关系，探索利益相关者共同治理、寻求整体利益最大化的模式与机制；从实践上，可以应用其指导高职教育管理、院校管理，明确不同利益相关者在发展职业教育中的特殊参与途径，借此高效率地决策⑤。

在当前教育制度及管理理念指导下，高职院校越来越重视、强调自己

①　亓俊国. 利益博弈：对我国职业教育政策执行的研究［D］. 天津：天津大学. 2010.
②　姚树伟. 职业教育发展动力机制研究［D］. 长春：东北师范大学，2015：20-23.
③　丁煌. 利益分析：研究政策执行问题的基本方法论原则［J］. 广东行政学院学报，2004（3）：27-30，34.
④　姚树伟. 职业教育发展动力机制研究［D］. 长春：东北师范大学，2015：25-26.
⑤　姚树伟. 职业教育发展动力机制研究［D］. 长春：东北师范大学，2015：26.

"独立、自治实体"身份，往往基于学校内部教育价值的形成过程考虑发展问题，并依此进行组织管理体制设计。这种思路缺乏对教育产业整体"价值链"的考虑，缺乏从利益相关者整体利益要求出发改革学校体制的思考。有研究者指出，高职院校是一种典型的利益相关者组织，相关者的利益要求规定了高职院校的责任[①]。

高职教育与经济社会各领域有着千丝万缕的联系。这种特殊"生态环境"也决定了发展高职教育必须关注各类利益相关者。随着社会主义市场经济体制在我国的确立，国家公共教育权力下放，教育提供主体不再局限于政府，学校拥有更多办学自主权；民办教育兴起与发展，使多种办学主体并存成为现实；学生、家长拥有越来越多的教育选择权。既往利益关系和利益格局被打破，众多利益主体纷纷提出各自的教育利益诉求与主张。在这一大背景下，从利益相关者视角，研究高职教育的发展策略，不仅必要、可行，而且紧迫[②]。

从"创客教育"角度来讲，相较于传统教育，"创客教育"与经济、产业、社会的联系更紧密，笔者认为高职院校"创客教育"的利益相关者是指能够影响高职院校"创客教育"目标实现或者在高职院校"创客教育"目标实现过程中受影响的团体或个人，包括政府、行业、企业等利益相关者。

三、整体推进机制

（一）机制的内涵

《现代汉语词典》对"机制"的解释如下：①机器的构造和工作原理，如计算机的机制；②有机体的构造、功能和相互关系，如动脉硬化的机制等；③是指某些自然现象的物理、化学规律，又可称为机理，如优选法中优化对象的机制等；④泛指一个工作系统的组织或部分之间相互作用的过程和方式，如市场机制，用人机制，竞争机制等[③]。机制最早源于希腊文的"mechanike"（机械）一词[④]，原指机器的构造和动作原理。在古代以及中世纪，"机制"大多出现在自然科学及技术领域，主要是指机械构造以及运动原理和过程。后来，在自然科学领域，"机制"表示诱因，尤其是无法完全用数学原理来解释的自

---

① 李名梁，谢勇旗.职业教育利益相关者：利益诉求及其管理策略 [J].职教通讯，2011 (21)：5-9.

② 姚树伟.职业教育发展动力机制研究 [D].长春：东北师范大学，2015：26.

③ 现代汉语词典-在线汉语大词典 [DB/OL]. (2004-1-1) [2018-12-9]. https：//cidian. 51240. com/jizhi_ qih_ _ cidianchaxun/.

④ KLUGE. Friedrich. Etymologisches Worterbuch der deutschen Sprache [M]. Berlin New York：de Gruyter，1995.

然科学分支，如化学，生物等多应用"机制"作为类比。医学与生物学在研究肌肉收缩或光合作用等生物功能时，也常常采用"机制"一词，这里"机制"是指其内在工作方式，即相关生物结构组成部分之间的相互关系，以及其间发生各种变化过程的化学、物理性质及其相互关系。17 世纪以后，"机制"又应用于自然哲学等领域，其含义不再特指机械过程，逐渐延伸至全部被自然科学所描述的过程。目前，"机制"一词已在管理学、经济学、教育学等多学科领域中广泛应用①。

机制通常由三个主要部分组成：一是机构或组织系统；二是系统运行的规则；三是系统组成要素实现规则的工作方式②。机制的定义应包含以下四个要素：①事物变化的内在规律及其原因；②外部因素的作用方式；③外部因素对事物变化的影响；④事物变化的表现形态③。因此，机制就是一个系统的组织或部分之间根据特定的运行和协调规则，相互作用的过程和方式，也即作用机理与耦合关系。

（二）整体推进机制

"整体"在《现代汉语词典》中的解释为"指整个集体或整个事物的全部""整体指若干对象（或单个客体的若干成分）按照一定的结构形式构成的有机统一体。""部分"是指"相对于这种整体来说的个别对象。""整体与部分的关系"的解释为"整体由相互联系着的各个部分构成。整体一旦形成，就扬弃了部分的质，产生部分所没有的新质。整体分解为部分之后就否定了整体的质。部分是整体的一环，它依赖于整体，不能脱离整体而存在。整体中的每个部分的变化，都可能引起由量到质的变化。整体与部分的划分是相对的。一事物可以作为整体去包容部分，又可以作为部分从属于更高层次的整体"④。从《现代汉语词典》的解释中可以看出，"整体"是相对的，相对于不同的"部分"，可以构成不同的"整体"，从而形成不同的内涵和外延。

"推进"在《现代汉语词典》中有三种解释：第一种为"举荐"；第二种为"推动事业、工作使之前进；向前进"；第三种为"推入"。本书采用其第二种含义，即"推动事业、工作使之前进；向前进"。

笔者认为"整体推进机制"是指推动事业及工作发展前进的整个集体的

① 江奇. 德国职业教育产教融合机制研究［D］. 西安：陕西师范大学，2014：19-21.
② 江奇. 德国职业教育产教融合机制研究［D］. 西安：陕西师范大学，2014：19-21.
③ 郝英奇. 管理系统动力机制研究［D］. 天津：天津大学. 2006：37.
④ 现代汉语词典-在线汉语大词典［EB/OL］.（2004-3-9）［2018-12-9］. https://cidian.51240.com/zhengti_mpf__cidianchaxun/.

部分之间根据特定的运行和协调规则而相互作用的过程和方式。

四、利益相关者视角下高职院校"创客教育"的整体推进机制

整合梳理"利益相关者""整体""推进""机制"四者的内涵，结合本书内容，从"整体"的相对性出发，"整体推进机制"有宏观、中观、微观三个层面的含义。①宏观层面的"高职院校"创客教育"的整体推进机制"是指整个国家在推动高职院校"创客教育"并使之发展的国家各利益相关者之间根据特定的运行和协调规则而相互作用的过程和方式。②中观层面的"高职院校"创客教育"的整体推进机制"是指各省份区域在推动高职院校"创客教育"并使之发展的区域各利益相关者之间根据特定的运行和协调规则而相互作用的过程和方式。③微观层面的"高职院校"创客教育"的整体推进机制"是指各高职院校在推动"创客教育"并使之发展的院校各利益相关者之间根据特定的运行和协调规则而相互作用的过程和方式。也就是说，宏观层面是将国家看成一个整体，中观层面是将区域看成一个整体，微观层面是将高职院校看成一个整体。整体的对象不同，包含的部分不同，其内涵与外延也不同。

不管是宏观、中观、微观哪个层面，高职院校"创客教育"整体推进机制都包含动力机制、合作机制、协调机制、评价反馈机制。

（1）动力机制

动力机制是指各动力因素相互制约和相互依存所形成的有机联系方式、结构功能、作用形式及所遵循规则的总和①，主要分析利益相关者参与高职院校"创客教育"的利益诉求、驱动机制等。

（2）合作机制

合作机制分析各利益相关者在推进高职院校"创客教育"中的职能及相互关系、合作途径及措施。

（3）协调机制

在推进高职院校"创客教育"过程中，利益相关者的合作既有共同的动力因素，又存在利益冲突因素。协调机制主要用来化解利益相关者之间的冲突，实现利益相关者之间的平衡、共赢。

（4）评价反馈机制

高职院校"创客教育"的评价反馈机制应区别于传统教育的评价反馈机制。

---

① 刘延松. 高等教育创新动力研究 [D]. 西安：西安科技大学，2005：25.

高职院校"创客教育"的评价反馈机制应包含宏观和微观两个层面。宏观层面是对高职院校"创客教育"的整体效果的评价反馈机制，微观层面是对学生创客素质的评价反馈机制。

第三节　理论基础探究

一、多元智力理论

美国心理学教授 Gardner 在 1983 年出版的《智力的结构：多元智能理论》（*Frames of Mind：The Theroy of Multiple Intelligences*）一书中，提出了一种有关人类智力的全新理论——多元智能理论。该理论认为每个人至少有七种智力，包括语言智力、音乐智力、逻辑—数学智力、空间智力、身体—运动智力、自我认识智力、人际交往智力[①]。多元智能理论启示我们：实施"创客教育"，需要多维度、全方位地开发创客的多元智能，如丰富创客项目的形式和主题；保护创客的天赋、个性和兴趣，进行差异化定制教学；在自主选择、合作交流、主动探究的过程中，开发创客的潜能；创建学校创客空间，引导学生发现问题，并运用多元智能创造性地分析问题、解决问题。

二、建构主义理论

建构主义理论认为，学习不是由教师向学生传递知识，而是学生主动建构自己的知识系统的过程；学生不是被动的信息吸收者，相反，他要主动地建构信息的意义[②]。在高职院校"创客教育"中，建构主义理论启示我们：应尊重创客的主体性和主动性，并以创客为中心，使创客成为教育目标的承载者、创客活动的探究者、创造实践的参与者、创客产品的创造者和创造活动的反思者，而创客导师成为学习资源的整合者、创客项目的设计者、创客组织的管理者、创客实践的调控者、创造质量的提升者和"创客教育"的研究者。

三、体验教育理论

体验教育理论最早应用于教育领域是在 20 世纪初，理论主要来源于美国

---

① 武任恒. 多元智能理论对创新教育的启示 [J]. 江西社会科学，2005（1）：166-170.
② 温彭年，贾国英. 建构主义理论与教学改革：建构主义学习理论综述 [J]. 教育理论与实践，2002（5）：17-22.

教育学家杜威提出的"做中学"观念。当时不少教育心理学家对"体验教育"进行了相关研究，杜威通过分析学校教育注重接受式学习和间接经验的缺点，提出了"教育即生活""学校即社会""做中学""学中做"等教育思想，并系统阐述了体验教育的基本含义。后来通过皮亚杰、勒温、罗杰斯等理论家的研究，体验教育理论逐渐成熟。著名社会心理学家库伯借鉴了杜威、皮亚杰、勒温等的学习理论，并加以创造性地运用，构建出"体验学习圈模型"。该模型包含"具体体验（CE）""反思观察（RO）""抽象概括（AC）""行动应用（AE）"四个阶段[①]。

体验教育是指学习者通过亲身体验学习实践活动，在活动中体验、认知、感悟，并在实践操作过程中获得新知识、新技能以及新的情感体验的教育方法。它具有自主性、亲历性、综合性、生成性、开放性等基本特征[②]。

体验教育改变了以往教师教、学生学的被动现象。把学生作为学习的主体，让学生亲自参与到学习情境之中，用心智去体验、理解、完成相应的学些内容，在体验、反馈和改进中获得知识、技能、情感上的升华，从而达到教育目的。在体验教育中，学生的学习成果不是最重要的，学生的参与度、学生在整个学习过程中的体验以及学习过后的反馈和测评是十分重要的。通过让学生在"学中做""做中学"，通过在"做"的过程中总结经验、接受反馈、进行反思诊断，形成对事物的概括认识，并将新的认知应用到实践中去，如此反复，从问题的解决过程中探索创新，提升对问题的解决能力[③]。这样可以激发学生的学习兴趣与创作潜能，从而帮助学生更好地适应社会中具体工作岗位的角色。从实践中学，教育即为生活，注重学生的学习与实践的联系，强调学生从自身兴趣爱好出发来开展学习实践活动，强调"做中学"，"做"的活动能帮助学生积累实践经验，使学生在自身浓厚的兴趣爱好中完成学习体验，从而达到教育教学目标。

体验教育的"学中做""做中学"、学生在实践操作中的感受以及学生实践操作后的反馈，这些都是"创客教育"产生的理论基础。"创客教育"注重学生在自身体验的实践过程中进行自主学习，并通过交流、开放、协作的环境表达自己的想法和疑惑，最终将创意变成现实，这体现了体验教育的特征。

---

①　李文君. 体验式学习理论研究综述 [J]. 教育观察，2012，1 (4)：83-89.

②　沈玲娣，陶礼光. 体验学习的理论与实践 [J]. 北京教育（普教版），2005 (Z1)：20-22.

③　韩佳笑. 广西中职学校创客教育的现状与对策研究 [D]. 桂林：桂林：广西师范大学，2018：10-11.

四、创新教育理论

创新教育理论的提出时间为 20 世纪末期。由于高新技术的迅速发展、互联网以及社会对创新型人才的需求，时代对教育提出了新的要求①。在"中国制造 2025"战略、"一带一路"倡议下，只有通过创新教育培养创新人才，才能提高国家创新能力，从而提升我国的核心竞争能力以及国际地位。早在 20 世纪末期，朱永新等在其撰写的《创新教育论纲》一文中提出：创新教育涉及四个方面，分别为创新意识的培养、创新思维的培养、创新技能的培养、创新情感和创新人格的培养②。创新教育理论不断发展，目前学者对创新教育的定义主要如下：①创新教育是以开发成果丰硕的创新活动为教材，通过创新学习、创新设计、案例分析等过程培养学习者创新能力的教育模式。②创新教育是运用讨论式、启发式等教学方法，依据创造性发展原理，通过促进学生创新能力的发展达到培养创新型人才目标的一种新型教学方法。③创新教育是依据创新原理，以培养学生创新意识、创新能力、创新个性和创新思维为目标的教育方法和理论③。虽然内涵界定各有差异，但是学者们普遍认为创新教育是依据新型教育思想，以创新性的教育实践活动培养学生创新意识、创新精神和创新能力的一种创新教育模式④。

"创客教育"最主要的目标同样是培养学生的创新意识、创新精神和创新能力⑤，并注重以学生为主体，通过学生的自主协作探究，在实践体验中加深对知识的理解和掌握，并不断加强应用，在应用的过程中让创意变成现实，最后达到全面提升素质和能力的目标。

由此可见，"创客教育"来源于创新教育的理念，两种教育模式都是为了培养学生的创新精神和实操能力，让学生能迸发新点子，及时发现问题并敢于对问题提出假设，设计解决问题的方案，并在学习实践的过程中及时调整优化方案，从而最终解决问题。

五、项目化学习理论

项目化学习理论起源于美国，是著名的美国教育家屈伯克 20 世纪 90 年代

---

① 卢锋. 中小学创客教育模式研究 [D]. 黄石：湖北师范大学，2018：13.

② 朱永新，杨树兵. 创新教育论纲 [J]. 教育研究，1999（8）：8-15.

③ 熊吕茂，薄明华. 创新教育理论研究综述 [J]. 当代教育论坛，2003（2）：50-52.

④ 元元，蔡敏，李伟刚，等. 创新教育的理论实践 [J]. 高教探索，2001，26（2）：14-19.

⑤ 卢锋. 中小学创客教育模式研究 [D]. 黄石：湖北师范大学，2018：14-15.

提出的，主要内涵如下：项目化学习是指围绕某一具体项目，在综合利用所学知识和现有能力的基础上，系统设计项目实施方案，并付诸实践应用操作，在整个实施过程中获得实践操作的体验，探究新问题，从而获得新知识、新技能①。

这一理论最初被应用在研究性学习方面，后来经过学者们的不断研究探索，该理论逐步应用于教育教学中②。项目化学习又可称为"基于项目的学习"，是一种在建构主义理论基础上的，强调学生自我感知、协作学习、自主探究的研究性教育教学模式，旨在培养学生养成良好的学习及实践探究习惯、分析问题和解决问题的能力③。我国学者钟志贤认为项目化学习包括内容、活动、情境和结果四个要素④。项目化学习方式应为学习者构建真实情境，学习者以团队协作形式参与网络化、数字化的学习实践活动，通过线下及线上教育教学资源的结合，达到提高教育教学效率和质量的目标⑤。

"创客教育"正是建立在项目化学习理论的基础之上，秉承了项目化学习理论的理念，注重以学生为主体，强调培养学生的自主探究能力和团队协作能力，通过团队分组协作的方式引导学生完成创客项目，进而培养学生的实践、创新、分享、协作等创客素质和能力。

六、愉快教育理论

愉快教育理论最早来源于我国先秦时期，是我国古代重要的教育理念之一。在我国古代，愉快教育理论的主要代表人物有孔子、孟子、墨子和荀子，其中广为流传的就是先圣孔子的"乐学思想"和"乐教主张"。孔子提倡学生"乐学"，并强调要激发学生学习的兴趣，在"好学"和"乐学"的过程中达到"学而优"的目的。在近代，愉快教育理论的发展开始于"五四运动"，我国一些教育家受到西方国家文化影响，结合我国近代教育的现状，提出了愉快教育思想。这种思想强调引导学生思考，发扬学生个性，使学生实现快乐学习。党的十一届三中全会之后，愉快教育理论得到进一步发展。在基础教育领域，由于受中小学校盲目追求升学率以及规划统一的教育考试制度的长期影

---

① 韩佳笑. 广西中职学校创客教育的现状与对策研究 [D]. 桂林：广西师范大学, 2018：10-12.

② 陈张荣. 基于项目的学习理论综述 [J]. 教育教学论坛, 2017 (12)：249-250.

③ 邬彤. 基于项目的学习在信息技术教学中的应用 [J]. 中国电化教育, 2009 (6)：95-98.

④ 刘景福, 钟志贤. 基于项目的学习 (PBL) 模式研究 [J]. 外国教育研究, 2002 (11)：18-22.

⑤ 李臣学, 郝润科, 宇振盛. 新时期下高校创客教育面临的机遇与挑战 [J]. 当代教育实践与教学研究, 2019 (2)：149-150.

响，我国基础教育长期采用"应试教育"模式。激烈的升学压力、紧张的复习练习、频繁的模拟考试，使学生身心疲惫，约束了学生个性发展，严重影响了学生的身心健康，甚至使学生出现厌学、脾气暴躁、弃学等诸多心理问题，导致学生学习成绩不理想。同时，这一部分成绩不理想的学生大部分成了高职院校的学生①。因此，教育工作者越来越意识到愉快教育的重要性，开展愉快教育的学校越来越多。愉快教育强调对学生的学习兴趣和爱好的培养，其主要内容包括情感、环境与教师的引导启发。情感方面注重深层次地挖掘和调动学生的积极性，引导学生以愉快为核心的积极情感的发展，达到知、情、意结合。愉快教育要求环境应健康、愉悦、优美。教师的引导启发在教学非常重要，在促进学生主动学习时，教师不仅是引导者，更是协调师生关系及构建快乐愉悦学习环境的推动者。

"创客教育"模式借鉴了愉快教育理论中的情感、环境以及教师引导启发的思想，注重强调学生在轻松愉悦的环境中进行学习实践，在学习实践的过程中形成积极的情感和思想，并转变教师的功能，使教师引导学生通过自主探究学习、团队协作、分享体验完成制作和创作。

---

① 戴军. 浅析我国愉快教育的理论演进 [J]. 吉林省教育学院学报, 2011, 27 (6)：1-2.

第三章　实然探究：高职院校"创客教育"的现状审视

前面谈到了高职院校"创客教育"的应然趋势与本然溯源，在此基础上我们明确了在高职院校开展"创客教育"势在必行，把握了其本质核心的概念。本章我们再来看看目前我国高职院校"创客教育"发展的现状，从实然探究的层面对现状进行审视，以期总结经验、寻找问题，为构建高职院校"创客教育"的整体推进机制打下坚实的现实基础。

第一节　高职院校"创客教育"的发展历程

关于高职院校"创客教育"的发展历程，主要从国外和国内两个方面来进行总结。

一、国外发展历程及经验借鉴

（一）国外发展历程

1. 美国的"创客教育"发展历程

美国是"创客运动"的发源地，对世界范围的"创客教育"的兴起与发展产生较大的影响。2006 年，*Make*（《制作》）杂志社在圣马特奥市（San Mateo）举办第一届"创客集市"（maker faire），来自不同职业、不同地区的人共同分享了各自所创作或制作的创新成果，在全球引起了较大的反响。随后，美国政府为推动"创客"（maker）的进一步深入发展，启动了""创客教育"动员令"计划（maker education initiative，MEI）。此项教育计划目的在于通过帮助受教育者在学习制作和精细设计的过程中，全面了解新的创造创新技术，提高受教育者的制作或创作热情，让其创意变成现实，让受教育者都能实现成为"创客"的目标①。

2009年，美国启动教育创新运动（"educate to innovate"），时任总统奥巴马在此项运动中表态，呼吁人人都要成为知识的创造者，而不只是知识的消费者，加快教育与创客运动的结合。2014年，在白宫创客大会上，奥巴马政府宣布在全国范围内倡导并实施"创客教育"，并成立"创客学校高等教育联盟"，发布了美国高等教育机构第一份《全国"创客教育"现状》报告。这标志着美国正式启动了"全美创客行动"计划，这个计划加快了创客空间与创客项目的发展，推动并加速了一大批创客项目进学校②。美国将第一届白宫创客大会举办日（2014年6月18日）定为"国家创造日"，并将第二届白宫创客大会的举办日期（2015年6月12日—18日）定为"国家创造周"，号召全美"每个企业、每所大学、每个社区、每位公民都加入支持全美各地民众成为创造者的行列中来"。譬如：2014年，白宫创客大会提倡美国的企业（尤其是信息技术与制造类企业）能积极向学校提供创造资源与工具，以支持各级各类学校的校园创客空间的建设以及校外创客项目的实施，能让有经验的企业员工担任创客导师；倡议美国各市市长与社区发起相关行动共同推进创客行动。自2014年第一届白宫创客大会举办以来，美国已有超过100座城市采取了相应的举措与行动推进创客空间建设，并安排工作组或专人对外建立协作关系以充分支持区域创客的创造过程③。

"全美创客行动"计划的快速实施与不断发展为美国社区创客空间的构建与发展提供了坚实依托。2015年，时任美国总统奥巴马在"国家创造周"号召所有的美国人都应积极响应"全美创客行动"，确保全美公民不分种族、背景、性别享有创造的机会，以全面挖掘并释放全国的创造潜力。他指出，创客行动的持续发展、创客社区的不断壮大对美国的发展意义巨大。为此，包括联邦机构、非营利组织、企业、学校、城市等在内的各行各业应积极响应总统号召，承诺联合起来在全美建设超过1 000个创客空间④。如果说2014年美国"国家创造日"之前的创客行动更多地表现为民间兴趣，或者是学校特色活

---

① 李莲花."创客"教育的国外经验剖析与国内推进路径研究［J］.中国成人教育，2017（14）：125-127.

② 贾旭琴.高等师范教育中融入创客教育的教学实践模式探究［D］.哈尔滨：哈尔滨师范大学，2018：8-9.

③ 郑燕林.美国高校实施创客教育的路径分析［J］.开放教育研究，2015，21（3）：21-29.

④ THE WHITE HOUSE. Fact sheet：New commit-ments in support of the President's Nation of Makers Initiative［EB/OL］.［2015-07-16］https：//www. whitehouse. gov /the-press-office /2015 /06 /12 /fact-sheet-new-commitments-support-president's-nation-mak-ers-initiative /.

动，那么 2015 年以后则已经上升为全国重视与全民参与的活动，并且目标越来越清晰、支持举措越来越明确①。

正是在"全美创客行动"计划的大背景下，美国众多城市市长联名承诺要大力推进区域性创客体系建设，加强推进区域性创客行动的规划与实践，这为美国社区创客空间的发展提供了重要保障。譬如：加利福尼亚州奥克兰市在 2015 年启动"奥克兰制造"运动；宾夕法尼亚州匹兹堡市在 2015 年以市长名义签发"创新路线图"，重点解决"数字鸿沟"、提升城市居民与城市整体创新投入度、打造开放数据网络、提升城市内部协作能力等影响城市走创新之路的问题②。同时，匹兹堡市拟通过专项资金资助开发关于如何支持基于创造的学习的实践手册，提出三十余种策略，帮助社区创建"创客教育"网络③。在实践层面，很多地区不断地改革和完善创客行动的推进方式，以便为社区创客空间的可持续性长远发展提供支持。以匹兹堡市为例，该市一直走在美国创客行动的前列。2014 年，全市创客行动圆桌会议召开，明确提出要响应美国总统的号召，推进区域创客行动，同时反思、总结了促进匹兹堡市创客行动深入发展的三个原因：一是得益于关注创造、勇于创造的传统；二是得益于创客组织的快速发展，尤其是数量上的快速增长，以及创客组织之间的交流与合作，为社会民众的行动参与提供平台与机会；三是得到了政府与大学的大力支持，促进了创客文化的形成④。国家的倡议与统筹、地方的规划与落实执行促使美国的创客行动不断发展、延伸和深化，促使创客行动从学校、实验室等逐步融入社会，从规模较小的民众兴趣活动逐渐变成全民创造活动。社区创客空间是美国全民参与、体验创客活动的实践活动基地，为美国创客行动的发展与深入推进提供了重要平台和支持。同时，社会创客空间的打造与应用是"全美创客行动"建设的重要内容，"全美创客行动"计划为美国社会创客空间的发展提供了较大支持⑤。

---

① 李卢一，郑燕林. 美国社区创客教育的载体：社区创客空间的发展动力、功用与应用 [J]. 开放教育研究，2015，21（5）：41-48.

② PITTSBURGH CITY. Mayor's Maker Movement Roundtable Summary Report[EB/OL].（2015-07-25）[2018-09-10].http：//apps. pittsburghpa.gov /cis/Maker_Roundtable_Summary_Report. pdf/.

③ THE WHITE HOUSE. Fact sheet：New commit-ments in support of the President's Nation of Makers Initiative[EB/OL].（2015-07-16）[2018-09-10].https：//www. whitehouse. gov /the-press-office /2015 /06 /12 /fact-sheet-new-commitments-support-president's-nation-mak-ers-initiative/.

④ PITTSBURGH CITY. Mayor's Maker Movement Roundtable Summary Report[EB/OL].（2015-07-25）[2018-09-10].http：//apps. pittsburghpa.gov /cis/Maker_Roundtable_Summary_Report. pdf/.

⑤ 李卢一，郑燕林. 美国社区创客教育的载体：社区创客空间的发展动力、功用与应用 [J]. 开放教育研究，2015，21（5）：41-48.

下面主要谈谈美国的创客空间的发展历程。20 世纪 60 年代，美国的一批电路爱好者在地下车库构建了创客空间的雏形。随后，政府意识到创客空间的巨大潜能，开始颁布各种政策支持创客空间的构建和运营。2014 年，奥巴马政府倡导的"全民创客行动"将创客活动提升到打造国家创新与核心竞争力的新高度，进一步推进了创客运动的发展。美国小企业局通过 250 万美元的加速器资金，鼓励社区在区域创业战略中发展创业加速器和创客空间。美国的创客空间主要有 Fab lab、Noisebridge、Tech Shop 等几种，这几类创客空间的主要发展现状如下[1]：

（1）Fab Lab

Fab Lab 创立于 2001 年，这是广义上的美国第一家创客空间[2]。它是麻省理工学院比特与原子研究中心在波士顿创建的，其目的是给缺乏实践技术和工作经验的学生提供开放的实验室，促使其创意和想象力的发挥和培养。随后，Fab Lab 开始与世界知名企业、院校合作，截至 2016 年 10 月，其在世界各地已构建了 713 家连锁空间，建成了一个涵盖 30 个国家、24 个时区的知识共享网络。作为一家跨国创客空间，Fab lab 像诸多跨国企业一样，遵循因地制宜的特色化发展理念，在不同的地区开展适应当地经济、政治、文化等特色的业务，如在肯尼亚、阿富汗等发展中国家建立具有城市规模的 Fab Fi 无线网络，从而改善这些国家的移动通信状况，促进当地电信业发展。同时，考虑到部分国家或地区的拖车文化和房屋租金，Fab lab 还特别推出了"移动式"Fab lab，将其设施安置在大型拖车内，并配备完善齐全的 3D 打印机、激光切割机、操作台等设备设施，目前正常运营的"移动式"Fab lab 已有 11 个[3]。

Fab Lab 构建的在共享精神基础之上的全球化战略，促使其实施过程更加稳健和全面，其项目技术开发全过程都要记录在案，或者通过视频会议供会员学习和传阅[4]，这就意味着分散在世界各地的连锁空间，只要通过资质审核就可以获得指导和经验分享。由此形成的全球化科技创新共享平台以及基金会，又可以为新的连锁空间提供资本和教育服务。具体而言，Fab Lab 是通过"Fab

① 赵君，刘钰婧，王静. 国外创客空间发展的经验与启示 [J]. 创新与创业教育，2019，10 (1)：102-107.

② 李燕萍，李洋. 中美英三国创客空间发展的比较及启示 [J]. 贵州社会科学，2017，35 (8)：82-88.

③ 赵君，刘钰婧，王静. 国外创客空间发展的经验与启示 [J]. 创新与创业教育，2019，10 (1)：102-107.

④ 宋刚，陈凯亮，张楠，等. Fab Lab 创新模式及其启示 [J]. 科学管理研究，2008，26 (6)：1-4.

学院"和"Fab 教育"来实现教育服务功能的，即依托全球化网络共享平台为创客和企业管理者提供制造培训和专业设计等课程，同时对优秀创客颁发 Fab Lab 的学位，使其成为培训讲师或培训顾问而留下来在空间工作。Fab Lab 资本服务则是通过子机构建立的 Fab Economy 商业平台，对创新创业项目进行可行性评估，为有前景的项目提供小额信贷、风险投资等，投资获得的收益主要用于空间运营维护①。

综上所述，战略实施的前瞻性、服务内容的特色性、商业运营的稳扎稳打，促使 Fab lab 进行良性循环发展和运营。

（2）Noisebridge

Noisebridge 是有着"创客教父"之称的米奇·奥德曼（Mitch Altman）在美国洛杉矶成立的非营利性并以教育为宗旨的创客空间。该创客空间提倡教育、分享、学习的理念，虽然在物理空间上只有 483 平方米，但机构设施齐全，包括加工车间、电子实验室、会议室、图书馆等设施场地。

Noisebridge 堪称美国"开源社区型"创客空间的典范，它是一个以开放包容、独立自主为需求的各行各业创客的集聚地②。2011 年，《旧金山周报》把 Noisebridge 评为"最佳创客场所"，并称其具有"至高无上的 DIY 道德准则"。Noisebridge 的创意涵盖多个方面，从软件开发到折纸，从机械制造到绘画等，应有尽有。该空间成员曾仅用 25 美元成本就制成了气象气球探测器，其携带多种智能手机使用的 GPS 系统和传感数码相机，测量了极高的高度，这已超过了限制消费者级别 GPS 系统的极限。国内创客代表人物张浩也是在 Noisebridge 启动了 Dorabot 开源机器人项目，并作为首席硬件架构师开发出脑波控制飞行器 Puzzle box Orbit，该产品在 Kickstarter 上募资成功并已投产。Noisebridge 的最大特色在于别具匠心的管理方式和持续稳定的资金来源。在管理方式上，它主张无为而治，也就是没有既定的管理规则。Noisebridge 的每个人都是管理者，只要不出问题，就没什么要管理的。在资金来源上，由于Noisebridge 是由私人创立的非营利性创客空间，主要由创始团队投入启动资金，以持续的社会捐赠维持运营。在会员制度上，Noisebridge 秉承对所有人开放的原则，没有严格的会员收费制度，非会员也可在志愿者的介绍下参观空间，甚至是参与一些课程学习。这一制度不仅减轻了创客的经济压力，而且增

① 徐婧，房俊民，唐川，等. Fab Lab 发展模式及其创新生态系统 [J]. 科学学研究，2016，34（5）：765-770.

② 李燕萍，李洋. 中美英三国创客空间发展的比较及启示 [J]. 贵州社会科学，2017，35（8）：82-88.

加了非会员的学习机会，使得 Noisebridge 成为现实生活中的创客"乌托邦"。不仅如此，创始团队还尝试通过一系列努力增加社会存在价值，如免费对外提供创新技术培训课程等。同时，该空间还顺利通过了美国国内税收法 501C（3）条款，成为一家受法律保护的公益组织，这意味着向 Noisebridge 捐赠可享受一定的税收减免优惠①。这在一定程度上增加了其接收社会捐赠的可能性，同时也扩大了其社会价值和教育意义②。

（3）Tech Shop

2006 年，Tech Shop 成立于美国硅谷，是营利性质的创客空间。它具有独立运营的学习中心及设计工作室，以及专业软件和设备（价值在 100 万美元以上），如金工车间激光切割机等。Tech Shop 执行的是会员制，正式会员每月的会费为 125 美元，正式会员能使用任意一家 Tech Shop 的所有资源和设施。其特色服务是使 Tech Shop 比众多其他创客空间更有特色的重要因素。Tech Shop 除了提供基础性服务和设备，还能根据客户的个性化需求提供特色化服务。譬如：Tech Shop 能为创客提供个性化"一对一"的指导服务，帮助创客将自己的创意创作转化为切实可行的现实产品，还能协助创客构建创意创新团队，直接孵化自己的创意创新项目。除此以外，Tech shop 还能为团体机构提供概念测试、模型支持、技能培训等特色化服务。因此，一系列具有标志性意义的新作品和产品都在 Tech Shop 诞生，其中包括氮元素侦测器（用于帮助农民实现最少化使用农药）、平价睡袋（有助于早产儿体温的维持）等。Tech Shop 在初始阶段和发展阶段都建立了适应内外环境的发展战略。在初始阶段，Tech Shop 以小范围的募股来维持日常运营，创始人马克·哈奇（Mark Hatch）在手工创作聚会上就以募股的方式成功募集到创始基金③。在发展阶段，Tech Shop 采取合作战略，积极与企业或政府合作，通过提供服务来获取各种资源。2012 年，Tech Shop 就与美国国防部高级研究计划局和退伍军人事务部建立了伙伴关系④。在后期扩张阶段，Tech Shop 积极实施国际化战略，努力与多家跨国公

① 周贤日. 美国教育捐赠税制及其启示：以美国《国内税收法》501（C）条款为视角 [J]. 温州大学学报（社会科学版），2015，18（6）：73-83.

② 李燕萍，李洋. 中美英三国创客空间发展的比较及启示 [J]. 贵州社会科学，2017，35（8）：82-88.

③ 曾路，郑湛，杨雅歌. 创客空间的商业化发展研究：以美国 Tech Shop 创客空间为例 [J]. 图书馆理论与实践，2016，38（8）：32-35.

④ 王立娜，房俊民，田倩飞，等. 美国创客运营模式研究：以全球知名创客空间 Tech Shop 为例 [J]. 创新科技，2015，14（5）：7-9.

司合作，尝试建立多种发展渠道①。

令人遗憾的是，2017 年 11 月 19 日，曾经繁荣的 Tech Shop 宣布破产，美国本土的 10 家连锁后也相继关闭。究其原因，Tech Shop 未能摸索出成功的盈利模式，盲目扩张导致运营陷入困境。在获得初步资助后，Tech Shop 就选择黄金地段建立分店以获取人流量，但有限的会员费难以维持空间正常运转。众多繁杂的创客项目消耗了大量资源，但最终发展成为优质项目且成功募集创业资金的却寥寥无几。另外，每月需支付昂贵的空间、设备租金也使得 Tech Shop 不堪重负，如此周而复始地入不敷出，导致看似成功的 Tech Shop 最终破产②。

2. 英国的"创客教育"发展动态

英国的"创客教育"已经融入各类教育之中。1996 年，英国第一家创客空间 SPC ORG 成立。此后，英国高校不断打造和建设创客空间，并取得了显著成效。英国政府顺应时代潮流，颁布一系列引导政策和措施来推动创客空间运动的发展，为英国营造合理的创新创业环境起到了重要的作用。譬如：英国政府与银行联合创建青少年创客扶持基金，以激励和引导青少年参与创新创业活动，促使青少年增强创新能力；英国政府还创建高等教育援助基金、高等教育创新基金和大学挑战基金等各类专项基金，用来支持大学生的创新创业活动③。英国政府在《高等教育的未来》中强调，通过创立高等教育创新基金、构建知识交流中心网络等相关保障措施，促进科研成果在大学和区域发展互动中及时分享和应用。2018 年 1 月，英国高等教育质量保障署（QAA）发布了创新创业教育标准文件，强调创新创业教育对于学生创造力的积极影响④。通过英国政府的一系列相关支持，英国社会已营造了良好的创新创业环境，英国创客空间也得到了迅猛发展，英国高校创客空间建设也顺应时代潮流不断向前推进⑤。

1993 年，英国政府发布白皮书《实现我们的潜力：科学、工程与技术战

---

① 李燕萍，李洋. 中美英三国创客空间发展的比较及启示 [J]. 贵州社会科学，2017，35 (8)：82-88.

② 李燕萍，李洋. 中美英三国创客空间发展的比较及启示 [J]. 贵州社会科学，2017，35 (8)：82-88.

③ 于跃，张雅光. 德国、英国大学生创新创业政策比较 [J]. 学理论，2018 (7)：169-170，175.

④ 谢萍，石磊. 英国创新创业教育的现状及其启示 [J]. 世界教育信息，2018 (14)：42-47，51.

⑤ 李南，陈云兰. 英国高校创新创业教育发展经验及启示 [J]. 智库时代，2018 (33)：243-244，257.

略》，在确定科技创新能提升国家实力的前提下，更加呼吁社会各界充分发挥科学、工程和技术的潜力①；2004 年，英国政府大力推动创新，加大公共财政投资力度，发布《科学与创新投资框架 2004—2014》，制定了未来 10 年在科技创新活动中的战略投资举措②；2011 年，英国政府发布《增长的创新和研究战略》，明确高校在创新生态系统中的重要地位，并通过一系列具体措施激发大学生的创新潜力。另外，在制度方面，英国高校创客空间还通过建立空间使用规则以及相应的技术培训制度，进一步帮助高校师生发展创新创业能力。布里斯托大学创客空间通过向创客提供一个安全和鼓励的创客环境，并通过相关工作人员的支持帮助，使学生能够提升自己的创造力，创造新的想法。在英国政府和高校共同支持和帮助下，英国高校创客空间得到了快速发展③。

英国高校的创客空间能够成功运营，其中一个重要因素是丰富的服务内容，通过向创客提供不同类型的服务，满足创客需求。英国邓迪大学创客空间向创客提供陶瓷车间、金属与木材加工车间、版画车间、针织车间以及数字制造实验室等多种服务，满足创客的个性化需求；伦敦城市大学创客空间向创客提供木材车间、乐器制造车间、室内装潢、金属加工车间、塑料和模型制造车间、陶瓷车间、珠宝与精细金属车间等服务，以提升创客的创新创业能力。创客空间所提供的服务类型越多，越能够满足不同学科背景、不同年龄阶段的创客需求，更有利于创客空间建设。英国高校创客空间不仅有学校自身的大力支持，而且与外部机构、非营利组织、企业以及个人都有密切的合作。在宣传合作方面，邓迪大学创客空间与 V&A Dundee 博物馆以及画廊等艺术机构合作，通过机构展示创客的创意作品，扩大创客空间的知名度，不仅能吸引更多优秀创客加入创客空间，还能吸引更多的企业对创客空间进行投资建设；在资源技术方面，莱斯特大学创新中心与当地企业家以及小型企业合作，免费为企业提供创新技术支持，帮助企业更好地发展④。

下面以访问空间（Access Space）为例来谈谈英国创客空间建设的成功

① 王志强，赵中建. 英国教育系统变革的背景、现状与趋势：论教育在英国国家创新系统中的作用 [J]. 全球教育展望，2010 (6)：45-49.

② 周洲. 英国高等教育的创新战略：基于《2004—2014 科学与创新投资框架》及年度报告的分析 [J]. 教育发展研究，2011 (Z1)：103-107.

③ BIS. Innovation and Research Strategy for Growth [R]. Crown copyright，2011：12-14.

④ 李燕萍，李洋. 中美英三国创客空间发展的比较及启示 [J]. 贵州社会科学，2017，35 (8)：82-88.

经验①:

访问空间是由英格兰艺术委员会、英国国家彩票、欧盟社会基金共同资助构建的创客空间。访问空间的基本原则是鼓励会员发现并诊断问题,通过合作找到解决问题的可行方案,从而培养团结协作和解决问题的能力。访问空间的资助者大多数是内部会员,会员分为资助者、赞助者、支持者三类,不同类型的会员缴纳不同数额的会员费,并享受差异化服务。空间管理团队由不同专业背景和工作性质的成员组合而成,包括创意监制、首席执行官、管理/开发经理和空间技术人员等②。

最初访问空间是一个为失业者、残疾人、辍学者等社会边缘人提供帮助的慈善机构。它利用回收的旧电脑提供计算机培训、开源软件开发等课程,鼓励参与者主动开展创造性项目及实践活动。如访问空间与南约克郡妇女发展信托建立合作关系,为其提供"妇女计算机培训"课程③。现在访问空间倡导一种更具环保性、包容性和可持续性的理念,为对艺术、设计、电脑、音乐、电子、摄影等方面感兴趣的个人提供分享创意和提升技能的平台。这不仅扩大了访问空间的业务范围,而且也促进了知识转移模式的发展。访问空间的服务内容、运行模式等都充分体现了公益性目标。首先,访问空间的设备往往是捐赠的废弃电子产品,经过组装、编码后重新利用,其会员开发的视频、办公软件可供内部免费使用。这一产品回收利用策略不仅降低了空间运营成本,而且也为环保事业做出了自己的贡献。其次,访问空间发起了"Zero Dollar Laptop Manifesto"(零美元笔记本电脑宣言)公益活动,在与其他组织或社区合作时,通过课程教学指导参与者使用和维护电脑,并将维护正常的电脑转送给其他有需要的人。目前访问空间已从最初的小范围为社会边缘人士提供计算机培训业务,发展为现在的综合性创客空间。访问空间与其他公益组织合作,提供不同的服务内容,共同开展帮扶工作,发挥公益组织力量④。

3. 加拿大的"创客教育"发展现状

加拿大非常关注如何通过社区创客空间支持创新,认为好的社区创客空间

---

① 赵君,刘钰婧,王静. 国外创客空间发展的经验与启示 [J]. 创新与创业教育, 2019, 10 (1): 102-107.

② 田倩飞,房俊民,王立娜,等. 英国创客空间的组织方式及运作机制 [J]. 科技创新与应用, 2015, 4 (13): 61-62.

③ 田倩飞,房俊民,王立娜,等. 英国创客空间的组织方式及运作机制 [J]. 科技创新与应用, 2015, 4 (13): 61-62.

④ 赵君,刘钰婧,王静. 国外创客空间发展的经验与启示 [J]. 创新与创业教育, 2019, 10 (1): 102-107.

不同于已有的基于兴趣临时组成的工作坊，而是一个能平衡人际网络、社区资源、发展愿景与精神文化的综合性空间，重视为社区居民提供关于创意创造的学习与教育经验。社区创客空间能方便地与现有社区公用空间（如社区中心、图书馆等）有效整合，能挖掘与释放社区居民的创造潜力①。譬如：加拿大首个"无书"图书馆——"思想交流"旧邮局图书馆，就是一个创客空间，它为加拿大剑桥镇居民免费提供学习和创意创造的空间，它也是社区民众的社交中心②。

（二）国外"创客教育"发展经验借鉴

国外的"创客教育"发展较早，有许多值得我们借鉴的经验。总的来说，国外"创客教育"的成功经验主要如下：一是"学、做、创"融合于学习内容之中；二是创客空间多样化；三是跨领域协作与师生关系顺畅③。

1. "学、做、创"融合于学习内容之中

国外的"创客教育"，大多以"学、做、创"融合的学习与操作模式为主。"创客教育"的学习内容主要为先进的科学技术，融合3D打印技术等数字化制造技术，以及开源硬件等为标志的机器人与人工智能技术，实施综合项目的实践创新等等。在具体的操作过程中，首先指导学生学习以3D打印技术为代表的数字化制造技术，如3D Max，Pro-E以及Autodesk D等，将三维建模技术作为受教育者的主要学习要领，来奠定"创客教育"的基础内容认知。然后，让学生学习开源硬件（譬如Arduino等）为代表的机器人、人工智能技术。由于Arduino等开源硬件具有操作性好，清晰度高，开放性强等特点，Arduino等开源硬件也日益成为"创客教育"在培养学生的创新能力和动手操作能力等的较好工具。以综合项目为主要内容的实践创新是"创客教育"的最后环节。这是"创客教育"重要的构成部分，通过综合项目实践，受教育者能进一步深化对"创客"内容的认知，同时还可实战演练"创客教育"中的有关技术。受教育者也可自由组队，对某一具体问题进行深入探究，寻求创造性解决问题的方案，完成创意创新作品，还能进行交流和分享。

---

① LUC L. Community Makerspaces [EB/OL]. (2015 - 07 - 25) [2018 - 09 - 25]. http：//trueinnovators.com/community-makerspaces/.

② 加拿大首个专门提供创客空间的"无书"图书馆[EB/OL].(2019-06-11)[2019-06-15]. http://www.360kuai.com/pc/9d116e0874d0ca7a3? cota＝4&kuai_so＝1&sign＝360_57c3bbd1&refer_scene＝so_1.

③ 李莲花."创客"教育的国外经验剖析与国内推进路径研究 [J]. 中国成人教育，2017（14）：125-127.

2. 创客空间多样化

在国外，"创客教育"主要依托于创客空间。创客空间作为"创客教育"中将知识学习与实践创作结合起来的主要载体和重要场所，分为线下空间和线上空间两类。线下空间即为实体空间，可分成校内空间和校外空间。校内空间的子区域有以下四个：学习区、加工区、讨论区和展示区。学习区是学生学习"创客教育"实践技能和基本理论的重要场所；加工区是学生在学习的基础上将创意创作创新内容转变成现实产品的重要场所；讨论区是学生个体之间或团体之间进行交流、研讨及协作的空间；展示区是展览和呈现学生创作、创造作品或产品的空间。构建校外创客空间是为了拓展和延伸学生的创客环境，让学生能进一步接触更真实的"创客"环境和创客活动团队或个人，在此基础上进一步提升学生参与"创客教育"的主观能动性。线上空间是网络虚拟空间，除了专业化的数字化创客空间，国外还以 Facebook 等比较常见的网络交流工具开展"创客教育"，使"创客教育"的受教育者能更简便、畅通地沟通和交流各自的创意创新思想以及作品产品，从而促使"创客教育"不断发展。

3. 跨领域协作与师生关系顺畅

国外"创客教育"中的创客师资的主要建设途径是对教师功能、师生关系以及教师结构等进行跨领域、跨学科建设，主要如下：①为解决大部分学生在学习时存在的理论与实践脱节的问题，"创客教育"注重用师傅和学徒的关系来定义新型的师生关系，为创造性地解决现实问题奠定基础。②"创客教育"中对教师功能的定位，要求教师不仅要授予学生有关创客的技能和知识，同时还要求能对学生的专业技能实践和操作等进行指导、训练和培养，打破传统的师生关系，将"师徒模式"引入"创客教育"中。③国外的"创客教育"中，教师并不是单一化的角色，而是多元化的角色。同时，教师团队结构也不是单一化的，而是多元复合型结构。国外"创客教育"为了培养学生多领域、跨学科、综合性、融合性的知识和技能，教师团队往往由不同学科和专业领域的人才和专家共同组建，以此来指导复合型创客人才的培养。

二、国内发展历程

我国"创客教育"与创新创业等词汇有关，发展历程主要如下：

（一）探索期（1997—2009 年）

1997 年，党的十五大报告首次提出要"创新机制"，并实施"可持续发展"战略和"科教兴国"战略。在经济领域，要求企业重视培育创新能力，形成技术创新和新产品开发机制。在教育领域，必须"加快高等教育管理体制改革步伐"①。同年，清华大学最早在全国设立"创新与创业"方面的课程，这成为创新与创业标志性的事件②，意味着我国创业教育在实践层面已正式开始，在这一年清华大学举办了我国首次"清华大学创业计划大赛"。

1999 年，教育部发布《面向 21 世纪教育振兴行动计划》，该计划提出："瞄准国家创新体系的目标，培养造就一批高水平的具有创新能力的人才；加强科学研究并使高校高新技术产业为培育经济新的增长点做贡献。""各高校应该充分利用自身的专业优势、学科优势来为经济产业结构调整服务，增强高校与行业、企业之间的产学研合作，推进高校技术成果在实践中的转化速度，鼓励有条件的大学生开展创业计划，强化对教师与学生的创业教育，激励他们自主创立高新技术企业。"③ 该文件首次把高校创新创业教育纳入国家政策。

2000 年，教育部颁布《关于贯彻落实〈中共中央、国务院关于加强技术创新，发展高科技，实现产业化的决定〉的若干意见》（教技〔2000〕2 号）指出"允许大学生、研究生（包括硕士、博士研究生）休学保留学籍创办高新技术企业，增强提高学生创业意识和实践能力"。2002 年 4 月，教育部高教司发布《创业教育试点工作座谈会纪要》，确定了将中国人民大学、清华大学等全国 9 所高校作为"创业教育试点"，标志着我国创新创业教育由自发探索转向政府引导的多元化发展。同年，浙江大学举行第三届"挑战杯"中国大学生创业计划竞赛。2003 年，《中共中央关于完善社会主义市场经济体制若干问题的决定》指出，增强国民的就业、创新和创业能力④。2004 年，劳动和社会保障部颁发的《关于在部分高等院校开展"创办你的企业"（SYB）培训课程试点的通知》强调，"在大学生开展 SYB 培训课程试点中，可适时开展远程创业培训，并适当增加针对青年学生创业特点的相关内容"。2006 年，党的十六大报告提出，培养大批具有创新精神的人才。2007 年，党的十七大报告指出，促进以创业带动就业，使更多的劳动者成为创业者。为贯彻落实党的十七大提出的"实施扩大就业的发展战略，促进以创业带动就业"的总体部署。2008 年，人力资源社会保障部等联合颁布《关于促进以创业推动就业工作的

① 江泽民. 高举邓小平理论伟大旗帜把建设有中国特色社会主义事业全面推向二十一世纪 [EB/OL].（2007-08-29）[2018-06-20]. http：//www.gov.cn/test/2007-08/29/content_730614.htm.

② 王占仁. 中国创业教育的演进历程与发展趋势研究 [J]. 华东师范大学学报（教育科学版），2016（2）：30-38，113.

③ 教育部. 面向 21 世纪教育振兴行动计划 [EB/OL].（1998-12-24）[2018-06-20]. http：//old.moe.gov.cn/publicfiles/business/htmlfiles/moe/s6986/200407/2487.html.

④ 中共中央关于完善社会主义市场经济体制若干问题的决定 [EB/OL].（2003-10-21）[2008-08-13]. http://www.gov.cn/test/2008-08/13/content_1071062.htm.

指导意见》，提出"加强普通高校和职业学校的创业课程设置和师资配备，开展创业培训和创业实训"①。2009 年，《国务院办公厅关于加强普通高等学校毕业生就业工作的通知》（国办发〔2009〕3 号）指出，鼓励高校积极开展创业教育②。

该阶段，我国积极倡导"创新精神"与"自主创业"，将创新创业与建设创新型国家联系在一起，有力推动了高校创新创业教育从理论到实践的延伸。这个时期的创新创业教育是素质教育的一个重要方面。

（2）快速推进期（2010—2014 年）

教育部颁布的《教育部关于大力推进高等学校创新创业教育和大学生自主创业工作的意见》（教办〔2010〕3 号）首次用"创新创业教育"替代"创业教育"。这是一个关键的政策节点，可以说该意见是我国高校创新创业教育的专门性政策。意见提出"创新创业教育是适应经济社会和国家发展战略需要而产生的一种教学理念与模式"。具体而言，"创新创业教育要在专业教育基础上，以转变教育思想、更新教育观念为先导，以提升学生的社会责任感、创新精神、创业意识和创业能力为核心，以改革人才培养模式和课程体系为重点，大力推进高等学校创新创业教育工作，不断提高人才培养质量"。在这个政策文件的指导下，高校的创新创业教育进入了新的发展阶段③。

2012 年 8 月，教育部印发的《普通本科学校创业教育教学基本要求（试行）》（教高厅〔2012〕4 号）对普通本科学校创业教育的教学目标、教学原则、教学内容、教学方法和教学组织做出了明确规定④。同时，该要求还制定了"创业基础"的教学大纲，标志着高校创业教育课程与教学走向了规范化。这些专门性文件从国家战略到具体的实施环节都进行了系统化、制度化的规定，从而使得高校创新创业教育进入全面推进阶段⑤。

随着国内"大众创业、万众创新"的推进，创客逐渐为国人所熟知，2013 年被称为"中国创客元年"。

---

① 人力资源社会保障部等. 关于促进以创业推动就业工作的指导意见[EB/OL]. (2008-10-29)[2018-10-29]. http://www.gov.cn/jrzg/2008-10/29/content_1135116.htm.

② 国务院办公厅. 国务院办公厅关于加强普通高等学校毕业生就业工作的通知[EB/OL]. (2009-01-23)[2019-01-23]. http://www.gov.cn/zwgk/2009-01/23/content_1213491.htm.

③ 高校创新创业教育改革与发展问题研究（笔谈）[J]. 教育研究，2018，39（5）：59.

④ 教育部. 普通本科学校创业教育教学基本要求（试行）：教高厅〔2012〕4 号[EB/OL]. (2012-08-01)[2018-09-10]. http://old.moe.gov.cn/publicfiles/business/htmlfiles/moe/s5672/201208/140455.html.

⑤ 高校创新创业教育改革与发展问题研究（笔谈）[J]. 教育研究，2018，39（5）：59.

在 2014 年的夏季达沃斯论坛上，国务院总理李克强提出，应在 960 万平方千米的土地上掀起"大众创业"的新浪潮，形成"万众创新"的新势态①。在"大众创业、万众创新"的时代背景下，创新成为关键词和焦点，"创客"是衍生出的新名词。创新，是指新创意的萌生，新产品的形成。创客泛指萌生新创意、创造新产品的一类人②。社会进步和技术发展对人才的要求越来越高。人们可以通过自身动手实践或者协作探究的方式让自己的新创意和新想法变为现实，当创客不再是遥不可及的梦想，而是人人都有可能实现的现实存在，因而可以说，在"大众创业、万众创新"的创新 3.0 时代，创新随时可能，创客无处不在。

（三）发展新时期（2015 年至今）

2015 年 1 月，以李克强总理访问深圳创客空间为标志，借着总理推动"双创"的东风，"创客教育"进入了发展期，呈现出繁荣景象③。李克强总理每到一处考察，都要和当地的年轻"创客"会面，他希望激发民族的创新基因和创业精神④。

教育部 2015 年印发的《教育信息化"十三五"规划》明确提到了"有条件的地区要积极探索信息技术在'众创空间'、跨学科学习（STEAM 教育）、"创客教育"等新的教学模式中的应用，着力提升学生的信息素养、创新意识和创新能力"。

2015 年 5 月，国务院办公厅发布《关于深化高等学校创新创业教育改革的实施意见》（国办发〔2015〕36 号）中指出："到 2020 年建立健全课堂教学、自主学习、结合实践、指导帮扶、文化引领融为一体的高校创新创业教育体系，人才培养质量显著提升，学生的创新精神、创业意识和创新创业能力明显增强，投身创业实践的学生显著增加。""实施弹性学制……允许保留学籍休学创新创业"等规定体现了中国鼓励大学生创新创业的决心⑤。

截至 2015 年年底，国内初具规模的创客空间有 70 余家，主要集中在北上

---

① 政府工作报告起草组成员解读"大众创业万众创新"[EB/OL]. 中国经济网，2015-03-06.

② 贾旭琴. 高等师范教育中融入创客教育的教学实践模式探究 [D]. 哈尔滨：哈尔滨师范大学，2018：1-2.

③ 贾旭琴. 高等师范教育中融入创客教育的教学实践模式探究 [D]. 哈尔滨：哈尔滨师范大学，2018：8-9.

④ 李克强：为大众创业，万众创新清障搭台 [EB/OL]. (2015-05-08) [2018-09-09]. http://www.ce.cn/culture/gd/201505/08/t20150508_5313092.shtml.

⑤ 国务院. 关于深化高等学校创新创业教育改革的实施意见 [EB/OL]. (2015-05-04) [2018-05-13]. http://www.gov.cn/zhengce/content/2015/05/13/content_9740.htm.

广深等大城市，如"北京创客空间"、上海"新车间"、广州"Dimension+"、深圳"柴火创客"、成都"创客坊"、南京"嵌入之梦"。创客们通过线上技术交流、线下产品制作，积极创造新事物，既有推动分子生物学普及的开源分光光度计项目，也有推动生物支付所研发的植入芯片技术，甚至还有在众筹平台上获得巨大成功的电动滑板项目①。2015 年 4 月，由清华 I. Center 工业技术训练中心牵头，全国 50 余所高校、10 余家企业共同发起成立了"创客教育"基地联盟，探讨推动"创客教育"生态系统的构建，以在高校教育中发挥创客文化的教育功能，建立融合创客文化的教育体系②。

2016 年，《教育部关于做好 2016 届全国普通高等学校毕业生就业创业工作的通知》（教学〔2015〕12 号）明确要求，"从 2016 年起所有高校都要设置创新创业教育课程，对全体学生开发开设创新创业教育必修课和选修课，纳入学分管理"③。

2016 年 6 月，《教育部关于印发〈教育信息化"十三五"规划〉的通知》（教技〔2016〕2 号）明确提出："有条件的地区要积极探索信息技术在'众创空间'、跨学科学习（STEAM 教育）、"创客教育"等新的教育模式中的应用，着力提升学生的信息素养、创新意识和创新能力，养成数字化学习习惯，促进学生的全面发展，发挥信息化面向未来培养高素质人才的支撑引领作用。"④

这一时期，国家颁布了一系列创新创业新政策，帮助大学生做创客，主要如下：①支持创业方面的政策为：创办企业"三证合一"，即落实注册资本登记制度改革，坚决推行工商营业执照、组织机构代码证、税务登记证"三证合一"；注册企业场所可"一址多照"，即放宽新注册企业场所登记条件限制，推动"一址多照"、集群注册等住所登记改革。②有关孵化模式方面的政策为：推进创客空间等孵化模式，即总结推广新型孵化模式，加快发展众创空间，为创业者提供便利化、低成本、开放式、全要素的综合服务平台和发展空

---

① 王鑫，王荣，杨光飞. 创客文化的原生动力及其功能演绎 [J]. 重庆社会科学，2017（4）：107—113.

② 王鑫，王荣，杨光飞. 创客文化的原生动力及其功能演绎 [J]. 重庆社会科学，2017（4）：107—113.

③ 中华人民共和国教育部. 关于做好 2016 届全国普通高等学校毕业生就业创业工作的通知（教学〔2015〕12 号）[EB/OL]. （2015-12-01）[2018-3-29]. http：//www.moe.gov.cn/srcsite/A15/s3265/201512/t20151208_223786. html.

④ 教育部. 教育部关于印发《教育信息化"十三五"规划》的通知 [EB/OL]. （2016-06-07）[2018-05-29]. http：//www.moe.gov.cn/srcsite/A16/s3342/201606/t20160622_269367. html.

间。③有关税收优惠、减免方面的政策为：众创空间税收优惠政策，即落实科技企业孵化器、大学科技园的税收优惠政策，对符合条件的新型孵化机构实施科技企业孵化器税收优惠政策，鼓励有条件的地方对众创空间的房租、宽带网络公共软件等给予适当补贴；税收减免方面的政策主要是鼓励高校毕业生创业，即毕业年度内高校毕业生从事个体经营，3年内以每户每年8 000元为限额依次扣减当年应缴纳的营业税、城市维护建设税、教育费附加、地方教育附加和个人所得税，限额标准最高可上浮20%。④有关贷款额度方面的政策为：提高创业担保贷款额度，即贷款最高额度由针对不同群体的5万元、8万元、10万元不等统一调整为10万元，并鼓励机构对个人发放创业担保贷款，在贷款基础利率基础上上浮3个百分点以内的，由财政给予补贴。⑤有关就业创业基金方面的政策为：整合发展就业创业基金，即完善机制，整合发展高校毕业生就业创业基金，实现基金滚动使用，为高校毕业生就业创业提供支持。⑥有关科技成果方面的政策为：鼓励普通本科高校、职业院校、科研机构等，通过合作等方式，向高校毕业生创设的小微企业优先转移科技成果①。

该阶段的高校创新创业教育已经由"以创带就"拓展为以"大众创业、万众创新"驱动经济社会发展，创新创业教育的实质拓展为以创新为基础的创业，支持创新者去创业，使创新创业成为驱动经济社会发展的引擎②。

在政策的鼓励和引导下，"创客教育"在实践层面发展迅速。目前我国开展"创客教育"的方式主要包括：举办创新创业竞赛、成立创客俱乐部、构建创客空间等。"创客教育"已经在我国兴起，我国现在有很多学校实行了"创客教育"模式。目前国内已有20个省以省政府名义，11个省以教育部门名义，制定并向社会公布了创新创业教育改革实施方案，其中浙江省所有高校都建立了创业学院。

截至2017年1月，我国众创空间数量超过4 200家，并与3 000多家科技孵化器和400多家加速器形成创业孵化服务链，为40多万个创业团队提供过服务，培育上市挂牌企业近1 000家③。推进创客空间健康发展，不仅是实施

---

① 创业新政策 助大学生做创客[EB/OL].(2015-05-28)[2018-05-29].教育部网站 http://www.moe.gov.cn/ jyb_xwfb/s7600/201505/t20150528_188686. html.

② 王占仁.中国创业教育的演进历程与发展趋势研究 [J].华东师范大学学报（教育科学版），2016（2）：40-38，113.

③ 中华人民共和国科学技术部.深入推进大众创业万众创新，全社会创新创业活力进一步激发[EB/OL].（2017-01-10）[2018-12-29].http://www.most.gov.cn/ztzl/qgkjgzhy/2017/2017pd2016/201701/t2017 0110_ 130388. htm,2017-01-10.

创新驱动发展战略的重要突破口，还是供给侧结构性改革的重要步骤①。

譬如：在基础教育领域，温州中学打造的创客空间，是一个开放实验室（工作室），具有加工车间的功能。通过开展各种创客活动，鼓励学生观察生活，不断发现问题，创客空间成了一个汇聚创意、让创意变成现实的"梦想实验室"②。在普通高等教育领域，清华大学"创客教育"实验室，立足于创新、教育和创意等核心维度，践行"探究式"教育理念和"STEAM"教学目标，通过合作社区激发创新，通过协同设计、创意原型、产品迭代、项目孵化、共同创造等践行创新实践，通过创新教育塑造大学的未来，促进中国创造；中国人民大学开展的"创客教育"是一种跨学科、综合性的复合型教育，强调创客精神培育、创客文化的积累，重视过程性的、发散性的培养实践。在职业教育领域，柳州职业技术学院以创客精神引领"素养·管理·创新"复合型技术技能人才的培养目标，构建了创业与创新教育并举、就业与创业相结合、贯穿人才培养全过程的教育体系；南京机电职业技术学院打造"创客校园"，立志将校园的每个学生培养成创客，构建了移动互联网创客平台，并将创客资源开放给社会③。

第二节 高职院校"创客教育"的成效分析

一、全国总体成效情况

在国家第二代创新政策的推动下，"创客教育"迎来了新的发展机遇。在"互联网+"时代，社会民众的学习方式及生活方式有了重大改变，人类的理念创新及技术创新为新的产品普及、推广与发展提供了环境和土壤，譬如：创客思想。并且，网络空间的普及、开源硬件、3D打印等技术的完善与发展为"创客教育"的发展提供了技术保障，使创客精神得以传播、创客思想得以实践。新媒体背景下互联网的发展与完善为高职院校"创客教育"提供了重要的发展机遇。现阶段，英国、美国、加拿大等发达国家的"创客教育"模式

① 赵君，刘钰婧，王静. 国外创客空间发展的经验与启示 [J]. 创新与创业教育，2019，10（1）：102-107.

② 谢作如. 如何建设适合中小学的创客空间：以温州中学为例 [J]. 中国信息技术教育，2014（9）：13-15.

③ 王佑镁. 当前我国高校创客教育实践的理性认识综述 [J]. 现代远程教育研究，2017（4）：20-31，87.

日趋成熟，我国"创客教育"发展得比较好的主要是深圳、北京、上海等地，这些地方形成了独具特色的"创客教育"模式①。主要成效如下：

（一）不断搭建创客平台

2018 年，教育部主办"2018 共创未来——中美青年创客大赛"，大赛的主题为"共创未来"，提倡参赛者着重关注教育、社区、健康、环保、交通、能源等社会可持续发展的重要领域，结合前沿科技和创新理念，打造具有产业价值和社会价值的创客作品。大赛通过竞赛的形式推动中国和美国的创客生态与创客文化建设，助力中国不断优化众创空间及创客社区的生态环境，并呈现中美两国的人文特色，为中美两国青少年搭建良好的沟通交流平台，促使两国青年在创新创客领域进行更广泛、更深入的交流，进一步加强中美两国的文化沟通与交流。活动得到了谷歌等企业的支持②。

近年来，教育部连续举办了五届中国"互联网+"大学生创新创业大赛，加快培养创新创业人才，不断激发大学生的创新创业热情，展示大学生的创新创业成果，搭建校园创新创业项目对接社会资源的有效平台，主要目的如下：①"以赛促学"，培养国家创新创业方面的生力军。竞赛旨在启发和培养学生的创新创造能力，培养大量"大众创业、万众创新"的生力军；鼓励我国广大青年扎根于祖国大地，积极了解我国的国情民情，努力在创新创业实践中学习知识，增长智慧，锻炼能力，在奋斗进取中锻炼自己的意志和品质，尽快成为德智体美劳全面发展的高素质人才。②"以赛促教"，探索全面实施素质教育的新方法和新途径。把大赛作为重要抓手，积极推进并深化创新创业教育的实践与改革，引导各地区、各高校积极主动地服务于国家重大战略需求与区域发展需要，开展专业建设、课程体系、管理制度、教师能力、教学方法等全面改革。以大赛为引导，推动基础教育、职业教育进一步深化教育教学改革，从而全面实施并推进素质教育，有效提升学生的创新创业精神与能力。③"以赛促创"，搭建创新成果转化为现实产品的新平台。推进产学研用结合和创新成果的转化，打造"互联网+"的新业态，推进经济高质量快速发展。"以创新引领创业、以创业带动就业"，打造高校毕业生高水平创业就业的新业态和

———————

① 李臣学，郝润科，宇振盛. 新时期下高校创客教育面临的机遇与挑战 [J]. 当代教育实践与教学研究，2019（2）：149-150.

② 谷歌支持高职参加中美青年创客大赛倡议[EB/OL].（2018-4-16）[2018-11-29]. https://www.tech.net.cn/web/articleview.aspx？id=20180416104525325&cata_id=N179.

新局面①。

（二）学生创新能力不断提升

根据上海市教育科学研究院以及麦可思研究院联合撰写的《2018 中国高等职业教育质量年度报告》，2017 届高职毕业半年后创新能力对工作岗位的满足度为 84%，2014 届、2015 届、2016 届高职院校毕业半年后创新能力对工作岗位的满足度均为 83%，2013 届高职院校毕业半年后创新能力对工作岗位的满足度为 82%，这里指的"创新能力"是麦可思"大学毕业生社会需求与培养质量调查"中界定的科学分析、判刑思维、积极学习和新产品构思四项能力②。《2019 中国高等职业教育质量年度报告》对创新能力的测算指标进行了调整，将"积极学习能力"和"设计思维"作为评价创新能力的重要指标。2018 届高职毕业生的积极学习能力对工作岗位的满足度为 89%，设计思维对工作岗位的满足度为 82%。由此可见，近年来，我国高职毕业生半年后创新能力对工作岗位的满足度均超过了 80%，创新能力对工作岗位的满足度较高。

根据质量年度报告，高职学生创新创业教育的参与度如下：2017 届、2018 届毕业生创业教学课程的参与度均为 44%；2017 届、2018 届毕业生创业辅导活动的参与度均为 41%；2017 届毕业生创业实践活动的参与度为 34%，2018 届毕业生创业实践活动的参与度为 36%；2017 届毕业生创业竞赛活动的参与度为 14%，2018 届毕业生创业竞赛活动的参与度为 16%。学生认为，创业实践活动和创业竞赛活动对自身的帮助最大③。"做中学""学中做"的教育模式在学生中大受欢迎。

二、区域成效情况

（一）湖南省

2015 年，湖南省人民政府办公厅印发了《湖南省大众创业万众创新行动计划（2015—2017 年）》；湖南省教育厅颁布《关于深化高等学校创新创业教育改革的实施意见》等。在区域政策的引导下，湖南创新创业教育全面展开。

2018 年，在全国"互联网+"大学生创业创新大赛中，湖南省高职学生共

---

① 教育部. 教育部关于举办第五届中国"互联网+"大学生创新创业大赛的通知［EB/OL］.（2019 - 3 - 27）［2019 - 3 - 29］. http://www. moe. gov. cn/srcsite/A08/s5672/201904/t20190408_376995. html.

② 上海市教育科学研究院，麦可思研究院. 中国高等职业教育质量年度报告［R］. 北京：高等教育出版社，2018：13-15.

③ 上海市教育科学研究院，麦可思研究院. 中国高等职业教育质量年度报告［R］. 北京：高等教育出版社，2019：15-16.

获得 6 个奖项，其中包括 1 个银奖，5 个铜奖；在"挑战杯彩虹人生"全国职业学校创新创效创业大赛中，湖南省高职学生共获得 26 项奖项，其中 3 项一等奖，15 项二等奖，8 项三等奖；在中华职业教育创新创业大赛中，湖南省高职学生共获得 4 项奖项，其中最佳人气奖 1 项，金奖、银奖、铜奖各 1 项，均比上一届成绩有较大提升①。

根据湖南省教育厅颁布的《湖南省高等职业教育质量年度报告（2019）》，2018 年，湖南省高职院校新建的创新创业孵化基地 89 个，已累计达到 318 个，其中有 18 所学校立项为湖南省创新创业孵化基地，详见表 3-1。

同时，长沙民政职业技术学院、湖南铁道职业技术学院还成功立项为"全国深化创新创业教育改革示范高校"。

表 3-1　第一轮湖南省高校大学生创新创业孵化示范基地高职院校评选结果

序号	学校名称	立项批次
1	长沙民政职业技术学院	第一批
2	湖南交通职业技术学院	第一批
3	湖南信息职业技术学院	第一批
4	湖南化工职业技术学院	第一批
5	湖南机电职业技术学院	第一批
6	湖南工艺美术职业学院	第一批
7	湖南铁路科技职业技术学院	第一批
8	湖南铁道职业技术学院	第二批
9	湖南科技职业学院	第二批
10	长沙航空职业技术学院	第二批
11	长沙商贸旅游职业技术学院	第二批
12	怀化职业技术学院	第二批
13	湖南软件职业学院	第二批
14	湖南民族职业学院	第三批
15	湖南工程职业技术学院	第三批
16	湖南都市职业学院	第三批

① 湖南省教育厅. 湖南省高等职业教育质量年度报告（2019）［R］. 长沙：湖南省教育厅，2019：23-25.

表3-1(续)

序号	学校名称	立项批次
17	永州职业技术学院	第三批
18	湖南石油化工职业技术学院	第三批

2018 年，湖南省职业院校与企业合作开展的创新创业成果孵化项目共计 1 036 项，并获得启动资金 3 000 万元，转化项目 264 个，较 2017 年分别增加 356 项、1 432 万元、70 个。湖南省高职院校 2018 届毕业生自主创业的比例较 2017 届上升 0.05 个百分点，连续三年保持在 2% 以上。2015 届毕业生创业三年内存活率为 54.82%[①]。

同时，笔者通过现场观察、电话访谈等形式，调研了湖南省"创客教育"开展较好的典型高职院校，为使调研总结更全面，同时参照了湖南省及部分学校的高等职业教育质量年度报告、网上宣传稿，现将典型院校的"创客教育"成效总结如下：

1. 湖南机电职业技术学院

湖南机电职业技术学院构建了创客文化、创客课程、创客学习、创客空间、创客教师、创客社团"六创"共振模式，打造"创客校园"，培养"创客工匠"。湖南机电职业技术学院将建设"创客校园"、培养"智慧工匠"作为教学改革的突破口，以创客学习为抓手，将教室建成了创客空间，期待着将每位学生打造成"智慧创客"，学生自主创业率达到了 6% 以上，近 4 年孵化大学生项目 70 个，获得授权专利（以及软件著作权）共计 837 件，位居湖南省高职院校第一。2017 年，学院还牵头成立了湖南省高职"创客教育"专业委员会，被授予"湖南省众创空间"和"湖南省大学生创新创业孵化示范基地"等称号。2018 年 4 月，学院的"创客教育"成果获得湖南省职业教育教学成果奖特等奖，并同时获得 2018 年职业教育国家级教学成果奖一等奖[②]。湖南日报等多家主流媒体多次专题报道学校"创客教育"改革成绩与经验。该校的成功做法主要总结如下[③]：

---

① 湖南省教育厅. 湖南省高等职业教育质量年度报告（2019）[R]. 长沙：湖南省教育厅，2019：25-28.

② 湖南省教育厅. 湖南省高等职业教育质量年度报告（2019）[R]. 长沙：湖南省教育厅，2019：23-25.

③ 王运宏. 湖南机电职业技术学院：打造创客校园，培养智慧工匠 [EB/OB]. (2018-6-29) [2018-11-29]. https：//www. tech. net. cn/web/articleview. aspx？id = 20180629105901529&cata_ id = N004.

（1）构建了高标准的创客空间。该校与同济大学设计创意学院合作，创造性地引进麻省理工学院的微观装配实验室（Fab Lab）并成功落户。近几年来，学校每年投入资金超过 1 000 万元，总计改造了 100 多个实训室，按照"线上、线下"结合原则，建设"跨专业"创客空间，并创办了"创客学院"。"创客学院"设置路演厅、工程坊、图书馆、咖啡吧、孵化邦等场所。工程坊配备创客制作所必备的 3D 打印、激光切割、焊接、多功能车钻铣床等制作与创作工具，每个工程坊都能制作与创作出相关的模型或产品。学生自主管理"创客学院"，"创客学院"除了承担教学任务的时间以外，其他时间向学生全面开放，同时还吸引了省内甚至国内其他同类院校的教师和学生前来参观学习。这比原来单一的实训室更能激发学生的学习兴趣，学生在创客空间更有当"创客"的冲动和意愿，更能启发学生的创新思维，并借助丰富的设备工具进行制作或创造，不断培养创客精神和能力。

（2）构建了创客课程体系。该校全面落实"创客教育"理念，将其贯穿至专业教学全过程，将创客理念贯穿于理实一体化课程，实习实训课程、毕业设计等，将教学项目与真实的实践项目进行有效融合。根据"创客工匠"的成长规律，该校各专业都打造了"创客专门课程+创客式课改课程"的创客课程体系。近年来，该校教师不断探究开发了或正在开发"产品数字化设计与制作""机械零部件设计与手工制作""机器人设计与制作""电子产品设计与制作""新企业财务管理""初创企业营销""迷你 4S 店创业设计"等 15 门创客课程，出版相关教材 12 本。该校 20 多个专业都构建了创客专业教育教学资源库，资源库的访问量已经达到 20 万人次。同时，该校教师还改造了 200多门创客式课程，并建设了相关的课程网站，制作了 3 000 余个视频资源，以方便同学们在创客活动中随时观看查阅，提高"创客教育"质量。

（3）提升了教师的创客指导能力。为适应"创客式人才"培养，该校实施"六个一"教师实践能力提升工程，即每名教师都选择了到一家合作企业跟班一名企业导师，紧紧围绕一个前沿技术方向开发一门创客课程，指导一个创客社团进而培养一批学生创客。学校也积极到相应的企业设立"教师工作站"，鼓励教师积极参与创新创业，对教师的创新创业活动提供有效服务与大力支持，在制度文件中明确规定教师提供社会服务、转让技术所产生的收益全额由教师自行支配，用多种方式提升在校教师的创新创业热情和创客素养。近三年，学校在校外创业的教师有 20 余名，部分青年博士教师与企业协同进行技术创新，创新成果获得了"中国机械工业科学技术奖二等奖"和"湖南省科技进步三等奖"。两位教师在湖南省职工技能比武中，与企业选手同台竞技获得第一名，并被授予"湖南省五一劳动奖章"和"技能大师"称号。2017年该校教师在湖南省教学比武中获得了8个一等奖。

（4）建设创客社团，促使创客成长。该校注重社团活动，以引导学生成长成才，近几年开展社团活动的重点是引导和推动学生创客的成长，社团活动主要围绕创业和技术创新方面的内容展开，并举行创业竞赛和专业竞赛活动。学校要求每位辅导员以及专任教师要指导一个的社团活动，要求每位学生至少加入一个社团并踊跃参加相应的社团活动，事实上，一些兼职教师参与指导了学生社团活动，部分学生参加了2个（或2个以上）社团活动。学校目前成立并建设了379个社团，规模大的社团有成员近50人，规模小的社团仅有10余人，他们利用专门的创客时间（每周五下午）或周六、周日等课余时间进行社团集体活动，积极开展调研、设计方案、查阅资料、制作产品等活动，学习生活非常充实有趣。学生们在不断参加社团活动的在校三年时间里，基本上都完成了"制定学生个人生涯发展规划、设计并制作一个产品、创建个人学习网站、撰写一篇专利申请书、参加一项技能竞赛"5项工作，取得了较好的效果。

（5）打造创客文化，推进创客学习。学校每年设立的"创客教育"专项经费为100万元，以"创客学院为引领，引导每一个二级学院组建"创客教研室，以"创客社团"为重要载体，定期举办"创客活动节"，讲述创客故事，健全创客活动的激励引导机制，采用"学分制"将学生的创新实践、专利获得等计入学分，构建学生"成长导航"信息系统，设立"创客专栏"将学生在校期间的创客活动情况记录下来，促使学院的创新创业氛围更加浓厚。学生围绕来自真实情境的创客项目，按照"选题调研、创意构思、产品制作、优化迭代、路演分享"的学习过程，在产品（模型）制作中建构知识，提升实践能力，形成新的学习范式。这种范式基于跨专业学习，进而学思结合、做学合一，学生学习积极性明显提高。根据问卷星的调查和学院数据平台的统计，学生缺课率持续降低，每周学习性投入时间明显提高。2015年至今，共有62名学生创新获奖、近300名学生技能竞赛成绩转换为了课程学分。正因为如此，该校技能竞赛连续三年团体总分排全省前五名，2018年参加全国职业院校技能竞赛的9支队伍共获得一等奖3项、二等奖3项、三等奖3项，创新创业竞赛也获得了比较好的成绩，2018年全省挑战杯创新创业大赛就获得特等奖1项，二等奖3项和三等奖2项，在湖南省名列前茅。

2. 长沙民政职业技术学院

长沙民政职业技术学院组建了由应用电子技术、老年服务与管理、产品造型设计、软件技术等专业学生组成的创新创业团队——"乐善团队"，他们研发了集定位、收音机、照明、通话、健康数据管理、单向监听等多功能合一的"智能拐杖"。2018 年，"智能拐杖"项目获湖南省"互联网+"大学生创新创业大赛一等奖，并亮相第六届中国国际养老服务业博览会。该项目在长沙市部分社区试点投放广受追捧，市场前景十分乐观，被湖南卫视等媒体广泛报道，得到了省委、省政府有关领导的充分肯定①。

笔者调研了长沙民政职业技术学院的创客工作室之一——"阿创跨境电商工作室"，下面以此为例进行成功经验介绍：

阿创跨境电商工作室始创于 2008 年 5 月，是集学校、企业、市场于一体，提供给国际贸易专业的学生进行专业深度实践的一个校内生产性实训基地兼创客平台，是以教师为指导，学生为主导，以为企业真实项目提供服务为依托，采取市场化运作的三位一体的创客平台运营模式。学校免费提供近 90 平方米场地、水电和网络，负责设计、装修，企业提供产品、跨境电商平台服务费、培训等，投入 10 余万元，设立 50 个工位，直接面向国外客户开展服务。创客工作室实施企业化管理，并根据销售利润的 20% 进行提成，以奖励优秀成员或者为工作室的成员提供寒暑期实习的机会和就业创业机会。

阿创跨境电商工作室以"至诚至公、精业乐业"为室训，下设办公室、外贸部、技术部、运营部和采购部五大部门，由三位学校指导老师、两位企业指导老师和约 50 位国贸专业的学生组成。10 年来，工作室先后与阿里巴巴国际站（湖南办）、湖南友联供应链管理有限公司、深圳市胜达通科技有限公司、广州诚佰忆贸易有限公司、长沙卡特尔环保科技有限公司、深圳祥亮照明有限公司、湖南润泽明天信息有限公司和中山骏驰灯饰有限公司等 20 余家企业合作，主要合作领域为跨境 B2C 和跨境 B2B 电商平台的操作、运营管理、客服服务、国外客户开发和全网营销等。特别是 2013 年以来，阿创跨境电商工作室依托跨境电商平台（全球速卖通、敦煌网和 Wish 等），以自营和承接外贸企业外包业务的方式，组建学生创客项目团队，市场化运作，参与项目团队的人数累计达 180 人。工作室参与了深圳市胜达通科技有限公司、广州诚佰忆贸易有限公司、深圳祥亮照明有限公司、湖南润泽明天信息有限公司和中山骏驰灯饰有限公司等长沙跨境电子商务协会会员单位的跨境店铺采集商品信息、产品上架、询盘管理、店铺运营和处理订单等真实性实践项目，累积实现

① 湖南省教育厅. 湖南省高等职业教育质量年度报告（2019）［R］. 长沙：湖南省教育厅，2019：25-26.

订单 7 480 个，销售额达 123 765.65 美元。工作室通过真实性实践项目，让学生对接市场，把专业知识用于实践，提高学生的职业素养和创新素质，增强学生专业能力和创新能力，实现学校、企业和学生的三方共赢，提高了专业服务社会的能力。

学校依托阿创跨境电商工作室承接校企合作创客项目，提升专业服务社会能力，以工作室作为专业转型的试验田。伴随着国家"一带一路"倡议和"互联网+"战略的提出，传统外贸"集装箱"式的大额交易正逐渐被小批量、多批次的"碎片化"进出口贸易取代，推动了以在线交易为核心、以便捷物流配送为优势的跨境电子商务发展。2012—2015 年，国务院办公厅、商务部、发改委、海关总署、质检总局、外管局、财政部及税务总局共出台了 14 份相关政策文件，鼓励和规范跨境电子商务行业，使得跨境电商健康稳定快速发展，已发展成为国际贸易新模式。许多外贸企业开始转型使得整个外贸行业发展出现新变革，同时也带来了外贸岗位新变化，例如出现了跨境电商专员、跨境平台运营专员和跨境客服人员等岗位。在此背景下，商学院国际贸易专业自 2013 年以来，以阿创跨境电商工作室的尝试作为专业转型的试验田，承接外贸公司的跨境电商项目，通过教师和学生共同参与项目，深入了解了新贸易模式下人才的需求，为教学积累了大量的素材，同时也解决了专业课程的实训问题，为国贸人才培养方案的优化提供了依据，为国贸专业跨境电商方向课程体系的构建和课程建设提供了支撑。

阿创跨境电商工作室以科学规划、合作共建、内外结合，校企一体、资源共管、共享、共赢，共同育人为思路，以"贴近生产实际，满足实习，服务企业"为原则，采取多种途径，建设与企业生产环境一致的校内生产性实训基地。三方联动专业建设机制的建立，可以实现高职教育的最大办学效益，解决传统高职院校办学与社会脱节、教学与生产脱节、人才培养与企业需求脱节等问题。企业可以在托付的项目运营过程中选择人才，学生毕业后直接可以进入该公司就业，大大减小了企业的用人成本，在学校解决了学生上岗的最后"一公里"问题。学校教师通过参与项目提升自身的素质和实践操作能力，学生可以把课堂的知识用于实践，现学现用，增强专业的信心。

近年来，阿创跨境电商工作室累计完成项目 50 余个，创造社会价值 10 万余元，为外贸企业培养了 400 余名优秀人才，60% 的学生已成为外贸主管，部分学生自主创业服务社会，累积实现订单 7 480 个，销售额达 123 765.65 美元。校企共同开发教材 1 部、给相关专业课程提供 20 个实训项目的实施平台。2017 年 10 月 31 日，阿创跨境电商工作室接受湖南教育电视台采访；2017 年参加"湖南省互联网+国际贸易综合技能职业技能大赛"获团体二等奖；2016年获评学校"金牌就业专业"；"海外双11"于北京时间 2017 年 11 月 11 日 16：00（美西时间 11 月 11 日 00：00）正式开启，LEDMO STORE 第一次参加全球速卖通双 11，当天该店铺共接待 1 415 位海外消费者，团队成员进行实时营销和在线客服，一举获得 305 笔订单，单日销售额达 6 149 美元，转化率达 21.5%；为湖南润泽明天信息有限公司上架 10 000 个海淘产品，取得了较好的效果。

3. 娄底职业技术学院

娄底职业技术学院积极服务于地方经济和创新人才培养，其二级学院——农林工程学院以培育"三农创客"为核心，采取"三年三循环"人才培养模式，支持在校学生创新创业，鼓励学生尽早与农业、农村对接，着重培养"三农创客"。学院建设创客基地，为学生提供交流展示、创业创新平台。学院对接地方经济社会发展，开展"院村"合作，服务区域经济发展，探索出"校内创业基地+院村合作基地+企业+对口帮扶村"的人才培养路径，促进了农村与农业人才的发展。主要经验如下：

（1）进行人才培养模式创新，促进学生尽早与农业农村对接。农林工程学院根据涉农行业领域和职业岗位（群）的任职要求制定人才培养方案，构建了"三年三循环、实践不断线"的人才培养模式，以及以创新创业意识和创新创业能力培养为主线的适应"工学结合"模式的课程体系，形成了"三阶段实习、三模块实训、三能力培养"的专业实践教学体系。遵循"识岗—协岗—顶岗"的职业技能递进培养路径，三年分三次到行业企业进行专业实践。第一学年学生在教师带领下到农村、企业"识岗"实习，了解农业与农村的行业发展现状与发展动态趋势。学生在教师的指导下在院村合作单位中阳村和农林学生创业基地开展小项目创业，将创业教育与创业实践相结合。第二学年学生到企业、专业合作社进行二次"协岗"实习，掌握创新创业技术。第三学年学生到佳和农牧、高尔园林等校外实训基地进行"顶岗"实习，进而深入掌握相关技术技能，为创新创业做好准备。

（2）建立校内"三农"创客基地，提供创新创业平台。学院以娄底职院农林实训中心为基地，成立了娄职农林学生创业中心，由曾玉华、胡松梅等农林专业教师与在校农林类专业大学生共同建设管理，并由专业教师与企业专家共同担任创业导师，指导学生参与农林创业实践。校内农林学生三农创客基地，以花卉苗木种植、桑叶鸡养殖、果桑种植为主要创新创业项目，从每届农林专业学生中遴选有志于农林创业、有创新精神和创新思维的学生担任创新创业经理，组建创新创业团队进行创新创业实践。先后有 80 多名农林学生进行创新创业实践。

（3）探索"院村合作"模式，建立"产学研创"教学基地。娄底职院探索构建了"政府主导、农民主体、学院主动"的"院村合作"模式，在娄底市娄星区中阳村建成了对接产业的"产学研创"教学基地，将"课堂搬进田野，论文写在大地"，增加学生的实践创业经验。农林专业教师团队在中阳村带领农林专业毕业生创建了占地 40 亩（1 亩≈667 平方米，下同）的"院村合作"农林创业教学基地，包括湖南绿一佳农业科技有限公司与金手指特色果树创业园等实体。学院以此为创新创业培训基地，建立了"中国特色植物网"等农林科普网站，把南方香桂、桑葚、刺葡萄等具有区域特色的产品及植物推广至全国各地，并通过开通专门的"园艺科技咨询热线"进行科学知识普及和技术推广。

（4）构建产业技术创新战略联盟，加速科技成果的转移转化。农林教学团队依托湘中丘陵区生猪试验站、中阳村院村合作基地、娄职动物医院和植物组织培养师生工作室等"产学研创"新平台，对接美丽乡村、园林城市、绿色兴农、黑猪黑牛产业等国家重大战略需求和区域经济社会发展的需要，构建了地方基层、高校、行业企业龙头等多方协作的产业技术创新战略联盟。教师带领学生进行产业推广和技术创新，强化了资本、技术、服务、人才等创新资源的优化配置与深度融合，加速科技成果的转移转化，也推动了学生的创新创业能力的发展。部分成果如下：①对接娄底美丽乡村、园林城市建设，聚焦特色园林植物品种引种及栽培研究，开展乡土植物抗旱性比较实验，筛选出了蚊母、火棘等优良绿化植物；研究了万象、玉露等 20 余个多肉植物品种的快繁技术，筛选出了两个斑色叶植物品种；引进适用于庭园绿化的金枝刺葡萄，广泛应用于娄底城乡园林绿化美化工程。②对接区域产业扶贫、绿色兴农战略，聚焦无公害果蔬种植，研发果园防草布除草、农药与化肥减量化使用等无公害种植技术，生产的绿色果蔬深受消费者喜欢。③对接湘中黑牛、湘村黑猪产业，聚焦生态养殖、畜禽健康，攻克了仔猪成活率低、缺乳、母猪受胎率低等技术难题，为打造湘中黑牛、湘村黑猪知名品牌，实现娄底市黑牛黑猪养殖的产业化提供了强大的技术支撑。

（5）推广产业扶贫项目，服务农村精准扶贫。农林工程学院师生依托"院村合作"基地以及校内创业基地，对接脱贫攻坚项目，面向全市企业与周边农村开展免费技术服务，推广生猪标准化养殖、果桑种植等技术。开展科技下乡，对口帮扶国家级贫困县新化县天门乡等贫困乡镇，传授生态养殖与绿色种植技术，服务农业转型调整升级。农林工程学院师生打造了"中国爱农网""中国特色植物网"等网站，提供信息需求服务。学院依托国家级科普教育基地——娄底职院农林实训基地，开展常态化的"寻找梦中的农林家园""科技宣传月"等科学普及活动，积极发展学生志愿者，并引导他们去农村普及推广农业农村科技知识。学生志愿者到新化等地协助指导当地的猕猴桃、黑花生等的生产；学生志愿者还参与了涟源市咸秀村的产业规划项目，初步测量和规划了新型田园综合体；学生与教师一起指导农民与专业合作社协同发展药材种植及园艺作物。学生通过技术创新服务，有效提升了技术技能，较好地锻炼了社会服务能力①。

4. 长沙环境保护职业技术学院

长沙环境保护职业技术学院高度重视对大学生创新创业能力的培养，积极开展"创客教育"，充分利用"校中厂"（湖南产学研环境技术有限公司、湖南环院检测技术有限公司）以及校内十个大学生创新创业教育实践基地，改革课程内容及教学手段与方法，建设了一批科学合理、有机衔接、依次递进的创客课程，将创客理念融入人才培养全过程，将专业教育与"创客教育"有机融合，提升了学生的创新意识、创新思维与创新能力，并培养了一批创客先锋。

学院建设产学研用经济实体。2008 年，学院成立了具有独立法人资格的湖南产学研环境技术有限公司、湖南环院检测技术有限公司。2015 年，为规范学院对外技术服务，整合学院优势资源，做大做强环保科技产业，更好地实行产学研结合，学院组建了湖南长沙环院天泰资产管理有限公司，将上述公司作为子公司进行统一管理，初步建立了科学有效的现代企业法人治理结构。该公司持有湖南省质量技术监督局颁发的计量认证合格证书、湖南省环保厅及湖南省经信委颁发的环境监理、清洁生产审核单位资质证书；旗下有环评注册工程师、环境监测工持证人员、清洁生产审核师、安全工程师等 150 余人。目前，湖南长沙环院天泰资产管理有限公司已建设成为区域环保科技成果转化的产业化平台；成为科技企业、文化教育企业和智力资源优势企业的技术应用中心；成为新工艺、新装备的孵化平台；成为学院与企业科研、教学、智力资源互动的中介平台；成为教师、学生产业实践、实习的基地，促进了特色专业良性发展。学生在教师的引导下，积极参加"校中厂"的技术创新与技术服务

---

① 对接农业农村 培育"三农"创客[EB/OL].(2018-5-14)[2018-6-29]. http://www.moe.gov.cn/jyb_xwfb/ xw_zt/moe_357/jyzt_2018n/2018_zt10/18zt10_zjzx/201805/t20180514_335952. html.

项目，积极完成清洁生产审核、环境检测、环保竣工验收、环境规划等各类技术创新和对外技术服务项目。产学研用深度融合，学院发挥在环境影响评价、清洁生产审核、环境检测等领域的优势，积极参与湖南省"大气污染防治行动计划""水污染防治行动计划""湘江流域污染防治规划""长株潭两型社会建设规划"等项目，为各级政府推动区域经济转方式、调结构、促升级提供决策咨询服务，为企业节能减排、污染治理提供技术咨询服务，取得了很好的经济效果，提升了学生的创新创业能力。

学院于2018年组织了第三届大学生创新创业大赛，大赛经过初赛、复赛、决赛三个阶段，筛选出的作品在全省及全国创业大赛中取得了较好的成绩。其中，作品《一种生态葛仙米花浆产品的研制》在由共青团中央、教育部、人力资源和社会保障部、中国科协、全国学联主办的"挑战杯——彩虹人生"全国职业学校创新创业大赛中荣获一等奖；《无动力积木式小型农村生活污水处理站》《基于非物质文化遗产传承项目手作网约课平台》等五个作品分别获得该项赛事的省赛二等奖和三等奖；《一种污水处理技术的应用》获得湖南省黄炎培创业规划大赛三等奖。学院为学生创业项目提供一系列指导、帮助和支持，2018年原入驻创业孵化基地的四个项目成功孵化了三个项目，又新引进了五个学生创业项目入驻孵化基地，分别是：慧淘物流代理服务部——校园菜鸟驿站、黑白灰联盟——非遗手作网约课平台、万马思特创客小超、万思莫创客小超和心源瑜伽馆。2013届与2014届毕业生相比，在毕业三年后选择自主创业的人数相差不大，2015届毕业生在毕业三年后选择创业的人数达到253人，对比2013—2015届毕业生选择自主创业的比例，选择创业的人数呈现逐年上升的趋势[①]。

（二）浙江省

浙江省完善高职院校创新创业教育机制，构建创新创业教育课程体系，创建创新创业教育指导服务中心，强化创新创业教育的指导，为创新创业教育提供服务平台，营造校园创新创业氛围。浙江省注重创新创业教育与专业教育的有机融合，充分利用行业优势，组建专兼结合的创业师资队伍，邀请企业成功人士担任创新创业导师，引导学生积极参与企业创新创业活动，增强学生的创客意识和创造能力。学校积极组织学生参加各类创新创业竞赛、创业模拟竞赛，组织开展创新创业基金项目和创新创业教育成果展示，提升学生的创业热

---

① 长沙环境保护职业技术学院. 长沙环境保护职业技术学院高等职业教育质量年度报告(2019)［R］. 长沙：长沙环境保护职业技术学院，2019：26-29.

情和实践能力。为进一步响应党中央国务院"大众创业、万众创新"的新要求，2015 年，浙江省教育厅出台《关于积极推进高校建设创业学院的意见》（浙教学〔2015〕98 号），要求在全省各高校建立创业学院，以人才培养为根本任务，以培养学生创新创业意识、创新创业精神和创新创业能力为目标，全面系统地开展创新创业教育、创新创业培训和创新创业实践，注重培养具有创业能力与企业家精神的创新创业领军人才和优秀创新创业团队。2015 年，全省高职院校毕业生自主创业比例为 6.49%，明显高于省内本科院校的学生自主创业比例。有调查显示，67.80% 的学生表示在学校接受过创业教育，高于本科院校 6 个百分点①。

1. 浙江商业职业学院

从质量年度报告获悉，浙江商业职业技术学院建立创新创业课程体系，开展创新创业专项技能培训，实现创新创业基础教育的全覆盖。通过开展创业事迹报告会、创业沙龙、创业成果展示会、创业经验交流会、创业之星评选、暑期创业特训营、创新创业大赛等活动，点燃学生的创业激情，营造了"想创业、敢创业、会创业"的创业文化氛围。大三学生范晓静利用"互联网+"传统行业的创新模式，参加了杭州市妇联组织的"互联网+"技能培训，接受了女性企业家、女性法律工作者以及女性创业导师的指导，与其他创业者们一起交流心得体会。在她的苦心经营下，公司团队经过一年时间已经增加到 12 人，业务遍及阿里巴巴、淘宝等六大电商平台，每天接到几十个客户订单咨询，营业收入从最初的一个月 3 000 元的利润额发展到现在月营业额近百万、利润达 15 万元，市场也从国内扩大到沙特阿拉伯、阿联酋等中东国家。

2. 浙江机电职业技术学院

从质量年度报告获悉，浙江机电职业技术学院积极组织学生参加创新创业类竞赛，获得省特等奖 2 项、省一等奖 5 项、省二等奖 6 项、省三等奖 4 项，并获得 1 项优秀组织奖。其中由方文浩领衔的易怀科技团队获得评委一致认可，喜获第七届浙江省大学生职业生涯规划大赛 C 类（创业实践类）一等奖。创业类项目参与学生方文浩在校期间积极参加学校创新创业基金孵化项目，成为学校建成创新创业园的入驻项目代表。2015 年，方文浩抓住市场机遇，独资成立杭州易怀科技有限公司，主要从事空气净化器的研发与销售。2015 年 5 月至今，该公司的销售额突破 120 万。销售模式采用线上线下的形式，线上通过淘宝、京东、苏

---

① 浙江省教育厅. 浙江省高等职业教育质量年度报告（2016）[R]. 杭州：浙江省教育厅，2016：10-11.

宁等平台销售，线下通过北京、山东、四川地区的代理商分销，该公司的市场正在进一步稳固。如今，公司与海尔、顾家家居等知名品牌合作，共同研发新产品，双方还签署了长期的合作协议，与顾家家居合作的一款智能沙发，内嵌了能自动检测空气的净化器，让人眼前一亮。

3. 温州职业技术学院

温州职业技术学院传承了近 20 年的"大学生商品展销会"，成了该校创新创业文化节的一大亮点。在商品展销会上，校园里的"小老板"用创业精神、创新点子演绎着一系列"做生意"的故事。商品展销会出点子策划、筹备分工、经营商品的选择、货源的采购、商品的定价、销售的方式等各个环节都是由学生创客们自主协作完成的。现场各类产品应有尽有、琳琅满目，包括服装百货、工艺品、食品、IT 通信产品、日用品等，许多产品都融入了学生创客们的新技术、新创意。该院学生创办的"SEAKEY 私服创衣工作室"展出的 31 款服饰设计产品，一天的销售额就达 5 150 元。2016 年该校举办的商品展销会包括"创意作品展区""校友项目展区""亲子游戏区"等。"创意作品展区"展示的是该校各系的创新创业工作室的作品，"创客大咖"们的多件创客作品不仅融入了自己的创意，更是学生对新技术进行应用的创客成果。"校友项目展区"看上去最"高大上"，这些经历过校园展销会历练的校友创业项目做得都不错，返回校园更多的是回忆当年当"小老板"的日子。"亲子游戏区"的 VR 眼睛体验、萌神娃娃机、陶艺制作等能产生亲子共鸣。展销会还设置"创客咖啡"区域，邀请优秀创客校友齐聚交流空间，进行交流沟通，分享创新创业经历以及创新创业心得体会。"创业文化长廊"展示了学生的新技术应用成果、"金点子"项目、展销会历程、创业校友简介等。学生摊位自主提供拍卖品，举行了爱心拍卖活动，拍卖所得全部捐赠给工商系爱心基金。据悉，该院大学生商品展销会自 1999 年起，迄今已成功举办了近 20 届，共向青年学生提供创业展位 2 500 多个，销售额达 210 余万元，为广大在校学生搭建了一个低成本、低风险、易实践的创业实践平台①。

4. 温州科技职业学院

温州科技职业学院大力开展现代农业"创客教育"，学院积极探索"创客教育"，有效延伸了"创客教育"链条，实现了创意培养、创新实践、创业转化的有机衔接和结合，形成了具有鲜明专业特色的完整的"创客教育"体系，

---

① 姜瑜，孙玲. 大学校园里的创客们：温职院举办首届创新创业文化节暨第十九届大学生商品展销会[EB/OL].（2016-12-7）[2018-11-29].https://www.tech.net.cn/web/articleview.aspx? id=20161207153320940&cata_id=N004

探索创意、创造、创新、创业教育融合一体，集乐趣激励、兴趣激发、志趣引擎等于一处的现代农业"创客教育"新路径。主要举措如下：

（1）创立"导师+项目+团队"培养体系，让学生带着浓厚的兴趣开展专业学习，培养创新意识。学院依托"农科教一体化"办学特色，发挥农业学科的科研优势，推动科研反哺教学，让科研优势转化为创新人才培养优势，以成果应用为导向，开展"导师+项目+团队"为主要形式的创新人才培养实践。主要模式如下：①"师导生研"模式。高职类学生的自主创新意识相对较弱，为此学院通过实施"导师+项目+团队"培养体系，以学生为主体，教师给予技术指导，共立项"不同肥料处理对三种蔬菜生长及产量的影响""辣椒露地栽培新品种筛选试验"等学生科研项目500多项，有3 000多名学生参与，通过科研创新培养学生的创新意识。②"师创生随"模式。学院大力支持教师开展创新、创造、创业活动，以教师为主体，让学生当助理，以教师创客带动学生创客，仅2018年就有花海植物创意工作室、互联网+智能农业创新工作室等21个创客工作室项目立项，每个创客工作室吸收5至10名学生参与，教师和学生一起将创意、创新点子变为创业实践，让创业教育变得生动起来。③"师生共创"模式。学生与教师一起开展专业创新与实践既是学院的一种教学形式，也是一种学习形式。学院低压电器教研室主任吴春诚带领师生团队联手攻关"炒菜机"并成功推向市场；学生的"绿庭无土水培项目""亲子农庄项目"等先后荣获浙江省高职高专挑战杯特等奖、首届全国大学生电子商务"创意创新创业"挑战赛一等奖等。

（2）打造"训研创"一体实验实训教学体系，在参与创造实践中产生乐趣，培养学生创造能力。学院建立"训、研、创"一体的实验实训室，把学生专业实验实训与专业创新、创造有机整合在一个平台内，有效促进了学以致用、用中生趣。主要如下：①依托温州市种子种苗科技园。种子种苗科技园学生实践区由36个大棚组成，总面积达52亩，遵循新模式、新技术、新品种原则，培养精于技术、善于管理、长于经营的现代农场主。目前，有10多个创客团队在其中开展新品种培育等实践，其中教师与学生共同研发的"智慧温室大棚"项目，通过Web端网页和手机端的App就可以对大棚智能系统进行控制。②依托涉农专业实训平台。所有涉农专业都建立了专业实训实践平台，农业与生物技术系搭建了现代农业园，高年级学生分小组承包大棚生产，并在导师的指导下引进新技术、新品种进行研发创业，低年级学生到高年级学生承包的大棚中实训。园林系设有植物智能工场与农业创意园，集植物水培研发、培育及营销于一体。依托这些平台，学生发明的"家庭立体生产蔬菜栽培架"

"智能燃气灶节能装置"等均申请了国家专利。③依托政校共营创新创业平台。为了有效拓展"创客教育"平台，学院先后与浙江中小企业局、温州市委组织部、温州市农业局等单位，共同创立了浙江省唯一的高校中小企业创业基地、全国首家大学生"村官"创业与研究基地、温州市大学生现代农业创业园、温州青年创业学院等校地教育实训平台，为拓展创造、创新、创业教育争取资源、扩展空间、开辟渠道。学生在这些平台上开展实践，产生了"天使花房""叶脉画"等创新成果，并从这些创新成果中孵化出30多家涉农小微企业。

（3）依托"点线面"三维创业教育模式，树立兴农志趣，引导学生争当家庭农场主。结合农业及相关行业与岗位特点，学院从"教学主线、个体需要、平台搭建"三个维度，以创新创业教育引领专业教育改革，培养学生当家庭农场主的志趣。①抓住个体教育"点"，培养学生关于农业的创新创业意识。推行"听、观、行"的体验式教育，"听"三农大讲堂，让学生了解现代农业；"观"现代农业，让学生深入体验现代农业；"行"社会实践，推出百名专家带千名学生服务万项农民活动，让学生立业为农、立志兴农。②紧扣人才培养"线"，培植学生农业创业能力。一是目标引领，明确培养有文化、懂技术、会经营、善管理的现代农业创业型人才目标；二是方案改革，实行"平台教学、专业分流、岗位培养"教学方案改革；三是知识构建，构建与岗位、专业、产业、社会等对接的课程体系。③拓展保障支撑"面"，保障创业教育有序开展。整合政府、学校、企业三方资源，争取政府政策支持，推动温州市政府出台《温州市普通高校毕业生农业创业就业扶持暂行办法》；完善学校制度保障，出台《关于在人才培养中加强创业教育的指导性意见》；整合企业（基地）资源支持，通过"导师+项目+团队+基地+农户"的途径整合相关企业、基地资源，实现校企双赢。如水果玉米项目，先后在温州泽雅、永嘉古庙等地实践，不仅培养了学生的创新创业能力，更促进了当地农户增收，真正实现"把论文写在大地上，把成果留在农户家"。学院现代农业人才培养相关成果荣获国家级教学成果二等奖，学院荣获全国高等学校创业教育研究与实践先进单位、全国青年就业创业先进集体、2014年度全国高职院校创新创业教育工作先进单位等荣誉①。

（三）山东省

2017年3月，山东省教育厅颁布《关于印发山东省学校创客空间建设指

---

① 温州科技职业学院大力开展现代农业创客教育[EB/OL].（2015-6-29）[2018-11-29]. https://www.tech.net.cn/web/articleview.aspx? id=20150629150910615&cata_id=N049.

导意见的通知》（鲁教科字〔2017〕1号）。文件明确指出：着力推进学校创客空间建设，积极推行"创客教育"、STEAM教育等新兴教育模式在学校的普及应用，逐步形成优质高效的创客生态体系。山东省在2017年上半年完成全省学校创客空间研究机构、省级示范区、竞赛活动制度和网络服务平台建设。2018年年底，全省各级各类学校均建立学校创客空间，各县区建成创客活动中心，形成覆盖全省、功能完备、布局合理的学校创客生态服务体系。山东省鼓励学校信息技术教师主动转型，充实到创客师资队伍中。同时，山东省提倡以县区为单位，采用政府购买服务方式，集体引进校外专业人才，弥补创客师资力量的不足。山东省还将建立"山东省学校创客空间服务平台"，为学校创客空间每位成员开设"个人空间"，全方位支持学校创客空间建设①。

从青岛市人社局获悉，该市启动大学生就业"梦想起航"行动计划，实现大学生高质量就业；开展"青岛市大学生农村电商创业工程"，打通农村电子商务创业"最后一公里"，促进大学生返乡创业。青岛市于2016年完成"三支一扶"计划招募任务，推进政府购买基层公共管理和社会服务岗位吸纳大学生就业工作，招聘首批基层服务岗位高校毕业生上岗服务。同时，该市还将通过开展平台建设、人才选拔、导师引航等七大创业帮扶行动，用三年时间，在全市培养3万名大学生创客，打造50个各具特色的众创空间，扶持1.5万名大学生创业者。此外，青岛还将开展孵化基地建设、评估、认定工作，实施众创空间倍增计划，投资建设或管理运营创客空间、创业咖啡等新型孵化载体，力争每个区市至少有1个品牌运营机构、1个有示范特色的众创空间②。

（四）广东省

广东省高职院校切实加强大学生创新创业教育，着力培养学生创新精神、创业意识和创造能力。2018年7月，广东省召开"广东省高职院校创新创业教育骨干教师培训班"，共同就高职院校创新创业教育生态系统构建、平台建设、课程教学法、教师专业发展、专创融合等问题进行研讨学习。2018年，广东省高职院校毕业生自主创业的比例为0.35%，比2017年提升了0.09%。譬如：广东青年职业学院积极推进"青创100"广东大学生创新创业引领计

---

① 山东：2018年底校校建立创客空间［EB/OL］.（2017-3-27）［2018-9-29］. http://www.moe.gov.cn/jyb_xwfb/s5147/201703/t20170327_301013. html.

② 青岛3年培养3万名大学生创客［EB/OL］.（2016-3-29）［2018-9-29］. http://www.moe.gov.cn/jyb_xwfb/s5147/201603/t20160329_235729. html.

划，2015—2018 年共承接三届"青创 100"的培训孵化工作，累计培训学员 309 人①。

（五）黑龙江省

2015 年，黑龙江省启动了"高校创客活动周"。2015 年，创客周以"创新推动时代进步，创客实现精彩人生"为主题，举办了首届"互联网+"大学生创新创业大赛、哈尔滨华南城大学生创业孵化基地授牌仪式、黑龙江高教大讲堂创客活动专场、"全国大学生创新创业交流年会"主题日活动、全省创客周联合行动等一系列活动。从 2015 年开始，黑龙江省教育厅将每年 9 月第 3 周设为"高校创客周"，根据大学生个性特点和创业需求，精心设计活动方案，大力培育学生的企业家精神和创客文化，让"大众创业、万众创新"在全省高校蔚然成风②。

（六）四川省

四川省大力推进高职院校"创客教育"。

1. 绵阳职业技术学院

绵阳职业技术学院与绵阳国家高新技术产业开发区管委会、游仙区人民政府、中国工程物理研究院第五研究所、中国（绵阳）科技城工业技术研究院、绵阳卓讯科技孵化器管理公司等单位合作共建富乐绵阳大学生创客俱乐部，通过夯实硬件和软件建设，积极争创省级大学生创客俱乐部，切实推动学校创新创业工作。主要成功经验如下：

（1）完善的基础设施。学校先后投入 400 多万元用于集中服务区装修改造、企业办公设备购置、创新创业活动开展，设立大学生创业风险投资种子基金 150 万元，每年设立专项帮扶基金 60 万元。学校为创客俱乐部提供了 8 000 余平方米的集中服务区，15 000 余平方米的创新创业项目生产、研发场所；共建单位开放了 15 000 余平方米的技术中心及实验室，用于学生项目研发。

（2）完善的制度保障。学校先后制定了《大学生创新创业（创客）俱乐部章程》《大学生创新创业项目管理办法》等一系列规章制度，并于 2016 年年初，整合大学生创新创业中心、国家职业技能鉴定四川 181 所、商务部中国国际电子商务中心培训学院绵阳分院等机构，专门成立了创新创业培训学院，全面统筹规划推进创新创业工作，为俱乐部的运行提供了制度和机制保障。

---

① 广东省教育厅. 广东省高等职业教育质量年度报告（2019）［R］. 广州：广东省教育厅，2019：25-26.

② 黑龙江启动"高校创客活动周"［EB/OL］.（2015-9-16）［2018-5-29］. http://www.xin-huanet.com/politics/2015-09/16/c_128234412. htm.

（3）合理的导师团队。学校于2014年成立了导师志愿服务团，聘请77名校领导、部分中层干部及副教授以上教师等担任导师，聘请39名社会人士、45名历届校友中的创业典型担任兼职导师，180余名专兼职导师按创业咨询与指导、职业规划、融资服务、法律帮助等专业领域组成多个指导小组，以"一对一""多对一""陪伴式"等方式为每个创业团队提供服务。

（4）丰富的活动载体。俱乐部依托学校专业社团，开展团队合作、产学研合作、创新创业训练等活动，借助建设主体资源优势，组织参与企业、科研院所、高校、区域的科研项目。俱乐部先后主办或承办"互联网+"创新创业大赛等大型创新创业活动，累计受众超过7 000人次；举办创业沙龙、座谈会、讲座等系列活动，举行创业活动周等13场大型宣传活动。俱乐部通过就业创业微信群、信息网、创业典型事迹展览创客QQ群、微校园等渠道广泛开展创新创业宣传活动，组织相关人员到中关村创业大街等地进行了现场调研，为创客俱乐部的建设和发展提供参考。

（5）显著的社会效果。目前，俱乐部拥有个人会员447人，机构会员89个；创业项目保有量62个；创业企业50家，科技型企业42家，吸纳大学生就业300余人，服务企业300余家，创业企业注册资本总规模突破1.1亿元；2015年5月—2016年5月，俱乐部企业总产值达4 962万元，上缴利税达109万元。俱乐部已经获得"绵阳市第一批众创空间""市级大学生及科技人才创客俱乐部""市级大学生创业孵化基地""省级大学生创新创业园""省级新型众创空间"等称号[1]。

2. 四川工程职业技术学院

四川工程职业技术学院的"创客教育"也取得了显著成效。2015年6月26日，由德阳市人民政府、四川省科技厅、中科院成都分院主办的"德阳创客 拥抱春天"在四川工程职业技术学院举行。科技部、四川省科技厅、德阳市政府、中科院成都分院相关领导出席活动。在活动"创客之春"阶段，由德阳市人民政府、中科院成都分院、四川工程职业技术学院共建的德阳中科先进制造创新育成中心举行了成立揭牌仪式。育成中心的揭牌，标志着德阳市政府为激励创新创业迈出了重要一步，这为广大创业者提供了一个稳固的对接平台，将促进德阳的科技创新软实力跨越发展。同时，先进制造检验检测中心、航空材料理化检测中心、德阳中科装备表面功能再制造技术中心等5个项目进

---

[1] 绵阳职业技术学院积极争创省级大学生创客俱乐部［EB/OL］.（2016-6-14）［2018-11-29］. https://www.tech.net.cn/web/articleview.aspx? id=20160614094400769&cata_id=N049.

行了签约，成功落地创新育成中心。四川工程职业技术学院智能控制研究所陈昌海博士团队的智慧工厂监测系统依托新技术、融汇工业4.0理念、立足重装产业客户需求，有新意有创新让人印象深刻。工程学院校友联合多方推出的智能化交互式医疗级负离子空气净化设备着眼环保热点、主打健康牌，试图以更好的方式解决"穹顶之下"的困扰，着实让在场观众感受到工程学子在大众创业、万众创新时代把新科技与美好生活紧密结合的创意做法。最年轻的创客组合，工程学院二年级学生组成的DS工作室，更是让人眼前一亮。DS工作室推出的基于IBeacon的信息推送系统立足区域监测、信息捕捉、室内定位三大功能，具有成本低廉、信息准确等特点，注重用户体验又合乎经济现实，获得创投机构点赞。"创新之春"阶段，基于大数据的智慧教育平台、珍稀食用菌工厂化种植等3个成长期项目分别进行了路演，来自国内一线的创投机构和专业导师在现场为这几家创业公司做了针对性、多角度的专业指导，并表明了投资意愿①。

第三节　高职院校"创客教育"的问题分析

虽然，我国高职院校"创客教育"取得了显著成效，但"创客教育"仍处于发展起步阶段，还存在一系列问题和挑战。高职院校"创客教育"作为新的教育模式，与传统教育有所不同，目前"创客教育"的普及推广发展受到环境问题及各种条件限制。譬如："创客教育"强调学生创新能力和创造能力的提升，必然会对教育环境及教学条件有较高要求，但是目前"创客教育"内容的开放性及个性化程度不够、技术普及尚不完善，等等，这些导致"创客教育"的效果不理想②。近年来，由于国家对创新创业人才培养的重视，不少高职院校开设了部分创新创业课程，但由于传统教育理念根深蒂固，教学理念和教学模式还沿用传统模式，很难为"创客教育"提供高效创新的环境。并且，高职院校"创客教育"经费有限，导致"创客教育"环境资源、人力资源、物力资源受限。同时，在高职院校"创客教育"普及推广发展过程中，还存在教师激励机制不完善，难以充分调动教师实施"创客教育"教学改革

---

① 德州职院："创客"，点亮创新创业之梦[EB/OL].(2016-6-14)[2018-11-29]. https://www.tech.net.cn/web/articleview.aspx? id=20150706123329563&cata_id=N049.

② 李臣学，郝润科，宇振盛. 新时期下高校创客教育面临的机遇与挑战 [J]. 当代教育实践与教学研究，2019（2）：149-150.

的积极性与热情。

高职教育作为高等教育的半边天，肩负着"创客教育"的重任，这是我国满足创新 3.0 时期技术技能积累与创新的主渠道。当前高职院校"创客教育"模式还存在诸多问题与困境，导致人才培养的社会适切性不够①。

（一）"创客教育"缺乏顶层设计

目前，虽然国家已经开始呼吁"创客教育"，但是政策的落地执行需要一个过程，且不一定总能达成政策制定初衷及预期目标②。目前，"创客教育"缺乏配套的措施和文件来规范相关者的责权利。

在区域层面，"创客教育"缺乏整体推进机制和具体措施。在分配职业教育优势资源时，政府虽设立了与"创客教育"相关的评价指标，但占比不重，且主要是结果性鉴定，缺乏过程监控，高职院校能利用的创客资源较少。

高职院校"创客教育"没有统一规划，没有专门的创客机构和创客师资，校内无相关配套制度文件，只有少数高职院校设立了创客学院或创业学院，但大多也流于形式。人才培养仍沿用传统模式，没有将创客素质培养融入人才培养全过程，学生评价和课程考核没有加入创客内容。

（二）"创客教育"缺乏长效机制

教育体制机制是教育机构与教育规范的结合体。教育机构是教育体制机制的主要载体，教育规范是教育体制机制的核心部分③。高职院校"创客教育"的体制机制，是高职院校教育机构和高职院校管理规范的结合体。从宏观方面来讲，国家制定了相应的创新创业教育制度。虽然创新创业教育在我国提倡了几十年，但在实际的授课实践和课堂学习中仍没有让创新创业教育得到全面有效的落实。创新创业教育往往停留在口头呼吁的层面。高职院校"创客教育"是更高需求的创新教育，"创客教育"不仅强调创意创新，同时要求将创意创新转化为现实。但在实施"创客教育"时，部分部门流于形式，这主要是因为制度的制定不完善、监管不到位，导致部分环节有漏洞可钻。

随着国家有关创客政策的逐步落实，教育部会同其他部委，广泛开展了高职院校创新创业创效竞赛活动，各高职院校也强调对学生创新意识及创客能力培养，相继颁布各类政策文件，鼓励和激励学生参与各类竞赛活动，这在一定程度上有利于学生创客能力的提升。但这种竞赛活动结束后，组织者往往没有

---

① 唐小艳. "创新 3.0"背景下高职院校创客教育探析 [J]. 当代教育论坛，2019（3）：105-111.

② 彭波，邹蓉，贺晓珍. 论教育精准扶贫的现实隐忧及其消解之径 [J]. 当代教育论坛，2018（6）：25-30.

③ 李根. 高校创客教育问题与对策探究 [J]. 亚太教育，2016（15）：105-106.

很好地规划后续工作，落实与推广不到位，毕竟只是少数学生参与竞赛，而且获奖的学生更少，后续研究与推进工作随着比赛结束而终结①，究其根本原因是缺乏推进和发展"创客教育"的长效机制。竞赛活动具有短期性，虽然在一定程度上调动了师生参与创客实践的热情，但由于缺乏"创客教育"发展的长效机制，学生的创新意识和创客能力难以实现可持续发展。

高职院校"创客教育"发展缺乏长效机制的主要原因为：在高职院校"创客教育"发展过程中，政府及教育行政部门未能制定出及时有效的激励引导机制来保障"创客教育"的开展。在教师职称评审等对教师进行绩效评价时，评审者仍然过多地考虑教师的工作量等教学表面化指标，忽视了教师在指导学生进行创新创造活动时所取得的业绩及产生的影响等。正是教师职称评审、实践教学质量监控、工作量考核等配套制度不健全，导致许多教师不愿意在传统教学之外投入大量的时间和精力来开展"创客教育"②。并且，高职院校的创客空间或创客教师没有专门的技术指导及经济补贴，大多抱着敷衍完成上级任务的态度，创客作品大多为简单拼接的科技作品，缺乏新意和创意。

（三）"创客教育"缺乏多方协同

高职院校"创客教育"缺乏政府、学校、行业、企业、社会等多方协同，大部分是学校的独角戏，社会创客资源缺乏，公共创客空间建设还需加强，没有统筹发挥政府、行业、企业、社会等多方力量。

目前，高职院校"创客教育"与利益相关者的合作深度和广度不够。高职院校仅通过报刊、电视、网络等渠道来了解相关信息和知识，很难准确把握科技发展动态，很难真正做到对创客项目的"认识—实践—再认识"。高职院校教师去行业企业实践的机会较少，教师的实践创新能力不够。同时，"创客教育"的实施需要设备的支持，虽然并不是价钱很贵的设备，但是许多高职院校（特别是地方高职院校）仍缺乏购买设备的资金③。高职院校与行业企业等利益相关者之间的协同创新平台还不完善，对"创客教育"的支持力度也不均衡。

利益相关者的"创客教育"观念较淡薄。在传统"精英"教育根深蒂固的影响下，作为"创客教育"实施的核心主体，高职院校强调对学生专业能力和理论知识的培养，忽视对学生创新思维及创业能力的培养。在"创客教

---

① 周高鹏. 创客教育存在的问题与对策分析 [J]. 中外企业家, 2019 (2)：171.

② 杨现民, 李冀红. 创客教育的价值潜能及其争议 [J]. 现代远程教育研究, 2015 (2)：23-34.

③ 陈安, 林祝亮. 职业院校创客教育的价值、现状及路径 [J]. 中国职业技术教育, 2018 (2)：25-28.

育"实践活动中，部分学校抱着敷衍的态度，开展形式化活动，以应付上级主管部门的检查。这不利于学生创新思维和创客能力的培养。同时，虽然我国的教育观念自改革开放以来更加开放自由，但还存在大范围的保守思想，导致尽管当今社会创客运动席卷世界，想成为"创客"的学生却不多。在"分数至上、上精英大学至上"的社会大环境下，部分家长不了解"创客"，甚至对"创客"存在误解，认为"创客"是在做"无用功"，纯属浪费时间，导致学生参与创客活动的积极性也不高。

（四）创客实践平台单一

目前，高职院校创客实践平台比较单一，且没有发挥真正的效果。大多数高职院校"创客教育"的实践形式仅仅是创新创业竞赛，只停留在理论培养层面，强调创新创业任务书的撰写，"纸上谈兵"进行"创客教育"，没有真正开展形式多样的创客实践，没有提供创客空间和平台，学生仅依托几个创新创业竞赛项目，形式单一地开展相关活动。同时，很多创新创业竞赛团队仅仅依靠指导教师的专利去参加竞赛，学生没有真正融入创客实践活动。

创新创业竞赛的目的是"以赛促建"，但很多高职院校没有在全面培养学生创新创业素质的基础上选拔优秀生参赛，而是早期直接确定几个优秀苗子进行长期反复高强度操练。由于学校缺乏创客空间和平台，具备创客资源的学校资源分配向参赛学生倾斜，仅几个参赛学生的创客素质得到训练，绝大多数学生没有平台，接触不到创客实践。

2015 年 5 月，湖南省科技厅公布了湖南省首批 8 家众创空间试点单位名单，包括两所本科院校，但没有高职院校。目前，尽管湖南部分高职院校已经零散地开展了创新创业教育实践，每年也举办创新创业竞赛，但在普及性、政策引领、区域系统性等方面存在很多问题，高职院校"创客教育"的实践经验极少。

（五）创客课程缺乏且与专业脱节

创客课程体系不完善。目前，大多数高职院校都以学科细化来规划课程体系，而"创客教育"往往涉及机械、电子、物理等多学科知识，还需要有 3D 打印机、开源硬件等课程装备支持，仅仅凭借各门学科或专业的片段式或碎片化的创客式体验活动来完成完整的创意创新作品是非常困难的[①]。同时，目前许多社会创客机构是在自身的创客空间内有限地进行资源共享，没有建设统一

---

① 陈安，林祝亮. 职业院校创客教育的价值、现状及路径 [J]. 中国职业技术教育，2018（2）：25-28.

的创客课程资源库来供学生参考学习。虽然部分高职院校已实施"创客教育",并将其纳入课程计划和方案,但"创客教育"的相关教材不多,缺乏完善健全的创客课程体系。高职院校的"创客教育"大多还停留在口号层面及理论知识的灌输阶段,难以与学生所学专业进行有效结合,导致培养学生创客素质和创客能力的目标难以落实。

目前大多数高职院校专业及课程设置沿用传统模式,没有考虑学生创客素质和能力的提升。大多数高职院校没有开设创客课程,少数具备创客资源的高职院校在"创客教育"实践中也流于形式,仅采用选修课形式开设单一的创客课程,没有真正与专业联系起来。学生在从事专业工作时,需要花费大量时间来打通创客知识与专业知识的壁垒,不容易建立"创客教育"的长效机制。部分高职院校办学相对封闭,教学手段和教学方式陈旧,忽视学生的动手操作和实践,不能挖掘学生的创新创业能力,限制了学生创客素质的发展。

当前,部分高职院校没有开设创客课程,即使开设了创客课程的学校,创客课程也只是边缘课程,没有形成专门的研究领域,也没有构建成熟的课程体系。部分高校为应付上级主管部门的检查和评估,不得不开设部分创客课程,主动性不强,功利性明显,"创客教育"只是简单表面化的活动。实质上大多数高职院校没有开设真正有实效的创客课程,没有将创客精神和创客能力培养贯穿于人才培养全过程,因而效果不佳。

(六)创客师资队伍质量不高

从教师专业发展上看,优秀教师应具备专业精神、专业知识和专业技能等专业素质。在专业精神上,有些教师对"创客教育"的认识不到位,将创新教育与创业教育等同。还有些教师认为"创客教育"不会持久,不愿花时间和精力投身其中。在专业知识上,高职院校教师的专业划分极细,对其他学科专业知识知之甚少,知识结构单一,创新视角狭隘。在专业技能上,大部分教师都是在普通本科大学或研究型大学毕业后直接到高职院校任教,缺少实践经验,教师到企业实践锻炼学习的机会甚少,导致教师自身的创新实践能力不强,对"创客教育"教学活动的指导力不够[①]。

自国家提倡"大众创新、万众创业"以来,部分高职院校开设了"创客教育"课程,但现有"创客教育"教师大多是辅导员、专业课教师、思政课教师等。这些教师没有接受过系统化的"创客教育",还是沿袭传统的知识结

---

① 陈安,林祝亮. 职业院校创客教育的价值、现状及路径 [J]. 中国职业技术教育,2018 (2):25-28.

构，知识面相对单一，难以对不同专业的学生进行有针对性的辅导。高职院校也从政府部门及行业企业聘请了兼职教师对创客活动进行指导，但并未取得明显的效果。加之经费不足，高职院校难以在"创客教育"上投入大量的人力、物力、财力等，很难有效落实创客师资培训，很难保证"创客教育"效果①。

（七）社会创客空间发展不利

我国社会创客空间尚处于发展探索期，在繁荣发展的同时，也难免存在一系列问题，面临着项目转化率低、同质化严重、资金链断裂等诸多挑战，因而部分社会创客空间难以持续运营下去。迅速扩张造成了"过剩"，一些创客空间快要倒闭，部分创客空间甚至是"昙花一现"。譬如：2016 年，深圳的创客空间——"地库"在试运营四个月后宣布破产；2016 年 10 月，入驻率在 60%以上的创客空间——Mad Space 也宣布倒闭。这些倒闭案例让社会各界开始担忧社会创客空间的发展前景。同时，社会创客空间在区域分布上也不均衡。根据不完全调查统计，我国超过 80% 的社会创客空间分布在东部沿海地区②。科技基础、创业资本、政策保护、资金支持等的不足，导致中西部地区的社会创客空间的成熟度远低于全国平均水平③。

---

① 周高鹏. 创客教育存在的问题与对策分析 [J]. 中外企业家，2019 (2)：171.

② 李燕萍，陈武，李正海. 驱动中国创新发展的创客与众创空间培育：理论与实践：2016 年首届"创新发展·创客·众创空间"论坛评述 [J]. 科技进步与对策，2016, 33 (20)：154-160.

③ 赵君，刘钰婧，王静. 国外创客空间发展的经验与启示 [J]. 创新与创业教育，2019, 10 (1)：102-107.

第四章 使然方向：利益相关者视角下高职院校"创客教育"整体推进机制的构建

在上述应然趋势、本然溯源、实然探究的基础上，结合高职院校"创客教育"的发展规律，本章进行利益相关者视角下高职院校"创客教育"整体推进机制的构建，剖析并解决关键性问题。

第一节　动力机制

动力机制是指各动力因素相互制约和相互依存所形成的有机联系方式、结构功能、作用形式及所遵循规则的总和①。笔者主要分析利益相关者参与高职院校"创客教育"的利益需求、驱动机制等。

一、高职院校"创客教育"利益相关者的需求分析

由"创客教育"的多元性、创新性、创业性等可以看出，高职院校"创客教育"不是高职院校一方可以完成的，其顺利实施需要各利益相关者共同努力。高职院校"创客教育"的利益相关者包括政府、高职院校、企业、行业、其他社会力量等。

（一）政府的需求

政府要求高职院校培养高素质"创客式"技术技能人才，来推动就业，促使社会和经济持续发展。高职教育是为促进社会经济发展和进步服务的，因此，作为一个制度化的组织，政府期望通过良好的政策支持、完善的监管、健

---

① 刘延松. 高等教育创新动力研究 [D]. 西安：西安科技大学，2005：25.

全的法律保障和更多的财政拨款，促进高职教育的健康持续发展，使高职教育为社会经济发展带来长远利益，从而实现经济价值①。

政府不仅要求培养高素质的创新人才，同时要求高职院校做好学生思想教育，培养具有良好职业道德和创新素质的学生，还需要企业和学校在培养技术技能人才的过程中相互配合，注重磨炼学生的意志，培养学生爱岗的专业素质，增强学生契约服务意识和创造能力②。高职教育具有很强的实践性，不仅有助于经济的发展和文化的繁荣，还能为政府肩负起教育的重担，即培养优秀的富有创造力的公民，以便更好地为政治服务。

政府不仅需要高职院校培养"创客式"技术技能人才，而且需要振兴民族文化，继承民族文化，创新文化特色，实现多元文化的繁荣和发展，实现文化价值③。高职教育作为一种重要的教育类型，肩负着国家促进教育繁荣、发展创客文化等多元文化的重任。

（二）高职院校的需求

高职院校的育人性决定了其内涵建设的紧迫性。"质量提升、内涵建设"是当前高职教育的重要课题。优化课程教学结构、改善课堂生态环境、加强教师队伍建设等，是推动高职教育发展的必要手段；锁定市场需求、关注学生发展、紧随产业发展、明确办学思路、凸显专业特色等，是推动高职教育发展的内生动力④。其中，学生的全面发展是高职教育发展最根本的动力⑤。目前来看，学生作为被动的受教育者，是长期在高职院校内学习、生活的主要群体，院校与学生群体的智勇博弈最终都会成为高职教育发展的动力，会在一定程度上左右高职院校的变革，促使高职院校及时准确地调整发展方向，逐渐完善自身结构，不断健全课程教学体系，强化学生创新能力和专业技能形成，最终让高职教育改革更加深入，让学生的人文素养和创新能力更高，从而更好地"服务于职业生涯的发展，服务于行业企业的用人需求，服务于产业群集的转型升级"。

① 孙珊珊. 基于利益相关者视角的高职院校校企合作研究 ［D］. 沈阳：沈阳师范大学，2015：25-26.

② 钟萍，董新春. 高职院校合作培养模式中主体利益的研究 ［J］. 中国林业教育，2015，33（3）：23-26.

③ 孙珊珊. 基于利益相关者视角的高职院校校企合作研究 ［D］. 沈阳：沈阳师范大学，2015：25-26.

④ 姚树伟，谷峪. 职业教育发展动力因素分析及机制优化：基于利益相关者视角 ［J］. 现代教育管理，2012（12）：49.

⑤ 蒋才锋，陈炜. 基于利益相关者的职业教育发展动力机制 ［J］. 教育与职业，2016（24）：40.

具体来说，从高职教育的自身功能、价值取向出发，可以将高职院校的需求归结为功利性需求、人本性需求和文化性需求。

1. 功利性需求

所谓功利性需求，宏观而言，是指高职教育的基本功能在于推动经济发展、社会进步；微观而言，它要求保障学生拥有能够从事社会某一职业岗位的基本技术技能以及创造性地完成工作任务的能力，最终实现体面就业或自主创业。

开发人力资源，培养创新型技术技能人才，提高劳动者整体素质，完善教育结构、人才结构，提升国家综合实力，这是高职教育的根本目标，也是国家坚持主导、支持高职教育发展的原因。职业是谋生的载体。就业是个体立足于社会的最大安全需要[1]。高职教育可以帮助受教育个体掌握职业技能，改善就业条件，提供社会上升流动的机会。这是人们愿意支付相应成本、选择接受高职教育的原因所在。

2. 人本性需求

所谓人本性需求，是指高职教育应做到教育公平，有助于指导个体实现自身发展。这体现了高职教育的社会公平属性。高职教育是面向人人的教育，受教育者多数来自农村和城市低收入家庭，处于社会中下层，因此更应当体现教育的公平性。

通过政策手段保障其公平性。发展高职教育可以有效提高社会个体（特别是弱势群体）的社会地位。弱势群体产生于社会结构的不合理和不公平。促进公平的意义，在于保证每个公民都能够接受教育，使其成为自食其力、平等的社会成员。为弱势群体提供教育与培训，提升其技能水平，进而提高其生活质量与发展能力，既是政府的重要职责，也是高职教育的目标所在。人的发展是教育的永恒主题。教育是培养人的社会活动，高职教育不能限于传授技术技能。不同社会个体之间的差异、不同职业之间的差异是客观存在的，不同的人适应不同的职业，不同的职业也需要不同教育经历、专业背景、知识（技能）结构的人。社会个体与职业之间存在着匹配关系。高职教育通过技术技能教育，发掘学生的特殊兴趣与创新才能，促进和发展学生与所选专业有关的才智，开发个人潜能，使其充分发挥个性特长和创新能力[2]。

---

① 姚树伟，谷峪. 职业教育的功能分析与目标实现 [J]. 河北师范大学学报（教育科学版），2014，16（1）：86-89.

② 姚树伟，谷峪. 职业教育的功能分析与目标实现 [J]. 河北师范大学学报（教育科学版），2014，16（1）：86-89.

3. 文化性需求

每个社会都有其主流价值观，每个社会个体都有各自的价值观，而且会按照这种价值观行事。学校教育的一项重要任务是通过开展及强化国家所强调的主流价值观教育，培养学生形成正确的价值取向和道德观念，形成适应自身需要的判断和选择能力。培养受教育者学会做人、做事，形成正确的人生理想目标，是教育的目标。这不仅关系受教育者的未来发展、成长，也关系到民族素质和国运兴衰。

传承和创新职业文化，是高职教育的一个重要文化性目标或使命①。职业文化有广义、狭义之分。狭义的职业文化是指某一具体职业，如教师、医务人员、企业人员等的职业文化；广义的职业文化指以现代社会的各种职业与职业结构为基础的普适文化，体现为与现代社会职业相关的制度、习俗与道德规范，包括职业精神、职业道德、职业纪律、创新精神和职业礼仪等②。

长期以来，农业文明在我国占据主导地位，我国近现代工业发展历史相对短暂，现代意义的高职教育在我国起步较晚，现代意义的职业文化积累相对薄弱，导致我们在形成现代高职教育体系、学习借鉴国外先进经验方面，也遇到了很多障碍。创新和发展有中国特色的职业文化体系，是高职教育的重要研究课题，更是现实责任和发展目标，需要政府、院校、受教育者、行业企业、社会组织的共同努力，在观念、制度和行为等不同层面，发挥主动性、积极性，提升高职教育的文化自觉与文化自信，积极发挥文化领导力和文化创新力，构建开放、动态的职业文化环境和高职教育生态③。

"创客教育"是国家高等教育，甚至中小学教育的未来发展主题，当前在国家创新创业政策的推动下，社会正经历着深刻的变革与转型，并不断呼唤教育的回应。高职院校应积极搭建支持"创客教育"的众创空间和校园生态系统，在校园和社会上形成创新文化，应全面思考教育应担负的责任，积极转变观念，解决不足，满怀热情地推动"创客教育"的发展④。

（三）企业的需求

1. 降低用工成本、满足用工需求

一方面，企业期望高职院校更加积极、灵活地响应市场经济对人才的需

---

① 王文兵，王维国. 论中国现代职业文化建设 [J]. 中共长春市委党校学报，2004 (4)：71-73.
② 董显辉. 职业文化的内涵解读 [J]. 职教通讯，2011 (15)：5-9.
③ 姚树伟，谷峪. 职业教育的功能分析与目标实现 [J]. 河北师范大学学报（教育科学版），2014，16 (1)：86-89.
④ 李根. 高校创客教育问题与对策探究 [J]. 亚太教育，2016 (15)：105-106.

求，可以根据行业专业发展的最新趋势，有针对性地增加职业技能培训，提高高职学生的职业能力和创新能力，使其尽可能在就业初期与公司实现"零联系"，降低企业员工培训成本；另一方面，企业期望高职院校培养更多的"创客式"技术技能人才，因为"创客式"技术技能人才更能适应岗位需求。更重要的是，企业希望学校更加重视学生的职业道德教育和"创客教育"，培养他们的契约精神、专业精神、创新精神、勤奋工作的品质和其他良好的职业素养，以减少初始员工的流动性，减少招聘成本①。

2. 获得技术服务、优化技术结构

企业更加关注高职院校是否有能力与他们合作进行技术创新，为他们提供有效的技术服务和技术支持。此外，企业需要抓住与学校合作的机会，进行在职人员培训，实施技术创新，优化企业技术结构等，提高企业核心竞争力。在当今的信息技术时代，企业如果想要在市场竞争中立足，就必须在技术上进行创新。此外，企业已经意识到培养技术技能人才、生产和研究的过程中与学校合作是促进技术创新和优化企业技术结构的有效途径。

3. 获得政策扶助、享受法律保障

事实上，"创客式"技术技能人才培养对企业非常有吸引力。但是，在与企业合作的过程中，大多数高职院校都忽视了企业是否能积极参与"创客式"技术技能人才的培养，关键是"创客式"技术技能人才培养的潜在好处是否满足企业的需求，过分强调企业的责任难以形成有效合作机制。很多企业不愿意也无法参加"创客式"技术技能人才培养。在培养"创客式"技术技能人才的过程中，企业期望政府更多地发挥其规范、监督和协调作用，制定相关法律法规，制定优惠扶持政策等，确保"创客教育"长期深入发展。

4. 宣传企业形象、完成社会责任

针对企业参与"创客式"技术技能人才培养的原因的调查发现，物色新员工、宣传企业品牌、完成社会责任等所占的比重相对较高，由此可见，随着社会的不断进步、市场经济的不断发展、和谐社会的不断建设，企业不但承担着推动经济繁荣的使命，还主动承担起育人的社会责任，而且，企业越来越重视其公众形象与社会责任。"创客式"技术技能人才培养无疑是企业肩负育人重担的重要途径②。

---

① 孙珊珊. 基于利益相关者视角的高职院校校企合作研究 [D]. 沈阳：沈阳师范大学，2015：20-21.

② 孙珊珊. 基于利益相关者视角的高职院校校企合作研究 [D]. 沈阳：沈阳师范大学，2015.

（四）行业的需求

行业通过行业主管部门、行业协会及其他行业组织参与高职院校"创客教育"，可以从以下几个方面获得利益，从而满足需求：①行业可以获得发展所需的创新型人才。行业的发展需要人才的支撑，而且每个行业所需的人才都具有其特性，也就是说行业需要的是专业技术技能人才，尤其是高端的创新型技术技能型专门人才。②行业内的在职职工可以得到职业培训。行业可以借助高职院校的教育资源，使行业内的在职职工得到专业技术培训和管理技能培训，从而提高在职职工的职业能力，以满足行业发展的需要。③可以促进行业的科技创新。行业可以充分利用高职院校的实验条件和专业人才优势，建立研发平台；也可以通过设立科研项目并委托高职院校进行科学研究和技术开发，实现行业的技术创新。④行业可以获得技术服务。高职院校可以充分发挥自身在专业技术和智力资源方面的优势，推广新技术、新工艺、新产品、新方法的应用，参与行业标准的制定等，为行业建设和发展提供服务。⑤支持、参与高职院校的发展是行业主管部门切实履行职责的具体体现。由于我国的高职院校还隶属于行业，或者与行业有着紧密的业务联系，行业主管部门应采取多种措施鼓励行业内部的各类组织支持和参与高职院校的人才培养，通过多种方式发挥行业办学的优势，以促进高职院校的发展。⑥可以提升行业的社会声誉。如果高职院校发展得好，培养的优秀人才和取得的高水平科技成果在社会上就会引起广泛关注。而行业也会因其与高职院校的紧密关联分享相应的社会声誉。⑦可以提高行业办学的经济效益。行业支持、参与高职院校的人才培养，促进职业院校的发展，可以起到"四两拨千斤"的作用，从而提高行业办学的经济效益[①]。

（五）其他社会力量的需求

学生家长、校友及捐赠者、社会组织、社会公众、新闻媒体、银行等其他社会力量参与高职院校"创客教育"，也是从满足其情感需要或利益需要出发的。出于利益需要，这些社会力量当然期望投入能够带来符合预期的经济收益和社会收益，包括个人和组织的社会认可度与影响力。而"个人情感"需要则不乏"兼善天下"的关怀，譬如：对高职教育或高职院校怀有特殊的情感体验与个人认识或曾经因高职教育而获益、受惠。学校声誉的提升也会提高这些投入者的自身地位。

学生家长作为教育的购买者，其利益诉求基本上是通过学生来反映的，也基本与学生是一致的，但与高职院校的联系相对于学生没那么紧密。培养创新型子女是他们的主要诉求得到满足。

社会组织包含尚未参与高职院校"创客教育"的、还在观望的行业企业。高职院校"创客教育"从根本上改变了学校的专业培养方式、课程设置，也改变了学校与企业的合作方式。部分学校和企业虽然还没有参与到高职院校"创客教育"中，但受到国家政策大环境的影响，还是会对高职院校"创客教育"有所关注。

社会媒体从高职院校"创客教育"的实施过程中发现重点热点难点问题，并进行跟踪报道，产生品牌影响；通过加强对高职院校"创客教育"的宣传力度，将开展"创客教育"较好的高职院校和企业宣传为榜样并对社会产生影响。通过媒体，社会公众能了解高职院校"创客教育"的相关信息和动态，把握劳动力市场的发展现状和趋势，进而开阔视野，发现自己感兴趣的新兴职业，从而调整职业规划。

银行通过经费流水往来，能扩大业务量，也是高职院校"创客教育"的强大助推者。

二、高职院校"创客教育"利益相关者的动力驱动机制

利益相关者的动力驱动机制可以从以下几个方面进行考虑，分别为科技发展引领机制、政策激励引导机制、资源配置驱动机制、产学研用驱动机制。

（一）科技发展引领机制

科技进步及发展与高职院校"创客教育"之间具有相互驱动的作用，科技进步作为基础支撑，为高职院校"创客教育"提供更广阔的创新空间和更好的平台，高职院校"创客教育"则培养对接市场领域与科技领域的专业型和创新型人才，促进科技创新及成果转化。社会化背景下的"创客教育"从实质来说离不开科技发展及创新的推动，以科技促"创客教育"发展，建立科技实验教学示范中心、校内科技创新实践基地、校外科技人才基地，通过购买服务等方式促进各类型创客资源的开放与共享，不断完善创客平台的支撑体系，不断提升创客资源的利用效益。同时，国家科技发展与进步要依靠科研创新成果的应用与转化，我国作为发展中国家，高职院校科技成果和创客成果转化应用率较低。与发达国家相比，我国整个社会的科研成果转化与应用状况仍有差距。要通过"创客教育"推动新科技的进步与发展，培养对接市场领域与科技领域的专业型和创新型人才，促进科技成果与创客成果的应用与转化，

使促使科技与人才发展相一致①。

社会的发展以及技术的创新为人们以协同或独立的方式将创意创新设计转化为现实产品与作品提供了无限可能，为"创客教育"的发展提供了强大动力。人类的创造创新过程大多受技术性与社会性因素的影响，其中有六个重要的动力因素：①社交平台的快速发展，为人们的合作与协同提供了便利，也让团队智慧获得应用与发展，使人们在创造创新过程中可以快捷、及时地寻求别人的帮助；②产品的快速淘汰与更新，与人们对绿色发展的需求及环保愿望不一致，人们期望对废弃物或现有的产品与作品进行利用改造，实现降低成本、资源重复使用以及改造的目标；③被动消费者越来越少，主动创造者越来越多，创造者有创新的热情与欲望，能有效利用公共资源，使业余者与专业者之间的界线逐渐模糊，出现了许多专业的业余创造者；④技术工具越来越多样化、获取方式越来越便捷，技术成本日益下降，促使越来越多的人能自由使用工具与技术进行创造创新；⑤创客资源与开源软件日渐丰富，能为丰富多彩的创作与创造提供技术支撑②；⑥人们期望通过体验创新与制作创造来回归本真纯净的生活。产品的开发与创造、技术的发展与变革，使人们能将自己的创意直接变成现实的产品，这为"创客教育"的推进与发展提供了强大动力。

因而，高职院校应走出象牙塔紧跟时代发展方向，对接国家科技发展趋势，大力倡导"创客教育"，培养满足社会发展需要的"创客式"技术技能人才。

（二）政策激励引导机制

政府是高职院校实施"创客教育"的宏观推动者和政策制定者，政策是鼓励高职院校"创客教育"发展的先导动力。高职院校"创客教育"的实施需要政策的引导与支持，政府及其下属的教育行政管理部门在高职院校"创客教育"的体制机制以及顶层设计等方面发挥着至关重要的决策引导作用。

目前，"大众创业、万众创新"已成为国家战略，相关部门正力推"创客教育"，并对其顺利实施给予了多方支持。党的十八大以来，随着国家"双创"工作的大力推进，深化创新创业教育改革已成为我国教育综合改革的关键点与突破口，既是立德树人的教育大计需要，更是我国实施"创新驱动发展战略"的需要。党的十九大报告中，习近平同志勉励广大青年要坚定理想

---

① 顾兵，卢禹廷，顾彦玲. 高校创新创业教育动力机制研究 [J]. 吉林化工学院学报，2019，36（6）：50-53.

② 李卢一，郑燕林. 美国社区创客教育的载体：社区创客空间的发展动力、功用与应用 [J]. 开放教育研究，2015，21（5）：41-48.

信念、志存高远、脚踏实地，勇做时代的弄潮儿，在实现中国梦的生动实践中放飞青春梦想，在为人民利益的不懈奋斗中书写人生华章。对于高职院校来说，不负时代和国家使命，将"创客教育"融入人才培养的全过程，为建设创新型国家和国家生态系统提供高素质技术技能人才智力支撑，是新时期全面推进教育领域综合改革的重大课题，也是高职院校"创客教育"发展的重要机遇。

1. 政府应发挥推动作用，倡导"创客教育"

在过去，政府在人才培养中，一直发挥着自上而下的"管理"和"主导"作用。目前高职教育已进入内涵式发展时期，这种自上而下的"管理"和有计划的"主导"会阻碍"创客教育"的开展。在推崇个性 DIY、自组织演化的当代社会，政府职能正在改变，其功能应从"管理"变成"治理"、从"主导"变成"推动"。政府的职能在于积极打造推进高职院校"创客教育"实施和发展的创新生态系统，制定多主体参与的"创客教育"政策，推动政策的落地和贯彻执行，充分发挥市场调节功能，让各方育人主体在创新生态系统中进行自组织演化，以促进高职院校"创客教育"的可持续发展。

国家应积极倡导"创客教育"，在全社会营造"创客教育"的良好氛围。譬如，美国将创客空间的建设与应用作为重要的会议讨论主题。在美国"国家创造周"活动中，联邦政府专利与商标办公室负责人与众多企业负责人专门研讨如何通过加强专利保护法建设来保护创客的创造成果，以促进创新创业从而推动全美创客行动①。2015 年 6 月，在费城召开的国际教育技术协会（international society for technology in education，ISTE）会议将创客行动作为重要的会议主题，大会设有 67 个与创客行动相关的活动。可见美国社区创客空间的发展与利用得到了多方位的支持与推动②。我们可以借鉴其经验，在全国设立"创客活动周"，普及"创客教育"。

2. 政府应发挥激励作用，制定创新制度

政府应积极出台鼓励高职院校"创客教育"的相关政策，提供创新环境、创客成果的知识产权保护等专业支持，为高职学生创客孵化和自主创业提供税收减免优惠等激励政策。

---

① Adafruit J C. Adafruit celebrates the National Week of Making with a trip to the White House [EB/OL]. [2015-07-08]. https：/ /blog. adafruit. com/2015 /06 /15 /adafruit celebrates the national week of making with a trip to the white house whitehouseostp nationofmakers weekofmaking /.

② 李卢一，郑燕林. 美国社区创客教育的载体：社区创客空间的发展动力、功用与应用 [J]. 开放教育研究，2015，21（5）：41-48.

政府应引导高职院校发挥专业特色和优势，为高职学生提供多样化的创新创业激励政策，设置"创客教育"专项投入资金，鼓励创新创业资金参股，引入众筹、天使基金或债券式启动资金等资金募集方式，为高职院校创客活动注入生机和活力。

有效的激励制度能保障"创客教育"实践的顺利实施。各级政府及教育行政机构要及时制定健全的激励机制，确保"创客教育"的可持续发展。①设置创客项目补贴，并向创客团队发放，使其付出与回报相匹配，并表彰取得优秀成果或表现优异的教师和学生。②可筛选典型的优秀创客项目或创客人物的案例，开展榜样示范引领教育。③高职院校应加强校园创客空间建设，设置一定的经费并配备齐全的硬件和软件设备，鼓励教师和学生组建创客团队，开展切实有效的"创客教育"活动①。

政府出台有效政策鼓励高职学生进行创客成果孵化，实现自主创业。①政府应提供税费减免、贷款担保等激励政策，在资金方面加大对高职院校学生创新创业活动的扶持力度，帮助有创新创业意愿的高职院校学生创业，探索新的有效的大学生贷款担保机制，形成高校、政府、企业、社会等多方驱动协同机制②。②政府应重点打造创新创业信息的收集、整理、发布、沟通、交流等平台，完善创新创业信息的服务调查，及时有效、科学合理地整合创新创业信息。政府应针对不同需求、不同行业的创业者，梳理整合创新创业信息，完善高职院校学生的就业创业网络服务系统的构建，指导高职院校学生进行创客成果孵化和自主创业。

（三）资源配置驱动机制

高职院校应把创客精神与创客文化融入人才培养体系，改革教育教学方法及内容，改进课程教学模式，强化创客实践。高职院校应加强创客师资团队建设，推进教师"创客教育"能力的培训，建立创客教师到企业挂职实践锻炼的制度，聘请知名企业创客人士兼职授课，形成动态化、开放式的创客导师聘用机制，建立专兼结合的创客师资团队。物力资源投入能够为高职院校"创客教育"提供重要保障。各高职院校应设置专门的机构进行"创客教育"管理，应有足够的经费投入以满足发展需求，应加大"创客教育"机构的物力资源投入，保证"创客教育"开展有充足的专用场地，切实做到"机构、经

---

① 陈安，林祝亮. 职业院校创客教育的价值、现状及路径［J］. 中国职业技术教育，2018（2）：25-28.

② 卢燕梅，张雪萍，田涛. 河西学院大学生创新创业动力机制调查研究［J］. 科技视界，2017（27）：29-30.

费、场地"三到位。高职院校应充分利用大学创业园、科技园等创客资源，建设和完善大学生创新创业孵化基地、校外创新实践教育基地等平台，为高职院校"创客教育"提供有利条件①。

（四）产学研用驱动机制

产学研用驱动机制是高职院校"创客教育"与实践的有效结合点，有利于推进"创客教育"实践成果的孵化与落地。

国家应构建科学合理的创新组织架构，提供产学研用协同创新的机会。高职院校应深刻理解相关政策，通过政府引导和市场调控两只手，扶持高职院校的创客成果的应用与转化，构建创新平台转化"创客教育"成果，为产学研用协同创新提供保障。高职院校应充分利用创新信息和先进技术，搭建创新教育平台，充分利用众创空间和众创平台，积极引入社会资本，将学生以及教师的创客成果转化为现实生产力。建立"政府—企业—学校"协同创新机制，政府提供激励政策，如声誉激励或税收优惠等，提高多方合作意愿，为师生搭建产学研用平台，促进产学研用协同创新的可持续发展。

优化高职院校学生创新创业的社会环境，提高"创客教育"水平，加强校企合作，搭建孵化平台。引导高职院校对接企业孵化器，促进企业对高职院校创客项目孵化服务的集约化、高效化、专业化。企业的研发条件优越、创业项目丰富、人力资源充足，高职学生能借助企业平台来宣传实践自己的创客项目，能增加客户群并提高关注度。通过建立创客平台，如众创空间、创客工作坊等，加强高职院校与企业的对接，以打造协同创客平台②。

搭建稳固的"创客教育"校企合作平台。①高职院校要鼓励学生或教师到企业学习，获得实践经验和技术的指导，学习先进经验及技术，提升动手实践能力；②企业应积极参与高职院校"创客教育"。各科技公司、技术企业有先进的机器设备以及专业技术过硬的能工巧匠，让企业专家与学院教师一同规划高职院校"创客教育"的发展方向，企业可提供资金、技术支持③。通过搭建稳固的校企合作平台，培养具有创新意识和创新能力的学生，这些学生毕业后又可以进入企业工作，促使企业提升创新能力和技术能力，达到校企双赢的效果。

---

① 顾兵，卢禹廷，顾彦玲. 高校创新创业教育动力机制研究 [J]. 吉林化工学院学报，2019，36（6）：50-53.

② 卢燕梅，张雪萍，田涛. 河西学院大学生创新创业动力机制调查研究 [J]. 科技视界，2017（27）：29-30.

③ 陈安，林祝亮. 职业院校创客教育的价值、现状及路径 [J]. 中国职业技术教育，2018（2）：25-28.

第二节　合作机制

合作机制是指在推进高职院校"创客教育"中各核心要素以及利益相关者之间的相互关系、合作途径及措施等。

一、核心要素分析

高职院校"创客教育"的核心要素包括:"创客教育"主体(利益相关者联盟及创客团队)、"创客教育"客体(学生)、创客空间、创客课程、创客项目等。

(一)"创客教育"主体

1. 宏观上构建利益相关者育人共同体

在以"多方协同、自组织演化"为特征的创新 3.0 时代,国家应在宏观层面,构建利益相关者育人共同体。政府、高职院校、企业、行业、其他社会力量等利益相关者共同治理创客活动,"创客教育"的开展由多方主体联结协同进行。在创新生态系统中,政府、高职院校、企业、行业、其他社会力量等应多方协同,发挥各自的优势与作用,科学合理地配置资源,在人才、信息、资本、技术等育人要素方面进行深度融合及联动发展,协同打造和谐的"创客教育"环境。

利益相关者育人主体应各司其职,明确各自在育人系统中的作用。①政府发挥推动作用。关于政府在育人共同体中的作用,在创新 1.0、2.0 时期,政府一直发挥"自上而下"的主导作用;但是在创新 3.0 时期,政府的职能发生了改变,从"管理"变成"治理",从"主导"作用变成"推动"作用。政府的职能在于积极打造创新生态系统,制定切实可行的"创客教育"政策,推动政策贯彻执行,充分发挥市场调节作用,让各方育人主体进行自组织演化,这样创新的种子才能萌芽,"创客式"技术技能人才培养才更适切各方利益相关者的需求。②高职院校与企业应成为"创客教育"的双主体。"创客教育"不同于传统教育,创客活动的开展离不开企业的长期深度融入。目前,校企合作已成为老生常谈的话题,但校企合作的模式创新却在不同时期有不同的内涵和特征。校企双主体指的是企业将从"鼓励参与办学"走向"法律主体地位"，从"重在参与"走向"参与度等于或超过 50%"①。整合高职院校与企业资源，共同打造创新、创意、孵化、经营、创业、服务等新兴综合创客生态体系，校企联合打造创客空间，营造创客文化。这需要政府从顶层设计、法律政策、机构设置等方面营造高职教育校企双主体育人环境。③行业发挥指导作用。行业应及时发布人才需求预测信息，制定职业标准及技术规范，指导专业及课程设置，依托行业特色打造行业型众创空间，为技术技能人才创新创业提供信息、平台，指导并服务于"创客教育"②。④其他社会力量应在资本、信息、人才等方面为"创客教育"的开展提供支撑。譬如：社会众创空间向高职学生开放，加强对学生创客项目的引导和孵化等。

2. 中观上打造区域"创客教育"联盟

从中观层面看，应打造区域"创客教育"联盟。区域"创客教育"联盟是由区域内学校、企业创客机构以及社会众创空间等自愿构成的具有公益性、开放性的研究型和服务型合作联盟组织。区域教育联盟主要通过整合不同层次和类型的"创客教育"平台和空间的资源，实现资源共享、技术共享、信息共享等，致力于"创客教育"实践与研究、"创客教育"发展模式探索与建设、"创客教育"文化深化与推广创新。"创客教育"联盟的价值具体体现在以下几个方面：①有利于解决高职院校"创客教育"课程资源不足的问题。打造健全、有序的"创客教育"利益相关者联盟，既能在纵向上有效整合高职院校和中小学现有的"创客教育"课程资源，又能在横向上有效整合学校创客平台、社会创客空间、企业创客组织等的课程资源，还能在此基础上联合协同开发新的"创客教育"资源。②有利于解决高职院校"创客教育"相关问题研究不足的现状。进行"创客教育"的中长期研究，不仅能为当前的"创客教育"提供指导，还能为未来"创客教育"的发展提供高瞻远瞩的指导。③有利于解决高职院校"创客教育"师资严重不足的问题。"创客教育"联盟将中小学教师、高校教师、企业培训师资以及其他社会组织力量进行有效的整合与共享，能发挥不同层次和类型教师的特色和优势，优化"创客教育"师资队伍结构，提升"创客教育"水平③。

———————

① 刘惠坚，刘洁，康思琦，等. "校企双主体"办学的内涵、路径、模式的探索与实践 [J]. 中国职业技术教育，2015（8）：109-113.

② 唐小艳. "创新 3.0"背景下高职院校"创客式"人才培养探析 [J]. 当代教育论坛，2019（3）：105-111.

③ 杨刚. 创客教育双螺旋模型构建 [J]. 现代远程教育研究，2016（1）：62-68.

3. 微观上组建创客师资团队

从微观的院校层面来看，高职院校的"创客教育"主体应是创客师资团队。

现阶段，我国高职院校在"创客教育"活动中尚未组建专业的创客师资团队，教师的创新素养、实践能力、创造能力及影响力有限。高职院校应积极组建有经验、高水平的创客师资团队，明确高职院校教学、实践、科研等不同活动的特征与功能，保障教师在各项工作中发挥作用，为"创客教育"的实施和发展贡献力量[1]。

创客教师应具备创客素质及创客能力，能有效指导学生开展创客活动。创客教师本身就是高素质创客，是学生的创客导师，是"创客教育"的提倡者、组织者及实践者[2]，应热爱学生、热爱创新，与学生协同探究、协同创新，能创造和分享新颖的产品和作品。创客教师的水平、能力及在"创客教育"中的精力和时间投入，将直接影响"创客教育"的效果和发展。高职院校应积极鼓励、支持及激励创客导师组建创客团队，带领学生参加不同的创客项目，构建各自独具特色和优势的创客空间，向学生提供宽松的创新环境。当前高职院校缺乏具有创客精神、创新思维及创客能力的创客导师，所以高职院校需要创造各种条件，培育和引进创客导师。

在创客式教学过程中，教师营造创客学习环境、融入创客文化氛围和信息技术，与学生一起学习、实践、创造。教师应不断调整角色，改变单纯的知识传授者身份，为满足学习者的多元需求以及多元环境的改变而不断变化，教师应成为学生学习的启发者、促进者与合作者。同时，教师本身应具备创新思维和创新能力，创造性地设计自己独具特色的课堂，改变传统的教学方式，创新教学模式。在学习中，教师应成为学生的示范者、创客资源的提供者、学习方法的建议者、学习过程的推动者。由于"创客教育"是一种综合性较强且复杂的创造性活动，在教学过程中教师可能会遇到很多挑战与困难，这需要教师沉着冷静地妥善处理，在方法与技能等方面给予学生指导与帮助，在情感方面给予学生鼓励与关怀[3]。

大力加强创客教师的培养和培训。在精神上，高职院校创客教师应树立正

---

[1]　李臣学，郝润科，宇振盛. 新时期下高校创客教育面临的机遇与挑战 [J]. 当代教育实践与教学研究，2019（2）：149-150.

[2]　陈鹏. 基于创客项目的学习模式探究 [J]. 现代教育技术，2016，26（11）：13-19.

[3]　贾旭琴. 高等师范教育中融入创客教育的教学实践模式探究 [D]. 哈尔滨：哈尔滨师范大学，2018：23-25.

确积极的"创客教育"观。在课堂中，教师应由"教师主导"向"教师和学生双主体"转变。在知识上，高职院校创客教师应具有跨学科或跨专业的知识结构。教师不仅要精通本学科或专业的知识，同时还要了解其他相关方面的专业知识以及创客知识，把握国内外科学技术领域的最新发展动态，与时俱进地发展完善自己。同时，不同专业的创客教师相互之间还应加强沟通交流，定期进行思想碰撞、头脑风暴、灵感启发，以产生创意，完成创造性项目。在技能上，高职院校创客教师不仅应具备作为"教育者"的一般教育教学技能，还应具有作为"创客"的创新思维与创造能力。创客教师应跳出原来的模式和角色，"授人以鱼，不如授人以渔，更不如授人以渔场"①，引导学生进行创造。高职院校创客教师还应积极参加各种培训活动，把握各种实践机会，提高实践能力和创造能力。

（二）"创客教育"客体

学生作为"创客教育"的客体与学习活动的主体，是高职院校"创客教育"的核心要素之一。目前，一些高职院校对"创客教育"的定义、作用、途径、效果等认识不清晰，还存在一定的偏差，一些高职院校的领导把教育工作重点放在学生在校期间尽量不出事以及就业率上，对高职学生的创新思维与创新能力培养的重要性认识不够，"创客教育"流于形式，深度和广度不够。这种观念极大地限制了"创客教育"的发展。在创新 3.0 范式下，"创客教育"的人才培养目标应是多元化的，学生作为"创客教育"的客体，应是多元素质融合的"创客式"人才。

1. 人才培养目标

应明确高职院校"创客式"人才培养的基本目标。梳理一下国家政策文件对高职院校人才培养目标的界定：我国高职教育自 20 世纪 70 年代末 80 年代初产生以来，人才培养目标在政策文件中先后被确立为满足地方需要的"技术员"（1982 年）②、"高等技术应用性专门人才"（2000 年）③、"高技能

---

① 陈安，林祝亮. 职业院校创客教育的价值、现状及路径 [J]. 中国职业技术教育，2018（2）：25-28.

② 中华人民共和国教育部. 中国短期职业大学和电视大学发展项目报告 [Z]. 1982.

③ 中华人民共和国教育部. 关于印发《教育部关于加强高职高专教育人才培养工作的意见》的通知 [EB/OL]. (2000-01-17) [2018-08-19]. http://www.moe.gov.cn/srcsite/A08/s7056/200001/t20000117_162628.html.

人才"（2006 年）①、"高端技能型人才"（2011 年）②，以及"技术技能人才"（2012 年）③。目前，高职教育人才培养目标仍是培养技术技能人才。从国家政策文件可以看出，高职院校培养的"创客式"人才属于技术技能人才。在创新 3.0 范式下，"创客"和"技术技能"的内涵是多样的，因而"创客式"技术技能人才培养目标应是多元的。从宏观意义上说，高职院校可培养以下几类"创客式"人才：技术创新人才、技能创意人才、自主创业人才，同时还可不断延伸④。

（1）技术创新人才。技术技能人才从事着为社会谋取直接利益的生产一线工作，不仅需熟练掌握技术技能知识并能将知识运用于生产、管理或服务实践，同时还需掌握制造和设计技术产品的知识，以生产或创新产品，改善工艺流程，提升管理和服务质量、效率与效益，也即技术技能人才不仅需要传承技术知识，还需要创新技术知识⑤。但技术创新与科学创新的内涵有差异。从创新方式上看，科学创新主要基于实验（experiment），技术创新则主要基于试验（test）。实验旨在"证伪"，试验旨在"选优"。技术创新比科学创新更有计划性、确定性和目的性⑥。在创新 1.0、创新 2.0 时期，创新更多强调的是科学创新；在创新 3.0 时期，技术创新被放在与科学创新同等重要的地位，需要更多的技术创新人才。技术创新人才属于高端技术技能人才，是高职院校"创客式"人才培养的高端类型。

（2）技能创意人才。古希腊哲学家亚里士多德指出，技能和技术在本质上是一致的。技术是客观存在的科学知识，而技能则是一种将技术知识内化于人的主观能力⑦，只有通过技能才能将以客观形式存在的技术知识转换成人类社会真实存在并需要的知识。客观的技术知识需要创新探索，同样地，技能作

---

① 中华人民共和国教育部. 关于全面提高高等职业教育教学质量的若干意见［EB/OL］.（2006
-11-20）［2018-08-23］.http：//www.moe.gov.cn/s78/A08/moe_745/tnull_19288.html.

② 中华人民共和国教育部. 关于推进中等和高等职业教育协调发展的指导意见［EB/OL］.
（2011-12-30）［2018-09-09］.http：//www.moe.gov.cn/srcsite/A07/s7055/201112/t20111230_
171564.html.

③ 中华人民共和国教育部. 关于印发《国家教育事业发展第十二个五年规划》的通知［EB/
OL］.（2012-06-14）［2018-09-19］.http：//www.moe.gov.cn/srcsite/A03/moe_1892/moe_630/201206/
t20120614_139702.html

④ 唐小艳. "创新 3.0"背景下高职院校"创客式"人才培养探析［J］. 当代教育论坛，
2019（3）：105-111.

⑤ 肖坤，夏伟，卢晓中. 论协同创新引领技术技能人才培养［J］. 高教探索，2014（3）：11-14.

⑥ 陈昌曙. 技术哲学引论［M］. 北京：科学出版社，2012：132.

⑦ 肖坤，夏伟，卢晓中. 论协同创新引领技术技能人才培养［J］. 高教探索，2014（3）：11-14.

为"人化"的技术，也需要创意创新。从这种意义上说，高职院校"创客式"人才，不仅包括技术创新人才，也包括技能创意人才。技能创意人才能创新技术运用方式、改造工艺流程等，使技术"人化"的过程更合理有效。

（3）自主创业人才。在创新3.0时期，产教联系更紧密，政府的干预作用弱化，更多的是提供创新生态系统，让产教进行一种自组织演化创新。在创新生态系统中，"创客式"人才不仅能进一步参与创新，还能进一步贴近创业。"创客式"人才与产业的紧密联系，使其更熟悉企业创办流程、成果转化方式，因而这一时期自主创业的"创客式"人才更容易涌现，更容易将技术创新及技能创意转化成现实生产力。

同时，人才培养目标要考虑到"创客式"技术技能人才成长的多种可能性。人才培养的首要目标是培养"完人"，即一个完整的人。技术技能人才应是身体心理健康、知晓通识知识的社会人，不能盲目推崇技术技能的应用性而摒弃人文素质及通识教育，必须拓宽技术技能人才培养基础，加强通识能力培养，以应对技术技能变化的要求。人的创造性和能动性是最重要的应变能力，这是"创客式"技术技能人才培养的基本方向。这需要政府加强顶层设计和体制机制建设，同时需要出台具体的配套支撑机制及具体措施，在政策层面确立并支持多元化人才培养观①。

2. 学生的创客能力框架

笔者通过访谈形式，发现创新创业成功的毕业生有一些共同点：

① "创客"潜质是在学校萌芽的；

② 参加学校社团活动最容易激发创意及创新创业思想；

③ 对某一工作的兴趣与热爱是创新创业的方向；

④ 勤奋不懈、诚实守信、敢于挑战的品质是创新创业成功的基石；

⑤ 终身学习、自主学习的理念是创客素质持续发展的动力。

由此可见，进一步完善技术技能人才培养模式，挖掘"创客"潜质，提高人才培养质量，显得尤为重要。

在此基础上，构建如下学生的创客能力框架②：

学生的创客能力框架包括4个一级指标，分别为学习能力、设计能力、创新能力、协作能力。其中，学习能力是"适应性"能力，解决的是未来工作

---

① 唐小艳. "创新3.0"背景下高职院校"创客式"人才培养探析 [J]. 当代教育论坛，2019（3）：105-111.

② 贾旭琴. 高等师范教育中融入创客教育的教学实践模式探究 [D]. 哈尔滨：哈尔滨师范大学，2018：23-25.

中的学习问题，是创新能力和设计能力的基础；设计能力是学习能力的提升和进一步发展，是创新能力的基础；协作能力是学习能力、设计能力和创新能力的基础，是学生学习生活必备的技能。

学习能力包括3个二级指标：发现问题的能力、检索信息的能力和更新知识的能力。发现问题本身就是一种创新能力，是在外界众多信息源中发现自己所需要的有价值信息的能力①。发现问题的能力主要表现在主动探索新的领域，有强烈的求知欲、好奇心，对新事物有探索的欲望，对信息非常敏感，能及时获取新信息；或者是在专家领导或教师的点拨指导下，能有重要突破。检索信息是发现问题的前提，是解决问题的方法和手段。检索信息的能力是指能根据需要而借助检索工具收集并整理信息，进而将检索到的信息转化成知识的能力。

设计能力包括规划能力、表现能力。规划能力是对全局的把握能力，目的是让工作运行得更有效果和更有层次，前期规划越到位，后续工作越顺利。规划能力主要体现在学生做事有准备、有计划；能对学习目标和任务进行整体规划和分析；能独立地拟定学习计划和方案；能有效利用创客资源完成学习目标和任务。表现能力是学生将内在意识外化的能力，主要体现在能借助图形、语言、音像、表格等将抽象知识具象化②。譬如：学生能将内心意识用完整的语言顺畅地表达出来，使别人能理解自己的想法，或能将自己脑海中的蓝图形象地表示出来。意识是无形的，要借助文字、语言等载体将其外化，这样才能让自己顺畅地与别人沟通交流。

创新能力包括批判思维能力、解决问题的能力、创新操作的能力与反思能力。批判思维能力是发现问题的基础和前提，是创新的源泉。批判思维能力体现为敢于批判、挑战先入为主的观念，能积极主动参与研讨，表达自己的想法和观点。批判思维并不崇尚全盘否定，而是强调具有创新性，能对一个问题提出多种见解和解决方案，有多角度思维方式。解决问题的能力是指学生在面对问题时能保持平稳冷静的心态，通过对问题进行解构、分析，从而解决问题的能力。并且，解决问题的过程也是学生健全人格形成的过程，可帮助学生铸就坚强的内心。创新操作的能力是指将想法和创意落地变为现实的能力，主要含义如下：①能自主设计操作实施方案，选择操作需要的技术和工具，落实想法和创意，取得创新成果；②探索并创新已有设计，提出自主设计思路和创意，

---

① 唐成斌. 中学生发现问题和提出问题能力培养研究 [D]. 重庆：西南师范大学，2001.

② 贾旭琴. 高等师范教育中融入创客教育的教学实践模式探究 [D]. 哈尔滨：哈尔滨师范大学，2018：23-25.

根据新思路和新方案进行设计、创造、制作，最后的成品有明确的主题。创造的"作品"或"产品"，是学生内在心灵的建设性外化，必须是有意义的、合乎伦理的。反思是为了更好地发展。通过反思能把握发展过程中存在的问题，为发现问题提供新的路径和途径，从一定程度上讲，反思是为了明确自身的不足和优势。反思也是一种自我肯定，学生可以在反思中前进[①]。

协作能力包括交流沟通能力和团队协作能力。交流沟通能力包括愿意表达个人的观点；对观点的阐述有条理、清晰而完整；能听取其他学生的想法和反馈，且能为别人提供建设性和可操作的建议和意见。交流沟通就是相互交流学习的过程，也是自己了解自己的过程。团队协作能力是人生存和发展的基本技能，体现为树立明确的目标，协商解决问题的方案及收集整理相关资源。团队成员紧密合作、默契配合，且每个成员能与其他成员协商、耐心听取其他成员的意见，共同协商决策[②]。

除了培养学生的以上能力，还应培养学生学习的自主性与兴趣。自主性主要表现在学生能积极主动参与教学实践活动，能积极面对教学任务，并努力解决；能根据已有经验与知识对旧事物进行改造与创新，能利用现有资源去解决问题；能在学习中触类旁通与举一反三，遇到问题时能提出新方法、新思路。在创客课堂中，教学不再是"填鸭式"的，教师是学生的引导者，学生才是真正的学习主体。学生需自主探索思考，在教师的启发和引导下自主建构知识体系[③]。首先，"创客教育"具有创新性、共享性等特点，"创客教育"要落到实处，应看到"创客教育"在学生成长成才中的价值，彻底摆脱应试教育对高职学生个性发展的束缚，以爱好和兴趣作为学生的学习动力，强调对学生创新意识和科学精神的培养，避免在人才培养中功利短视。其次，要尊重学生在"创客教育"中的主体地位，强化和引导学生的自主性和主体意识。从整体来看，应站在提升国民整体素质的高度来理解和把握"创客教育"的重要性。

（三）创客空间

创客是一群具备特定知识，拥有创新、实践、共享、交流意识，愿意接受技术挑战，并将创意转变为现实的人[④]。他们来自不同的行业或领域，拥有数

① 贾旭琴. 高等师范教育中融入创客教育的教学实践模式探究 [D]. 哈尔滨：哈尔滨师范大学，2018：23-25.

② 贾旭琴. 高等师范教育中融入创客教育的教学实践模式探究 [D]. 哈尔滨：哈尔滨师范大学，2018：23-25.

③ 贾旭琴. 高等师范教育中融入创客教育的教学实践模式探究 [D]. 哈尔滨：哈尔滨师范大学，2018：23-25.

④ 克里斯·安德森. 创客：新工业革命 [M]. 萧潇，译. 北京：中信出版社，2012.

字技术的知识和技能，乐于分享成果并传播知识，具有强烈的创新实践愿望①。在当前经济新常态背景下，为创客提供低成本、便利化、全要素、开放式服务的创客空间将成为推动"大众创业、万众创新"的重要载体②。在创客空间里有大大小小的团队，他们定期对某一主题或项目发表意见，分享设计成果、协同制作、展开合作。创客空间也会定期举办交流活动，邀请国内外不同领域的专家进行分享学习。创客空间通常以孵化器、实验室、众创空间等多种形式呈现在公众的视野之中。何谓创客空间？学界众说纷纭、莫衷一是。Noisebridge 空间创始人阿特曼（Altman）从行为视角出发，认为创客空间就是人们通过黑客行动来探索他们所热爱的东西，并且得到社区成员支持的实体空间，这种黑客行动可以在最大程度上提升创造力和分享意愿③。*Maker* 杂志从功能视角将创客空间定义为一个具有加工车间、工作室功能的开放交流的实验室、工作室、机械加工室④。埃里卡·哈尔佛森等人从社群角度出发，认为创客空间是为一群人预留并建构核心实体空间的实践社群⑤。Kera 则认为对创客空间的理解需要掺入文化要素，创客空间并非某种正式的组织结构，而是一系列与开源软件、硬件、数据等要素相关的共享技术、治理过程和文化价值观⑥。尽管已有研究尝试从行为、功能、社群、文化等视角对创客空间进行界定，但影响最为广泛的是克里斯·安德森的界定。克里斯·安德森认为，创客空间是配备创客所需设备、资源且供其完成产品的开放性工作场所，它不仅是创客运动实践的重要场所，而且有助于发挥创客的创新能力和实践能力。近年来，创客空间在国内如雨后春笋般涌现，并且受到社会各界的青睐⑦。

---

① 高博. 总理提出构建面向人人的"众创空间"激发亿万群众创造活力 ［N］. 科技日报，2015-01-30（001）.

② 李燕萍，陈武，陈建安. 创客导向型平台组织的生态网络要素及能力生成研究 ［J］. 经济管理，2017，39（6）：101-115.

③ 徐思彦，李正风. 公众参与创新的社会网络：创客运动与创客空间 ［J］. 科学学研究，2014，32（12）：1789-1796.

④ 王佑镁，陈赞安. 从创新到创业：美国高校创客空间建设模式及启示 ［J］. 中国电化教育，2016，23（8）：1-6.

⑤ 埃里卡·哈尔佛森，金伯利·谢里登. 教育中的创客行动 ［J］. 现代远程教育研究，2015，22（3）：3-8.

⑥ KERA D. NanoŠmano Lab in Ljubljana：Disruptive Prototypes and Experimental Governance of Nanotechnologies in the Hackerspaces ［J］. Journal of Science Communication，2012，11（4）：37-49.

⑦ 赵君，刘钰婧，王静. 国外创客空间发展的经验与启示 ［J］. 创新与创业教育，2019，10（1）：102-107.

1. 创客空间的特征

（1）包容性

创客空间打破了性别、年龄、专业等壁垒，接纳来自不同行业、不同阶层的创意者，无论是对技术工程师还是对草根发明家，都一视同仁，从而使更多人拥有实现创意的基本条件。如 Access Space 就为失业者、酗酒者、曾经的牢狱犯人等边缘人士提供技能培训课程，帮助他们再就业或创业。

（2）开放性

创客空间为人们提供开放式的交流平台，并邀请专家开展创新创意讲座。这打破了传统的闭门造车模式，摒弃了条条框框的束缚，给予人们自由交流的空间。创客空间为大家提供必需的创新资源，但不干涉创客之间的交流和协作，这就使创客可以天马行空地展开奇思妙想。

（3）共享性

人们可以在创客空间里即时分享知识和经验，在交流中实现思想与灵感的碰撞，不同专业也随之交汇融合，即使是冷知识也可以被迅速传播和普及。空间里的每个人不分贵贱，都拥有设备和资源的使用权，而孵化出的成果既是项目小组的功劳，也是空间有效运营的体现。

（4）互助性

具有不同行业背景的创客可以随时发起互助网络，从而进行跨界合作、创意交流、产品生产或理念沟通[1]，最终达到协同创新的目的。创客空间可为创客团队提供相应的社会资源和融资渠道，如果创客项目与风险投资成功配对，这也有助于宣传和推广创客空间的品牌价值。

（5）便利性

创客空间除了提供 3D 打印机、数控机床等硬件设备，本身也是一个高精尖人才的储备库。此外，创客空间还可提供基本的知识产权和金融投资服务，这不仅提升了资源的获取效率[2]，而且可在一定程度上实现资源与项目的无缝衔接[3]。

---

① 史蒂文·里夫. 黑客：计算机革命的英雄 [M]. 赵俐，习海鹏，田俊静，译. 北京：机械工业出版社，2011：19-50.

② 刘志迎，徐毅，洪进. 众创空间：从"奇思妙想"到"极致产品" [M]. 北京：机械工业出版社，2015.

③ 赵君，刘钰婧，王静. 国外创客空间发展的经验与启示 [J]. 创新与创业教育，2019，10（1）：102-107.

（6）虚实性。

创客的具体学习情境是创客空间，而创客空间是真实的物理空间与虚拟的网络空间相互融合而形成的一种个人—与集体交互式的学习空间，具有虚实性。其中，物理空间负责为创客提供开展各项实践活动的真实场所和环境，虚拟空间则负责资源的开发共享、创客空间的运行与管理、创客项目的监控与评价、创客成果的分享与交流等[1]。

2. 打造"多维"创客空间

创客空间是实施"创客式"技术技能人才培养的实践平台和基础条件，是学习环境。学习环境是指促进学生发展的各种条件的总和，包括实体环境和虚拟环境。实体环境不强调配置先进设备，在基本的信息技术教室就可以实施创客式教学。但是实体环境需要给学生一个开放自由的学习空间，正如前文所说，创造与自由是一体的，学生只有在轻松自在的环境中才可以展开无限浪漫的遐想。虚拟环境更多的是给学生提供交流展示的机会。例如可以借助微信平台建立未来教室，为学生建立一个成长空间。在这里学生可以寻找学习伙伴，实现跨专业合作探讨；在这里，学生可以阅读中外思想家、教育家和哲学家等关于教育与人生、技术与思想的美文，打开另外一片天地；在这里，学生可以将作品上传到虚拟空间中分享，从而获得智慧的种子、碰撞出思想的火花；等等。实体环境和虚拟环境的结合可以给学生更多交流展示的机会[2]。以物联网、云计算、大数据等为代表的新一代信息技术，为学生提供了多种线上线下的认知工具和学习资源，大大丰富了学习的手段和形式[3]。

创新3.0强调协同创新，通过政校行企等多方合作，打造线上、线下、学校、社会等多维结合的创客空间，为学生创意创新创业能力的培养提供广阔的平台。同时创客空间不应再局限于竞赛平台，应向每位学生开放，全面提升高职学生的创客素质。

线上空间为虚拟空间，主要包括创客社区、创客集会、创客论坛、创客公众号、创客网页等。创客项目可以及时在线上空间发布，在与创客支持者不断互动的过程中不断完善。建设线上空间需要建立相应的虚拟创客社区、资源库以及在线学习平台，实现创客资源、空间等的合理分配。

线下空间为现场空间，主要是通过创客工作坊、创客实物展示等进行创意

---

① 陈鹏. 基于创客项目的学习模式探究 [J]. 现代教育技术，2016，26（11）：13-19.

② 贾旭琴. 高等师范教育中融入创客教育的教学实践模式探究 [D]. 哈尔滨：哈尔滨师范大学，2018：25-26.

③ 陈鹏. 基于创客项目的学习模式探究 [J]. 现代教育技术，2016，26（11）：13-19.

创新创业活动。从国外创客空间的建设来看，O2O 空间是"创客教育"的主要"场域"，分为线上学习空间和线下学习空间两部分。O2O 空间在物理空间和网络虚拟空间两个维度，为"创客教育"中的受教育者提供充分的学习空间。国内创客空间的建设可以借鉴 O2O 空间的这种做法。一方面，为落实"创客教育""学、做、创"的教育内容，合理构建"创客教育"的线上学习环境，增强受教育者参与"创客教育"的积极性。"创客教育"中以 3D 打印为主的数字制造技术，以 Arduino 开源硬件为主的人工智能、机器人技术，以及综合项目实践创造都需要受教育者掌握相关知识和技术，因此，要在建立"创客教育"线上空间的同时，有针对性地对受教育者学习知识和技能的不同需求有所关注，建立不同种类的学习区域，方便受教育者学习知识和技能。另一方面，建立充足的"创客教育"硬件和软件资源，建立线下学习空间，为受教育者提供充分的物质资源储备，以方便受教育者进行现实操作。譬如，受教育者在学习 3D 打印技术时，需要相应的机器设备，这样才能够在实践中学习技术，从而提升受教育者参与"创客教育"的积极性，推动"创客教育"的不断发展和进步①。

学校创客空间主要是创客实验室。创客实验室区别于传统的实验室，往往更加开放，具有空间较大、设备材料齐全以及用途多样等特征②。同时，"创客式"技术技能人才需要创客教师的指导与引导，创客教师应具备创客精神及综合素质、能指导学生进行创客活动。创客教师自己应热爱创意和创造，本身就是一名超级创客，喜欢和学生共同搜寻创意灵感，共同创作新颖产品和作品③。创客空间的构建是开展"创客教育"活动的基础，需要高职院校改造图书馆，完善专业实验室。高职院校图书馆通常包含计算机、打印机等信息设备，这是学生开展创客活动必备的基础。高职院校可在图书馆信息化设备的基础上进行改造，为教师及学生打造具有开放性及实用性的创客空间。部分综合性高等院校可通过完善实验室的设备，为学生构建具有专业性的创客空间，提高学生开展创客活动的热情及积极性④。

社会创客空间是指真实存在的社会创客实践体验平台，主要有公共空间、

---

① 李莲花. "创客"教育的国外经验剖析与国内推进路径研究 [J]. 中国成人教育，2017
(14)：125-127.

② 杨现民，李冀红. 创客教育的价值潜能及其争议 [J]. 现代远程教育研究，2015 (2)：23-34.

③ 杨现民，李冀红. 创客教育的价值潜能及其争议 [J]. 现代远程教育研究，2015 (2)：23-34.

④ 李臣学，郝润科，宇振盛. 新时期下高校创客教育面临的机遇与挑战 [J]. 当代教育实践与教学研究，2019 (2)：149-150.

众创空间等，其创客体验更加个性化、灵活多样。高职院校可引导学生基于兴趣利用社会创客空间进行创新体验，在众创空间等平台得到创客作品规模化生产的咨询和推广服务，使作品变成产品，提升高职学生的创客素质。社区创客空间的建设往往需要投入较多的资金。购置的高端机器与设备如何得到高效利用，如何推进创客空间的可持续发展是众多社区创客空间需要重点考虑的。其中一个重要挑战是：虽然创客空间配备完善，但使用空间的成员不多，经常使用、有效使用创客空间的创客成员更少。每个创客空间都不应该仅仅是一个工具空间或物理场地，而应该是一个可以支持创客进行协同或独立创造的实践社区。为此，众多社区创客空间采取以下措施：第一，调动社区居民有效参与。社区创客空间不同于学校创客空间，后者可能因为教育制度规定而在一定程度上需要保证学生参与创客行动、利用创客空间的平等性，社区创客空间服务于社区居民，更应该吸引社区居民全员参与、积极参与。如前所述，美国社区创客空间主要通过免费或收取少量会费的方式，设置空间开放日、举办创客作品或产品展示会吸引社区居民感知、体验创客行动。英特尔公司曾专门启动面向美国女性创客的资助项目，旨在激励、支持女性参与全美创客行动。这些活动与项目都在实践层面吸引了更多的社区居民关注、参与社区创客空间的活动①。

以上多维创客空间相互补充、相互衔接，共同构建高职学生创客实践平台，使每一位学生能参与创客活动，挖掘创客素质，提升创客能力。

（四）创客课程

在构建创客课程前，应构建适合创客课程的专业群，即"多学科互通"专业群。目前，关于专业群的组建方式，不论是理论研究层面还是实践操作层面，大部分学者主张专业群由具有相同或相近学科基础的专业集聚而成。这在一定程度上是科学合理的。但是，在创新3.0范式下的创新生态系统中，大部分创新发生在跨学科领域。跨学科人才的参与有利于创客实践，复杂的创新问题往往在多学科技能下迎刃而解，跨学科组建专业群有利于"创客式"人才培养，对应产业群的专业群建设成为目前高职院校专业建设的重点②。创客团队不仅需要专业人才，还需要创意、信息、营销、管理、服务等方面人才。专业群的组建可采取互补原则，组建跨学科专业群，即将主体专业与营销、信息

---

① 李卢一，郑燕林. 美国社区创客教育的载体：社区创客空间的发展动力、功用与应用 [J]. 开放教育研究，2015，21（5）：41-48.

② 唐小艳. "创新3.0"背景下高职院校"创客式"人才培养探析 [J]. 当代教育论坛，2019（3）：105-111.

技术、管理等创新创意转化需要的互补性专业组建成创客式专业群，打造创客团队。同时，紧跟产业结构调整步伐及区域经济发展需求，依托专业结构调整预警机制，不断增减群内专业，调整专业方向，开发并整合专业群教学资源，以满足专业群对应岗位群的需求变化，满足"创客教育"需要①。

在构建高职院校"创客教育"课程体系时，高职院校可考虑校本"创客教育"课程的开发，同时结合高职院校的实情，构建校本"创客教育"课程体系。在高职院校"创客教育"中，高职学生通过完成一系列创客项目获得技能和知识，教育过程注重学生的团队协作和动手实践，改变传统的"填鸭式"讲解方式。在课程模式设置上，高职院校可采用"阶梯式"模式，开设初级、中级及高级课程。初级课程主要学习基本技能和基础知识，如 Mixly、3D 打印等简单编程软件的使用等；中级课程主要学习传感器、智能控制等技术，增加了技术和知识难度；高级课程主要是创新性、综合性强的项目操作，以进一步培养和强化高职学生的实践能力和创新能力。采取线上学习和线下学习相结合的教育模式，打破空间和时间的限制，让高职学生在开放自由的空间中进行创意创新。同时，社会创客空间也应建立统一的"创客教育"资源库，为高职教育课程体系的构建提供诸多借鉴②。

目前，"创新、创造"是前沿主题，创客应将自身的想法和创意落实到实际创客活动之中，激励和鼓励更多的人参与"创客教育"活动。高职院校"创客教育"体系具有实践性、创新性、跨界性、校本性等特点，课程设置包括专业技术课程、公共基础课程、开放性研发课程、课外实践课程等。高职院校应引导学生参与"创客教育"活动，通过项目实践与研究等培养学生的创新能力以及协作能力。高职院校创客课程设置应围绕社会发展现状及学生实际生活，通过创客案例分析、专家讲座、社会实践、项目分析等，促使学生根据兴趣爱好及学习需求开展创客活动，增强学生的积极性与学习兴趣，切实增强高职院校"创客教育"的针对性与实效性③。

在创新 3.0 时代的多元创新生态系统中，设置多样化创客课程，对培养"创客式"人才意义重大。由于创新是一个复杂综合的活动，"创客式"人才

---

① 唐小艳. "创新 3.0"背景下高职院校"创客式"人才培养探析 [J]. 当代教育论坛，2019 (3)：105-111.

② 陈安，林祝亮. 职业院校创客教育的价值、现状及路径 [J]. 中国职业技术教育，2018 (2)：25-28.

③ 李臣学，郝润科，宇振盛. 新时期下高校创客教育面临的机遇与挑战 [J]. 当代教育实践与教学研究，2019 (2)：149-150.

应打下坚实的理论基础，这种基础不仅包括专业基础课程，也包括通识教育课程。高职院校应开设基础课程与专业课程相结合、选修课与必修课相结合、静态课程与动态课程等相结合的多样化创客课程①。同时，高职院校不仅要设置专门的创客课程，还需在整个课程教学中贯彻创客理念，注重教学内容与方式的多样化②。优化当前课程体系，改革课程内容与课程教学方式：①注重课程素材的时代性、新颖性，整合多学科教学资源。②强调专业知识与信息技术的融合，引入开源软件、媒体素材、技术工具等，挖掘和拓宽专业知识获取的深度和广度，培养学生的信息敏感性和创意灵感。③注重课程教学活动的实操性和实践性，以活动或项目为导向，师生共同动手操作，让学生以建构的方式学习课程内容，摒弃"填鸭式"或单向操练教学模式。④按照专业和课程要求以及学生个性特色，给学生布置创客任务或创客项目，让学生自己动手以个人或团队方式完成，倡导项目式和体验参与的学习方法，突出学生运用技术工具"动手操作、实践体验"的"创客式"学习方式③。

（五）创客项目

创客项目是指创客为创造独特、新颖、有个人价值或社会意义的产品而进行的创造性活动。创客导师与学生创客共同设计创客项目，设计的创客项目应具有新颖独特性、形式多样性、富有挑战性、协同创新性、兴趣驱动性和可实现性等特点。创客项目可以设置多个情境主题，如面向生活实际的日用品创意设计项目、面向科学前沿的机器人研发项目、面向学科融合的机电液一体化产品研发项目等④。

做好项目学习的总体规划，即重构专业课程体系，设置贯穿大学四年学习全过程的创客课程群，以利于建构创客的综合性知识体系。创客项目应体现学生的自主性与个性，注重选题的可行性、自主性、实用性、多样性和开放性。强调创客学习的过程与结果并重，即强调学生在基于创客项目的学习过程中体验新产品从研发到运行的全生命周期，同时体验项目组织、管理和运行的全过程⑤。

---

① 唐小艳. "创新3.0"背景下高职院校"创客式"人才培养探析［J］. 当代教育论坛，2019（3）：105-111.

② 曹袤阳，李建英. 高校教师培养创新型人才的设计策略研究：基于"慕课与翻转课堂"的理性思考［J］. 当代教育论坛，2018（5）：95-102.

③ 唐小艳. "创新3.0"背景下高职院校"创客式"人才培养探析［J］. 当代教育论坛，2019（3）：105-111.

④ 陈鹏. 基于创客项目的学习模式探究［J］. 现代教育技术，2016，26（11）：13-19.

⑤ 陈鹏. 基于创客项目的学习模式探究［J］. 现代教育技术，2016，26（11）：13-19.

二、构建核心要素的协同合作机制

（一）"创客教育"主体、创客空间、创客项目等核心要素都应形成科学合理的合作机制

"创客教育"是一项系统化工程，需要多方主体的相互支持和配合，以充分发挥各自优势，形成共同协作的合力，实现合力效果。高职院校"创客教育"的核心要素形成合作机制非常重要。

1. "创客教育"主体的协同合作机制

政府、企业、行业、其他社会力量等利益相关者联盟应积极参与高职院校"创客教育"，利益相关者应形成校校协同、校政协同、校企协同、校社协同等不同形式的协同合作机制。①校校协同是指学校"创客教育"系统内部的对接与协调发展，将小学、中学、大学等不同教育阶段开展的"创客教育"有效衔接，打通学习阶段壁垒，形成一体化"创客式"人才培养模式。②校政协同是指高职院校"创客教育"中，高职院校需要取得政府支持，包括政策帮扶、舆论导向、资源共享权益、财政投入等，以保障高职院校"创客教育"利益相关者的利益均衡化；高职院校"创客教育"的发展可为教育管理部门拟定创新创业人才规划提供基础数据和现实依据。③校企协同是指高职院校与企业、行业建立紧密协作共建的机制，将产业链、教育链和专业链对接起来，构建产学研用一体化、应用型、创新型人才培养机制。④校社协同是指高职院校"创客教育"依靠科技进步、信息技术发展与社会"创客教育"协同发展，通过项目对接、资源共建、活动共创、师资共享等方式与社会"创客教育"进行多样化协作以及多方位交流，从而构建开放式、应用型、创新型人才培养机制。高职院校可探索"学校—社区"合作模式，利用现有的社区创客中心，建立"学校—社区"共享型创客空间。对高职院校来讲，这既可减少高职院校的经费支出，又可合理推进高职院校"创客教育"的进步与发展。对社区来讲，能有效丰富社区居民的生活，对民众进行再创造教育。对社会来讲，有益于形成全民向学、全民创新的社会风尚。譬如：装甲兵工程学院与北京创客空间进行的课程合作就是典型的校社合作①。

高职院校"创客教育"的发展需组建不同类型的多元协同型创客教师团队。创客教师团队成员不仅包括学校学者、专家、讲师等，还应包括行业企业创客专家。多元协同型创客教师团队共同推进"创客教育"的实施与发展。

---

① 杨刚. 创客教育双螺旋模型构建［J］. 现代远程教育研究，2016（1）：62-68.

2. 创客空间的协同机制

形成不同类型创客空间之间的协同与联合，需要做到以下两点：①强调不同社区、不同类型创客空间的联合，将创客空间打造成社区民众的重要业余活动空间，使人们可以便捷、就近地使用创客空间协同完成创造活动。②加强对学校"创客教育"资源与创客空间、社区博物馆、社区图书馆等资源的合理利用。譬如：美国匹兹堡市非常重视通过专项资金资助推动社区内学校的"创客教育"，支持学校"创客教育"的设计与实践，总结学校有示范与推广价值的"创客教育"与创客行动经验，然后借助这些相对成熟的经验引领整个区域的创客行动。休斯敦社区大学则充分利用社区大学本身的优势与资源创建大型创客空间，让学生与社区成员利用先进的设备培养自身的创造能力、提升就业能力[①]。高职院校应充分应用丰富的创客资源，激发和培养学生的创客意识和能力，推动"创客教育"的可持续发展。开办创客空间能营造开放、自由、创新、浓厚的"创客教育"氛围。为了方便教学资源的合理分配以及技术交流，高职院校可尝试与其他院校合作构建"多校共享型"创客空间。在"多校共享型"创客空间里，学生和教师都是学习主体，师生共同发现问题、分析问题和解决问题，建立起真实有效的协作关系。同时，高职院校可定期举办创客大赛，通过展示学生和教师的作品或产品，激发其他师生的创造兴趣和意愿，鼓励并引导其他师生加入创客空间。"创客教育"的开展为培养和提高高职院校学生的创新思维和创新能力提供了新目标、新思路、新方法和新途径。高职院校应加快创客空间建设步伐，并加强学校与企业的合作，开展创客教师的培养与培训工作，完善创客课程体系，提高"创客教育"的水平与质量，推进高职院校"创客教育"的蓬勃发展[②]。

（二）院校层面案例：构建"多方联动、多维结合、专业互通、课程并进、管理协同"的高职院校"创客教育"合作机制

以职业教育集团为纽带，形成"学校主体、企业主体、政府推动、行业指导、其他社会力量参与"的"多方联动"开放型"创客教育"平台；打造线上、线下、学校、社会等"多维结合"的创客空间，孵化创客人才；针对目前大部分创新都发生在跨学科领域的现实，根据"创客式"技术技能人才职业特质，跨学科组建专业群，建设"聚集互通"的创客专业，实现专业互通，以多学科技能来解决复杂的创新问题；重构课程体系，融入创客课程，构

---

① 李卢一，郑燕林. 美国社区创客教育的载体：社区创客空间的发展动力、功用与应用 [J]. 开放教育研究，2015，21（5）：41-48.

② 陈安，林祝亮. 职业院校创客教育的价值、现状及路径 [J]. 中国职业技术教育，2018 （2）：25-28.

建把"技术创新、技术推广、技术服务、技术培训"等融入"课程理念、课程目标、课程管理、课程评价"的"多轮并进"课程体系；多方合作共同管理，实现"校企协同"创客管理模式，广泛开展创客活动，通过创客宣传、创客推广、创客竞赛、创客论坛、创客嘉年华等活动，培育创客文化，培养掌握专业群知识体系和核心技术技能，具有创意创新创业精神、创意创新创业能力、创意创新创业人格的"创客式"技术技能人才，满足创新 3.0 时代对"创客式"技术技能人才的需求，满足"中国制造 2025""一带一部""现代职业教育体系"等国家重大战略及"一带一路"倡议对创新人才的需求。高职院校"创客教育"合作机制详见图 4-1。

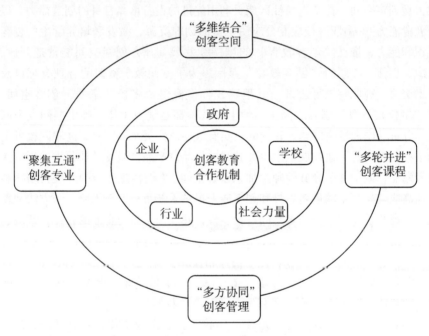

图 4-1　高职院校"创客教育"合作机制

1. 打造"多维结合"创客空间

创客空间是实施"创客教育"的基础条件，通过打造线上、线下、学校、社会"多维结合"的创客空间，为学生创意创新创业能力的形成提供广阔的空间。

线上空间为虚拟空间，主要包括创客社区、创客集市、创客论坛、创客公众号、创客网页等。学生可通过线上空间发布创客项目，并与支持者不断互动，不断创建和完善新产品。

线下空间为现场空间，学生可通过创客工作坊、创客实物展示等线下空间进行创意创新创业活动。

　　学校创客空间主要包括创客实验室和创客校园，创客实验室跟传统的实验室不一样，创客实验室往往具有空间较大、更加开放、设备材料多样齐全、多用途等显著特征。创客校园是指洋溢着创客文化和创客氛围的校园。高职院校应积极构建创客校园，在全校渲染创客文化，为学生开展创客活动提供基本场所。创客校园将促使师生开展以学习兴趣及爱好为导向的教育教学活动，并进行资源共享，分享创意及创新产品。创客校园的构建，需考虑办学要求及办学条件，应结合学生的实际需要，打造优质的学校创客空间。

　　社会创客空间则更多样、灵活，更具个性化，注重基于兴趣和爱好的创意和创造，还可给创客作品的规模化生产提供咨询、应用和推广服务，并服务于经济社会发展。社会创客空间包括创客社交及创客旅程等真实的社会创客体验平台。创客社交与创客旅程的主要特点是体验学习，创客与市民进行交流，以群体智慧和众包模式应对复杂问题，体现创客对社会热点重点问题的思考。

　　创客遇到的大部分挑战来源于真实世界，如能源、垃圾处理、环境、教育等问题。创客可借助社交媒体来建立社交圈和收集问题，不同领域的创客以团队协作的模式开启创客旅程，采用互助学习、项目实践、小组协作、翻转课堂、开放式探究等方式开展创客活动。参与者都能成为知识的传播者和再生产者，学生进入社会创客情境，将会获得社会导师的引导。社会导师不仅能提供经验和资源，更能引领方向，传授思考设计的方式方法，最终促使学生形成创意并将其转换成现实产品。创客空间建设详见图4-2。

　　2. 构建"聚集互通"创客专业

　　当下的大部分创新都发生在跨学科领域。创客实践强调跨学科人才的参与，跨学科或交叉学科团队的每一位参与者，都有自身的能力和特长，通过非正式或正式的学习实践，形成跨学科共通的语言，以多学科技能来解决复杂的创新问题。发挥跨学科团队的专业优势有助于在创客活动中相互学习并快速构建产品原型。

　　高职院校要主动适应国家加快经济发展方式转变、产业结构调整和优化升级的发展战略，以满足行业和区域经济发展需求为目标，组建跨学科专业群，优化调整专业布局与专业结构，为培养创客人才奠定坚实的基础。

　　高职院校要建立专业调整预警机制，不断跟进"市场需求"和"政府调控"动态，不断了解产业集群发展方向，预测专业人才需求的结构、规模，并结合现有专业的招生就业情况，判断绿灯、红灯、黄灯专业。绿灯专业是指专业发展前景光明、现有招生和就业情况良好的专业；红灯专业是指行业需求量少、招生与就业两难的专业；黄灯专业是介于绿灯专业与红灯专业之间、招生与就业情况不稳定或行业需求优势不明显的专业。根据预警结果，高职院校要做出相应的专业调整措施：对绿灯专业进行重点扶持，建成核心专业或长线专业；对黄灯专业进行警示，限期进行整改——兼并、转型或暂时关闭（办成两年或三年招生的短线专业）；对红灯专业进行停招处理。高职院校要不断跟进行业发展需求，预测行业发展前景，关注产业链的发展趋势，对接产业而增设新兴专业。

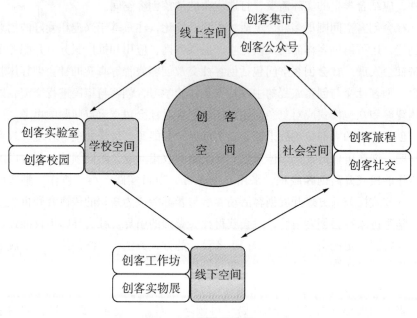

图4-2 创客空间建设

高职院校要在院校层面构建包括特色专业群、辅助专业群等多个专业群并体现专业群之间关系的动态体系。

高职院校要紧跟产业结构调整步伐，适应区域经济发展需求，根据专业结构调整预警的结果，不断增减群内专业，调整专业方向，以适应专业群对应岗位群的需求变化，满足"创客式"技术技能人才培养的需要。

高职院校要以专业群为基础，创建优质共享型专业教学资源库。教学资源库按照一定的技术规范和专业课程的内在逻辑关系，由优秀的专业教学标准库、开放型实训室及多媒体课件库等教学基本素材构成，不断扩充形成开放式教学支持系统。高职院校要整合优秀的教学资源，实现教学资源的广泛共享，凸显专业群的示范与辐射效应。

每个专业群都要围绕核心专业，建立自己的教学资源库。教学资源库建设是一项长期的任务，必须充分调动广大教师的积极性，共同参与，可以考虑按专业群分类与相关院校共同研制开发教学资源，形成共建共享的良性循环机制。发挥网站技术人员的技术和技能优势，保障必需的资金投入，充分调动教师的积极性，密切配合教学资源的开发和应用。同时，不断扩大专业群在中部地区及行业内的辐射作用，建成院内、区域、行业三级共享的专业教学资源库。详见图4-3。

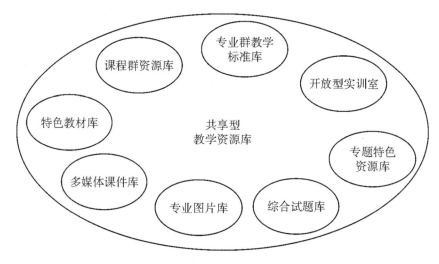

图4-3　共享型专业教学资源库建设

3. 建设"多轮并进"创客课程

高职院校要应用创客理念，改革课程内容与结构。为更好地贯彻实施"创客教育"，需要对当前的课程体系进行深度优化：一要强调多学科内容的整合性和课程材料的时代性，即所学内容要与时代发展紧密联系；二要强调信息技术的融合性，在教学中引入各种技术工具、媒体素材、软件平台等，在促进专业教学发展的同时提升学生的信息素养；三要强调教学活动的实践性，让学生能够动手操作，教材内容、教辅材料、课后练习的组织应尽可能以活动为导向，而非采用说教式或操练型组织模式。根据教学需要，结合专业内容合理设置创客课题，也是将"创客教育"融入学科课程的有效途径。

"多轮并进"创客课程，即将"技术创新、技术推广、技术服务、技术培训"等融入"课程理念、课程目标、课程管理、课程评价"之中①,"多轮并进"推进创客课程的开发。课程开发应以熟悉技术研究、技术推广、技术服务和技术培训的教师团队为主,紧密围绕专业培养目标和人才培养规格,进行课程设置、课程内容重组和相关教学文件开发。课程设计应遵循活动课程设计理论和核心课程设计理论相结合的原则,根据课程目标和学院办学条件,对现有课程的结构与内容进行改造或重新设计,制定相应的课程标准。课程实施过程主要侧重于实施环境的改变,打破原有的教室与实验室相结合的简单模式,树立大教学观,把技术研究、技术推广、技术服务和技术培训的工作场地纳入教学场景,在推广和培训中进行知识和技能的传授,在研究和服务中实现知识技能的应用与提升。高职院校要应用全面质量管理理念,对课程的开发、设计与实施进行管理,协调学校内部、学校与各利益相关体的关系,根据最新技术研究成果和技术服务、技术培训对象的需要,决定课程改革的方向与内容。课程评价是课程改革的重点与难点,其主要功能和作用包括导向功能、诊断功能、指导作用、鉴定功能、方案抉择、绩效判断等。在"多轮并进"模式中,高职院校主要采取动态评价指标体系,观测改革过程与改革前后课程改革与技术研究、推广、服务以及培训的互动效果,并为下一轮的课程改革提供相关经验。变革课程教学方式,在做中学、在创造中学习,倡导项目学习和体验参与的学习方法,突出学生应用技术工具"动手操作、实践体验"的"创客学习方式"。

4. 实现"多方协同"创客管理

在现代社会和现代职业教育发展的新常态下,适应经济发展"转方式、调结构、促升级"的要求,以产学研深度融合为主要目标,政校行企多方联动,打造"技术技能积累、创新、推广"三位一体的创客孵化协同创新平台,与行业企业协同进行技术研发、技术转化、技术应用、技术服务及推广,实现新技术产业化与新技术应用人才储备同步,校企协同为"创客式"技术技能人才提供孵化平台,提高技术技能人才培养质量。

高职院校应加强与行业、企业的协作,加强应用技术研发、产品开发、产业孵化,推进协同创新与科教融合。高职院校应服务于区域经济发展、产业转型升级、企业产品开发、全民素质提升,构建布局合理、设施先进、高效运行的协同创新平台,使自身成为行业技术技能积累、创新及推广的重要基地,为

---

① 罗汝珍,孟子博,唐小艳.高职院校"四轮并进"课程体系改革模式与运行机制[J].2011 (11):84-87.

"创客式"技术技能人才培养奠定基础。创客孵化协同管理平台建设详见图4-4。

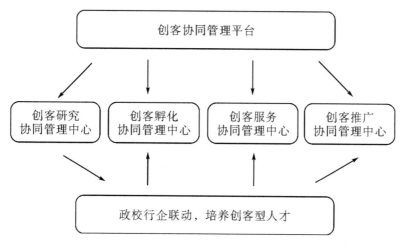

图4-4 创客协同管理平台建设

（1）建设创客研究协同管理中心。高职院校应加强与行业、企业及科研机构的合作，联合组建创客研究协同管理中心，开展应用技术研发、装备开发、工程设计、技术创新等。在这里不仅有具有创新研发精神的学校导师，也有为数不少的企业导师，为学生的创意创新创业思想提供灵感和点子，制定特色教育目标和教学计划，开展创客专业和课程研究，开展创客学习方式研究和指导。

（2）建设创客孵化协同管理中心。将创客孵化协同管理中心建设成为区域科技成果转化的产业化平台，成为科技企业、文化教育企业和智力资源优势企业的技术应用中心，成为新工艺、新装备的孵化平台，成为企业与学院科研、教学、智力资源互动的中介平台，成为教师、学生进行产业实践、实习的基地，促进特色专业良性发展。

（3）建设创客服务协同管理中心。"政校行企"合作共建创客服务协同中心，成立"创客教育"指导委员会，建立创客指导服务中心，为学生创新创业免费提供工商注册、税务登记、银行贷款、风险评估、创业基金审批、政策咨询、工商注册等一站式服务；设立学生创客基金，出台创客基金管理办法等相关管理制度，为学生创客实践提供有力保障。

（4）建设创客推广协同管理中心。与行业、企业及科研机构共建创客推广协同管理中心，与行业、企业共建集成果转化、成果应用、成果推广于一体的创客推广基地，向社会推广创客文化、创客产品，推进"大众创业、万众创新"。

第三节　协调机制

在推进高职院校"创客教育"过程中，利益相关者的合作既有共同的动力因素和合作因素，又存在利益冲突因素。协调机制主要用来化解利益相关者之间的冲突，实现利益相关者之间的平衡、共赢。笔者主要从矛盾化解机制等方面来分析利益相关者推进高职院校"创客教育"的协调机制。

一、利益相关者之间的冲突

（一）价值冲突

高职院校"创客教育"涉及众多利益相关者。他们基于各自的价值观对高职院校"创客教育"进行审视，因而形成了不同的价值需求和发展观念。政府、高职院校、行业、企业及其他社会力量，作为具有不同需求和发展观念的独立主体，将会对高职院校"创客教育"产生不同的主体需要。高职院校"创客教育"的发展，在本质上即是利益相关者为实现各自需求、谋求利益最大化进行价值博弈的过程[①]。

利益结构变化导致公共教育权力转移、经济体制转轨，极大地冲击着原有的利益结构、利益群体及利益类型，导致利益分化。如果不能及时解决这些问题，就会产生矛盾与冲突，甚至导致社会动荡，因此，分析利益、利益分化及矛盾冲突具有重要的理论与现实意义。公共教育权力转移，形成了新的社会利益关系与利益格局，出现政府与市场、社会和学校之间的博弈。计划经济体制下，国家包办教育，通过公共途径提供学校办学所需的资金、资源，公共教育权力以国家教育权力形式存在。改革开放后，中央政府逐渐下放公共教育权力，更多办学自主权回归学校。随着民办教育的兴起与发展，多种办学主体并存，政府不再是唯一的教育提供主体，学生及其家庭教育选择权增大，既往利益格局和利益关系被打破，众多利益主体凸显，纷纷将自身利益诉求投诸"创客教育"改革与实践，特别是政策体系的设计与执行。公共教育政策是国家合理分配教育资源、调节利益冲突、保障教育公平的权威手段。不同主体间

---

① 姚树伟.职业教育发展动力机制研究［D］.长春：东北师范大学，2015：36-39.

利益冲突复杂化，直接挑战"创客教育"政策的有效性。传统政策执行模式在解决这些问题的有效性方面受到质疑，亟待建立新的决策与执行模式①。

高职院校"创客教育"是一个多层面、多维度的概念，从不同视角理解会形成不同观点，主要如下②：

1. 政府——教育绩效观与目标适切观

目前，政府是我国高职教育的主要投资者，代表着国家决策和国家利益。政府推动高职院校"创客教育"发展，主要目的是推动经济增长、建设创新型国家、维系政治稳定、促进社会和谐、带动文化繁荣。在推动高职院校"创客教育"发展的过程中，政府期望高职教育在投入既定的情况下，按照既定标准培养数量充足、适应发展需要的高素质创新型技术技能人才，发挥对国家政治、经济、文化等各项事业的促进作用。

2. 企业——产品质量观和需求导向观

企业是用人单位，是高职院校"创客教育"产品的最终用户与接受者，所以企业更关注"创客式"人才培养质量以及与其需求的适应性。企业衡量高职"创客教育"质量的标准是对高职院校毕业生的满意度，即高职院校毕业生能否满足企业需求及社会发展需要。

3. 学校——技术技能创新观

除了满足国家需求和社会需求以外，高职院校"创客教育"还有自身的发展需求和价值标准。高职院校关注技术技能的创新价值，以技术技能传承、创新、应用、转化以及高素质"创客式"人才培养为宗旨。学生的知识、技能及创新创业能力，是高职院校衡量高职教育质量的重要标准。

4. 学生——个人价值本位观

学生是高职教育的服务对象，学生接受高职教育的主要目的是提升个人职业素养、创新能力以及职业生涯规划与发展能力，进而增强自身的就业竞争力，取得满意的社会职业岗位，以实现自身发展。

从这个角度看，高职院校"创客教育"的利益相关者有不同的需求和价值追求。不同利益主体通过矛盾、协商、冲突、妥协的矛盾化解过程，最后形成相对平衡的态势。利益相关者间的价值冲突与博弈，恰好推动了"创客教育"的协调发展。

（二）权力冲突

在高职教育"创客教育"实施过程中，权力冲突是利益相关者冲突的主

---

① 姚树伟. 职业教育发展动力机制研究 [D]. 长春：东北师范大学，2015：40-46.

② 姚树伟. 职业教育发展动力机制研究 [D]. 长春：东北师范大学，2015：36-46.

要表现形式。权力在本质上是控制他人行为或避免被他人控制的能力①。"控制"的最终目的是获得各自利益。譬如：工人可通过工会组织，就提高工资、改善经济地位等问题，与企业主集体谈判。而工商界、企业主为保持及扩大既得利益，会反对工会提议以降低劳动成本。不同组织和个人都试图通过影响其他团体或个人的行为来获取自身利益。在一定程度上，这个定义也解释了知识（技能）与权力之间的特殊关系：知识（技能）被用来控制其他人，同时也为个人提供摆脱他人控制、获得自由的能力②。

1. 权力与知识（技能）

控制信息和观念，是权力的一个主要体现，知识影响个体的判断和选择。在事关经济、政治、社会、道德等方面的判断时，人们做出什么样的决定或选择，是以他们所掌握的知识和把握的信念为基础的。国家通过教育培养公民的忠诚感，即教育机构如果能有效地进行爱国主义教育和忠诚意识的渗透，公民将做出适应国家需要的决定与行为。

作为知识（技能）的主要传播者，高职院校要向学生传播正确的价值观念，并因此成为各种利益集团的竞争对象。比如在发达国家，政治家们希望教育机构能够支持他们的政治立场，引导教师、学生形成对其有利的教育理念与知识结构；商业界和行会希望学校传授有利于实现其经济利益的观念；社会服务者希望学校传播有利于社会和谐稳定的价值和信息，解决酗酒、吸毒、校园暴力、未婚先孕、交通安全等诸如此类的问题；学生和家长则要求学校传授用以谋生、就业、创新创业的知识、技能，获得参与市场竞争、进入职业社会的平等信息和机会，养成维护自身经济和政治权利的创新意识与能力。

不同利益诉求之间形成的矛盾，最终体现在控制教育机构运作上，直接表现为控制高职院校传播的知识类型。譬如：在美国，产业界往往通过控制地方学校委员会，在学校与产业界之间建立契约性合同和择校计划，影响联邦政府和州立教育政策，以此扩大控制范围，要求教育培训机构传授雇主需要的知识、技能和态度。而对学校传播增强民主意识，促进团结联合，提高个人独立意识、改善工作条件等观念，雇主们显然不感兴趣，甚至产生抵触心理。

在政治、经济方面占有优势地位的利益集团，将控制学校教育作为达到控制他人目的的有效手段。利益集团通过特定知识（技能）的传播，可以培养受教育者对统治集团及其权力的敬畏和忠诚，使他们接受并安于既有权力关系

---

① 姚树伟.职业教育发展动力机制研究［D］.长春：东北师范大学，2015：36-46.
② 姚树伟.职业教育发展动力机制研究［D］.长春：东北师范大学，2015：36-46.

和社会结构中的从属地位。利益集团严格禁止传授引导学生质疑或对权力关系提出批判的知识、理念，因此，有时知识（技能）仅仅被描述成一种获取工作和发展机会的手段。历史上，那些专制统治者为使人民易于统治、服从统治，往往采取愚民政策。对个体而言，知识（技能）及其传播的制度机制，则成为使自身免遭剥削压制、免受他人控制的手段。现代民主社会强调，要通过教育手段，使公民掌握足够的知识（技能），以有效保护自己的合法权益，这是民主社会存在和发展的基础。

2. 权力与经济利益

冲突的另一种形式表现为经济斗争。谁应该为学校教育付费和分摊比例，是冲突的关键。家长通常要求学校按需服务，但希望把税收负担转移给他人。比如，没有子女或子女未接受教育的家庭期望政府减少教育经费，而有子女就学的家庭则要求加大经费支持。

那些在经济条件、社会地位方面处于相对优势阶层的家庭，因子女多就读于提供精英教育的学校，往往希望经费更多投向普通中小学教育乃至高等教育。而那些在上述方面处于相对劣势的社会中下层家庭，则希望国家在基础教育阶段予以均衡投入，实现相对公平。如果子女在学习竞争中处于劣势，这些家庭则期望政策、投入更多倾斜于职业教育领域，因为这些领域才真正关切到他们子女的生存与发展。

资源的不平等配置，特别是经费的不平等分配，也会导致冲突，如我国普通学校与重点校、落后地区与发达地区教育投入问题，一直为社会关注甚至诟病。教育还是一个大产业。20世纪20年代的美国，出版商操纵地方学校委员会，确保学生选用他们出版的教材，直至今天他们仍然影响着学校的教材购买计划。出版商通过影响教材内容进而影响学校的知识传播。学校通过课程分化，控制学生进入不同的职业社会和劳动市场。学生学习不同课程，强化了社会阶层与文化差异，这种差异可能被永久化。来自优势家庭的学生被安排学习学术性课程，为进入更高层次学校做好准备；而来自弱势家庭的学生被分流接受职业技术课程，之后进入较低层次的职业世界。这种分化不会为弱势家庭学生提供运用政治权力所需要的知识，而有利于保障优势阶层家庭的学生继续处于优势阶层的地位。

3. 权力与文化

教育改革中，导致冲突的因素除了经济利益，还有文化。文化，在本质上是人行为的一种规则，是一组人群行为的稳定预期和共同信念。

就整体而言，文化包括历史传统、宗教、文学和艺术；就个体而言，文化表现为行为举止、礼仪修养、表达方式甚至口音。它帮助人们选择适当的交往策略。文化中包含的权力观念，极大地影响着教育改革。比如，维护教育公平是许多团体提出改革教育的根据。许多团体都提出尽可能增加教育机会，但因文化观念不同，不同利益集团对它的理解往往产生极大差异：一种持反对态度，认为它可能威胁或削弱了弱势群体对优势群体的依赖和服从，造成无人愿意从事地位低下、收入微薄、环境恶劣的职业；一种持肯定态度，赞成增加低收入家庭子女教育机会，认为这样可以使他们顺从和安于现状，从而保护高收入群体利益；一种认为，应当增加教育机会，教育能够为公民提供维护其政治和经济权利的知识，有利于社会民主发展；还有一种强调，如果是政府提供教育，应尽可能多地、平等地把教育机会提供给所有公民。

学校教育的一项重要任务是传播文化。但在传播哪种文化、如何传播这些问题上还存在一系列矛盾。说到底，教育需服从文化背后的权力与经济利益。

在各国不同历史阶段，在国家经济、政治生活中占有优势地位的利益集团成员，其后代在学校教育中往往拥有更多机会。这是因为学校教育所传播的文化、使用的语言，与其家庭文化和语言习惯是一致的。出于维护社会公平、教育公平的考虑，学校会为每个学生提供平等的学习机会，使其同样接触学术类课程和职业类课程，学术类课程常常是为上大学做准备的课程。而非精英群体由于日常生活和家庭的语言习惯和文化环境不同，其后代在接受学校教育尤其是学习学术类课程时，往往表现较差，只能接受分流，学习职业类课程。这种效应不断叠加放大，往往会强化他们的错误认知和判断，认为自己智力低于精英阶层后代，只能在较低层次的经济系统中讨生活。

综上所述，各级政府、高职院校、行业、企业、其他社会力量等作为主要利益相关者，都有追求自身利益最大化的愿望。利益分析是研究高职院校"创客教育"问题的一项基础性工作。高职教育发展过程中，政策执行主客体在互动中选择、综合、分配和落实利益，这个过程可以看作各利益主体博弈的过程。就政策落实而言，当利益冲突发生在政策制定与政策执行之间时，执行者为使自身利益得以维护、补偿或者扩大，可能会通过各种手段来敷衍、抵制、歪曲政策执行。这类阻滞因素往往来自多方面，除政策本身的问题外，还可能存在执行者素质低、组织结构不合理、准备不充分、需要协调的部门过多、宣传不到位等影响政策执行的因素。为追求更好的政策执行效果，政府可通过加强政策目标价值认同、改善执行机制等手段予以解决。

二、利益相关者之间的协调机制

不同利益相关者之间存在价值观和权力等方面的矛盾是不可避免的，但这些矛盾也是可以协调的。

在高职教育发展过程中，利益协调问题归根结底要落实为高职教育质量保障问题，即回答谁来确定标准、谁来保障质量的问题。高职院校、政府、学生、企业、社会等既是质量保障的核心利益相关者，也是质量保障的几大权力主体。计划经济时代，各种利益高度统一，都服从于国家利益、社会整体利益，利益矛盾和冲突并不明显。政府集中掌握质量保障权力，自上而下实施对职业院校的组织、管理、评估、审查工作。随着体制改革，主体出现利益分化，管理权力也日益分化。政府与社会之间的关系，随政府职能转变、行政体制改革而调整，逐渐形成了以"小政府、大社会"为特征的新型关系，部分政府职责逐渐转交给社会。社会组织积极参与职业教育质量保障工作。政府统管权力逐步下放，学校成为教育质量保障的主体。随着自主择业和成本分担制度的确立与实施，学生地位发生了变化，学生不仅是受教育者，还是消费者与投资者，成为不可忽视的权力主体参与到职业教育质量保障中。在质量保障权力的分化与重组过程中，各权力主体在寻求利益独立，希望逐渐摆脱体制性依赖，矛盾和价值冲突日益凸显，权力博弈不可避免。不同主体都期望职业教育朝着自己期望的方向发展，实现不同的质量目标：政府期望加强职业院校的认证与评估；社会呼吁发挥第三方的作用；企业作为职业教育产品与服务的最终消费者，要求参与质量保障的评估与检验；高职院校在多种外部力量监督下，要求强化自主保障权力；学生则期待扩大质量保障参与权和质量标准的选择权①。

目前我国高职教育仍采用政府主导型质量保障模式。学生的质量保障权力主体地位一直未得到应有重视，处于缺位状态；企业、高职院校、社会组织等的质量保障权力总体看仍然非常有限。这种权力结构使得主体之间的博弈显然是不对等的，政府制定博弈规则，学校、学生、企业和社会很少参与规则制定。力量悬殊必然导致不平等结果。利益是驱使博弈的根本动机，权力是一种实现利益目标的重要资源。不同权力主体之间的利益并非割裂的，而是互为条件、相互依存的。如果某一主体，如政府，权力过度集中，又不能有效关照其他利益相关者，则可能因其他主体利益受损而影响自身利益最大化目标的实现②。

政府不应垄断职业教育管理权，但也不应由职业学校实行完全自治。来自

---

① 饶燕婷. 利益相关者视野中高等教育质量保障多元主体探析 [J]. 大学（研究与评价），2009（Z1）：19-23，47.

② 姚树伟. 职业教育发展动力机制研究 [D]. 长春：东北师范大学，2015：39-50.

社会不同领域、不同层次的主体共同参与职业教育管理，这些主体包括学校、各级政府、行业协会、企业、学生及家庭、中介组织等。它们代表着各方利益，反映着各方要求。

权力的分散与制衡必须以法律为基础，通过法律手段确保各主体享有真正意义的平等，确保各主体行使和维护自己的权利，相互监督、协调。不同领域、不同层次的管理主体，通过各自的方式、渠道，及时传递外界要求并反馈信息，借助法律、行政、经济、舆论等各种手段，调控职业教育规模数量、规格质量与发展方向。同时，这些管理主体作为利益相关者，还承担着传递道德规范、价值观念、企业文化、社会思潮等信息的责任。职业教育要对这些纷繁复杂的信息进行分析、选择，或批判、或接受，通过这种方式，使自身发展与社会发展相契合[①]。

高职院校归属教育管理部门，追求的是教育的社会效益，而企业归属经济管理部门，追求的是经济效益。以前高职院校和企业是两个互无关联的独立系统，随着社会发展，双方出现了交流和互动，形成了一定的合作关系。在合作过程中，由于价值取向相异，高职院校和企业必然会出现摩擦，这就需要建立相应的机制进行调整，实现优势互补[②]。

综上所述，高职院校利益相关者之间既有矛盾，又能统一，高职院校"创客教育"的利益相关者也亦然。矛盾的协调统一需要良好的机制来规划统筹，使其顺利运行。

第四节　评价反馈机制

高职院校"创客教育"的评价反馈机制应区别于传统教育的评价反馈机制。高职院校"创客教育"的评价反馈机制应包含宏观和微观两个层面。宏观层面是对高职院校"创客教育"的整体效果的评价反馈机制，微观层面是对学生创客素质的评价反馈机制。

---

① 姚树伟，谷峪．高职院校发展动力因素与机制研究：基于利益相关者视角 [J]．教育理论与实践，2014，34（15）：18-20.

② 李鹏鹏．博弈视角下的高职院校校企合作运行机制研究 [D]．南昌：江西科技师范大学，2014：23.

一、整体效果评价反馈机制

构建高职院校"创客教育"第三方评价体系。高职院校"创客教育"评价除了第一方评价以及第二方评价之外，应以第三方评价为主。从我国国情出发，政府可采用购买服务、委托管理的方式，对第三方评价机构进行资质认证、经费资助和其他支持。政府委托第三方评价机构对高职院校"创客教育"教学全过程进行动态监控，对高职院校的人才培养标准、院校治理、专业建设、课程建设、人才培养质量及就业质量跟踪等方面进行诊断服务。这种"全过程动态监控"包括事前预警、事中诊断、事后反馈。进行事前预警，以使学校量力而行，在自身资源的有限范围内进行建设；进行事中诊断，以使学校及时发现问题、诊断问题、纠正错误，使"当局者迷"的问题及时得到解决，以免做一些重复建设或偏离轨道的建设；进行事后反馈，第三方评价机构可将学校出现的共性问题反馈给政府，为政府决策提供参考，并将个性问题反馈给各学校，以帮助学校持续改进，规划更好的发展前景[①]。

（一）厘清第三方评价主体

评价主体，即由谁来评价职业教育，也就是第三方是谁。关于第三方的界定，目前学术界有三种观点：①第三方是独立于第一方和第二方之外的一方。第一方是教育举办者，即职业学校；第二方是接受教育者，即学生；第三方是独立于以上两者之外的一方，包括教育主管部门、行业、企业等。②第三方是与评价对象无隶属关系但有利益关系的一方。③第三方是与第一方、第二方不仅没有隶属关系也没利害关系的一方，用人单位、家长、学生等都不属于第三方评价主体[②]。笔者认为上述三种观点有其各自的道理，同意第一种观点的学者较少。笔者同意第二种观点，第三方与政府、高职院校等无直接隶属关系，但有一定的利益关系。没有任何利益关系的第三方对高职教育不熟悉，也很难看出实质问题。第三方必须保持其独立性，以便使评价结果客观、公正。第三方机构虽然与政府不产生直接隶属关系，但政府可通过购买服务、委托管理等方式，对第三方评价机构进行资金支持、资质认证以及其他支持，委托第三方评价机构动态监控高职院校"创客教育"的全过程。为了保证评价的科学性，第三方不仅具有独立性，而且应具有专业性，因为如果让不了解高职院校

---

① 唐小艳. 第三方评价的理论分析：以经济新常态背景下现代职业教育为例 [J]. 中国市场，2018（34）：183，195.

② 张宏亮，赵学昌. 我国职业教育质量第三方评价研究综述 [J]. 中国职业技术教育，2016（15）：31-36，47.

"创客教育"的人来评价"创客教育"的质量和水平，效果势必不理想。

在构建高职院校"创客教育"第三方评价机制时，首先需正确理解第三方评价机构与政府的关系。第三方评价实质上是一种市场行为，不同于强制性的行政权力，市场行为除了具有自我调节、自我发展的优势，还存在市场风险和市场失灵的劣势，因而需要来自政府和社会各界利益相关者的引导和规范。从理论上说，任何独立性都不是绝对的，只是相对的，第三方机构的独立性也是一种相对独立性。政府的引导规范与第三方评价机构的相对独立性是一种对立统一的关系，对立性体现在政府的引导规范应以不损害第三方评价机构的独立性为前提，而统一性指的是政府的引导规范能有效净化第三方评价的市场环境，有利于第三方机构的良性和可持续发展①。

（二）明确第三方评价程序

政府、高职院校、企业、行业、其他社会力量等多方协同，共促高院校职"创客教育"第三方评价机制的顺利运行。应构建"政策制度推进、认证机制引导、独立主体培育、监管机制规范、反馈机制促进"的高职院校"创客教育"第三方评价程序，内涵如下：政府加强第三方评价政策制度建设，加强顶层设计；构建认证机制，通过组建职业教育第三方评价认证中心对职业教育第三方评价机构进行资质认证、元评估、人员培训、专业性监管等；培育职业教育第三方评价主体，明确职业教育第三方评价客体，促进第三方评价市场的繁荣；构建职业教育利益相关者联盟对第三方评价进行公平性监管；评价对象（职业院校等）在被评价的过程中可随时反馈评价中存在的问题；第三方评价机构在评价过程中与评价对象（职业院校等）进行有效沟通，并及时将评价结果向政府、职业院校、行业、企业等利益相关者反馈，加强第三方评价结果的多方应用，以保证职业教育第三方评价工作的专业性、权威性、公平性，确保职业教育第三方评价工作的顺利运行。

国家应出台职业教育第三方评价的专门性法律制度，确立第三方评价机构的合法地位，维护第三方评价机构的合法权利，研究制定行业企业参与第三方评价的鼓励性政策。同时，应从第三方评价的业务范围、运行模式等方面完善政策制度设计，从而对其市场规模、准入条件、运行管理等制定比较明确的边界，促使职业教育第三方评价真正进入市场化阶段，加强评价的标准化和透明度，公示评价项目和程序，明确评价市场规模，为加快职业教育第三方评价的

---

① 佟林杰，孟卫东. 我国高等教育第三方评价体系构建研究［J］. 当代教育论坛，2013（3）：25-28.

市场化进程奠定法制基础。

为增强第三方评价的专业性和权威性，应成立国家职业教育第三方评价认证中心，负责对第三方评价机构进行认证、培训及元评估等。同时，可结合不同区域职业教育的发展特色，构建一系列国家认证分中心，即区域职业教育第三方评价认证中心。国家职业教育第三方评价认证中心和区域职业教育第三方评价认证中心相辅相成，共同认证第三方评价机构的科学性、专业性和规范性。

国家职业教育第三方评价认证中心可由中央政府委托教育部组建，区域职业教育第三方评价认证中心可由地方政府委托地方教育行政部门组建。职业教育评价认证中心的研究及工作经费由政府资助，它属于半官方组织。

政府出资招聘有丰富工作经验和职教评价经历的职业教育管理专家、职业教育研究专家、职业院校一线教学人员、行业企业管理专家、行业企业一线能工巧匠等人员，构建一支高素质、高水平的认证团队，同时还可引进热心职业教育工作的社会公众作为兼职人员。第三方评价认证中心成员不仅要有丰富的前期工作经验和职教评价经历，还应加强培训学习，应学习职业教育发达国家的先进评价理念、标准和方法，把握职业教育的国际发展趋势和方向；同时应能深入了解我国职业教育的发展历程和现状，熟悉我国职业教育的改革动态和方向。

结合我国国情，现阶段在保留政府下属的行业协会、教育评估中心（院）等"半官方"评价机构的同时，应大力培育"非官方"第三方评价机构，形成多元并存、相互补充的第三方评价机构群体。通过渐进培育具有企业性质、完全独立的第三方评价机构，逐渐实现真正意义上的"管办评"分离。从职业教育的产教属性出发，第三方评价机构应引进有丰富工作经验的职业院校一线教师以及行业企业一线专家，同时还可聘用教育管理者、研究者等。第三方评价机构评价人员不仅要具备丰富的专业知识、高超的评价能力，同时还应有较强的责任意识，应重视评价团队的素质、素养、能力建设，制定科学规范的评价标准、评价程序等。第三方评价机构的工作经费来源于政府、职业院校等利益相关者的购买服务，以保证其独立性。

为规范职业教育第三方评价的市场环境，需对第三方评价过程进行监管。根据公共经济学理论，职业教育属于准公共产品。根据这一属性，政府作为职业教育政策制定者，是职业教育的权威利益相关者；职业院校的教师和学生作为职业教育的主体和客体，是职业教育的核心利益相关者；行业企业作为职业教育的用人单位，是职业教育的紧密利益相关者；同时还有学生家长、社会民众等边缘利益相关者。政府在职业教育第三方评价中的监管作用主要通过其资助的半官方组织——职业教育第三方评价认证中心来实施。其他利益相关者组成利益相关者联盟对第三方评价进行过程监管。

（三）加强第三方评价结果的反馈应用

被评价对象（职业院校等）可在评价过程中随时向职业教育第三方评价认证中心以及利益相关者联盟反馈问题，对第三方评价机构不专业、不公平之处进行申诉。认证中心以及利益相关者联盟出面进行协调，及时制止不规范的行为，情节严重时可上报至国家职业教育第三方评价认证中心，计入第三方评价机构的信誉档案，直接影响其资质水平。

在评价结果反馈与应用方面，政府要有明确的导向，使评价结果对院校发展和舆论引导等具有较大影响力和权威性。政府在政策制度设计中，应确立第三方评价机构的法律地位以及评价结果的权威性，引导职业院校、行业企业、家长、市民等利益相关者有效利用职业教育第三方评价结果，充分发挥第三方评价的引导、诊断、改进、激励等功能。对第三方评价结果的应用，应加强纵向比较、减少横向比较，即主要考察评价对象较之过去是否有完善和改进之处，评价目的是动态监控而最终取得内涵发展。第三方评价机构将评价发现的问题及时反馈给职业教育利益相关者，利益相关者根据第三方评价机构反馈的问题和建议，及时整改完善，以提高人才培养水平。

目前，政府主导的职业教育评价，评价结果大多被用来进行横向鉴定，确定优劣。譬如：21世纪初，教育部对职业院校开展人才水平评估，以评定优秀、合格等级。教育部对职业院校开展的国家示范性职业院校建设项目，各省市开展的省级示范性职业院校、精品课程、精品专业等省级重点建设项目，以及近两年正在进行的"双一流"建设项目等，大多是政府对不同类别的职业院校进行横向比较，以评定出不同等级。不同等级的职业院校获得政府资助的力度不一样，特别是经费资助有很大差距。这在一定程度上能以评促建，促使职业院校的改革和发展，但也在一定程度上产生了恶性竞争，对评价结果的横向比较和鉴定应用，阻碍了职业院校的个性化发展。每所职业院校有自身的优势和特色，有些优势和特色是不能通过相互比较来鉴定优劣的，两所各有千秋的学校就如同两朵不同颜色的花朵，硬要放在一起比较，难免是"萝卜白菜各有所爱"，取决于评委的个人喜好了。对第三方评价的结果，应减少横向比较应用，多进行纵向比较应用，即将评价结果与学校过去的状况相比较，考察职业院校是否改进和完善，评价的目的是动态监控职业院校的人才培养过程和效果，从而最终取得内涵发展，即第三方机构通过评价发现的问题，可及时反馈给职业院校，职业院校根据存在的问题和第三方的建议，进行及时整改，以完善人才培养模式，取得更大发展。评价结果不是用来鉴定优劣的，而是用来反馈问题、获得发展的。这样会规避职业院校为了竞争而对评估材料造假以及院校间恶性竞争的行为①。

第三方机构将评价结果反馈给政府，让政府及时了解高职院校"创客教育"发展的现状和问题，并据此制定政策，整合职业教育资源。同时政府可及时了解高职院校办学水平和效益，为资源分配、选人用人等提供评判依据，按照"扶持特色、发挥优势、帮扶贫困"等原则，政府制定政策支持高职院校"创客教育"评价，不是用于横向比较，而是用于纵向比较。譬如：同所高职院校相较于去年的评价结果有哪些改进和完善，要彻底解决评价中发现的问题需要政府提供哪些资助等，做到精准扶优、精准扶特、精准扶贫，使各类高职院校获得可持续发展。评价结果反馈给高职院校（含教师和学生），使高职院校及时了解自身发展存在的问题，并不断改进不足之处，改革"创客教育"教学方式，完善"创客式"人才培养模式。教师可针对问题改革教学方式，学生可针对问题改进学习方式，人才培养主客体能在不断完善中获得可持续发展。评价结果反馈给行业，行业根据评价结果从而判断技术技能人才培养与行业发展的适应性与匹配度，加强对高职院校人才培养的指导，提升"创客教育"的质量和水平。评价结果反馈给企业，企业可根据职业院校发展现状与水平，有针对性地选取适合开展合作的院校，并有效调整合作方向和模式。评价结果反馈给家长和社会，便于家长和社会了解各高职院校的办学水平，以满足公众知情权，尊重公众的选择权。

二、学生创客素质评价反馈机制

学生创客素质的评价方式强调的是全方位的评价反馈，相比结果更关注过程中学生的成长。评价是为了更好地前进，而不是判断对错。评价方式的选择与教学目标有一定的联系，需要根据教学目标选择合适的评价方式。强调多维度、全方位的评价，即发展性评价和总结性评价的结合②。注重课程评价范式的改革，过程性评价和结果性评价相结合，注重学校、行业、企业、学生、教

---

① 唐小艳. 高职环保人才培养模式改革研究 [J]. 文存阅刊，2017（9）：49.

② 贾旭琴. 高等师范教育中融入创客教育的教学实践模式探究 [D]. 哈尔滨：哈尔滨师范大学，2018：25.

第四章　使然方向：利益相关者视角下高职院校"创客教育"整体推进机制的构建 │ 151

师等多元互评①，注重学生的"创客式"学习过程及创新成果的完成与反馈。

改革高校的学习评价标准，激发学生创客的创造动机。通过访谈，笔者发现当前高校对学生的评价倚重的仍然是课程考试成绩，部分学业成绩优秀者担心失去学业成绩方面的优势而不太愿意加入创客项目团队。改革传统的、以学业成绩为主的单一评价标准，转而采用多元的学习评价标准，将学生在创客项目实施过程中的表现、取得的创造性成果、获得的专利授权和竞赛奖励等指标纳入学习评价标准的指标体系之中，可以激发学生的创造动机，调动学生参与创客项目的积极性和主动性，进而在学校中营造出浓厚的创客文化氛围②。

积极倡导创客教学评价反馈的多元化。"创客教育"教学模式应多样化，采用多元化及针对性的教学评价反馈模式，尊重学生在学习活动中的个体差异。单一的教学模式不利于调动学生的学习主动性与积极性，无法切实提高学生的创新能力。借鉴国外"创客教育"的多元化评价模式，建立教师与学生共同参与、相互评价的模式，使教师对学生的学习信息掌握得更加全面，促进教学改革，满足学生个性化的学习需求。

---

① 杨洁，何燕子. 校企协同下创新型人才培养的实践教学体系构建［J］. 当代教育论坛，2018（1）：107-111.

② 陈鹏. 基于创客项目的学习模式探究［J］. 现代教育技术，2016，26（11）：13-19.

第五章 必然要求：利益相关者视角下高职院校"创客教育"整体推进的保障体系分析

高职院校"创客教育"的开展需要健全的保障体系，应构建"宏观—中观—微观"相结合的"国家创新生态系统—区域协同创新体系—'创新型'高职院校"三位一体的"创客教育"保障体系。

第一节 构建国家创新生态系统

为保障高职院校"创客教育"的顺利运行，应在宏观上构建国家创新生态系统。纵观"创新"的发展历程，从计划经济时代强调"线性"创新到建设国家创新体系，再到构建国家创新生态系统，这是国家创新能力演进的社会规律和基本路径。

一、从国家创新体系到国家创新生态系统

目前，创新型国家建设已成为世界各国应对新时代发展的重要战略，评价创新型国家的标准既包括科技实力，也包括科技在经济中的比重，但最根本的还是综合创新能力。国家的综合创新能力表现在国家发展的诸多方面。是否具有高效健全的创新生态系统，是衡量一个国家是否具备综合创新能力的最重要和最关键的标尺，且是区分非创新型国家与创新型国家的重要标准。我国要进入创新型国家及世界科技强国行列，就必须在打造国家创新生态系统上迈出真正实在的步伐①。

---

① 本报评论员. 构建国家创新生态系统迫在眉睫 [N]. 科技日报，2016-10-22（1）.

21世纪初，以美国为首的发达国家提出了国家创新生态系统的概念，并加强研究、深化和落实适应创新3.0范式的创新政策，这为其创新能力的持续领先提供了强大动力和推力。随着实践和认识的不断推进和深化，我国的创新能力建设也经历了不断提升、变革的过程。2006年，基于我国国情和科技经济实际，我国提出加快建设国家创新体系战略。通过持续努力，我国不断推进经济体制机制改革，国家创新体系建设取得了显著成效，为我国成为目前世界上的举足轻重的科技和经济大国提供了强有力的支撑。虽然取得了一系列成绩，但还是要清醒地看到存在的问题。我国创新体系整体效能不高，创新"孤岛化""碎片化"问题还存在，创新队伍结构还需完善，社会和市场创新活力还释放不够。我国要成为世界公认的创新型国家，仍需在创新能力建设上不懈努力[1]。因而，构建国家创新生态系统具有非常重要的意义。2018年5月，在由国务院发展研究中心指导、中国发展出版社主办的"国研智库论坛·全球科技创新发展与交流合作峰会2018"上，财政部研究室巡视员汪义达提出建立政府、市场、产业、企业先进技术协同发力的国家创新生态系统，推动创新在各个行业、领域的深度广泛运用[2]。

（一）国家创新体系

1987年，英国经济学家弗里曼（Freeman）最早提出国家创新体系概念，并阐明了国家在推动一国的技术创新中起着十分重要的作用。进而，他认为国家创新体系是传授、引进、修改和扩散新技术的公共和私人部门活动及相互作用的机构网络[3]。

佩特尔（Patel）和帕维蒂（Pavitti）在1994年所写的文章中认为，国家创新体系是"决定一个国家内技术学习的方向和速度的国家制度、激励机构和竞争力"[4]。

伦德瓦尔（Lundvall）将国家创新体系定义为："影响学习、搜寻和探索的制度建构和经济结构的各方面——生产系统、营销系统和促进学习得以发生的财政系统。"[5]

---

① 本报评论员. 构建国家创新生态系统迫在眉睫 [N]. 科技日报, 2016-10-22 (1).

② 胡畔. 多方面打造国家创新生态系统 [N]. 中国经济时报, 2018-05-28 (2).

③ FREEMAN C. Technology Policy and Economic Performance：Lessons from Japan [M]. London：Pinter, 1987：36.

④ PATEL P, PAVITTI K. The Nature and Economic Importance of National Innovation System [M]. Paris：OECD, STI, 1994：14.

⑤ Lundvall B A. National Systems of Innovation：Towards a Theory of Innovation and Interactive Learning [M]. London：Pinter, 1992：29.

经济合作与发展组织指出："国家创新体系可以被定义为由公共部门和私营部门的各种机构组成的网络，这些机构的活动和相互作用决定一个国家扩散知识和技术的能力，并影响国家的创新表现。"①

国家创新体系是由与技术创新和知识创新相关的组织和机构组建而成的网络系统，核心部分是企业、高等院校和科研机构等，国家创新体系从广义上来说还包括政府、中介机构、其他教育与培训机构以及相应的基础设施等。

（二）国家创新生态系统

党的十九大报告提出"创新是引领发展的第一动力"，并明确提出"创新型国家"发展战略②。打造"创新型国家"的重点是构建高效的创新生态系统。国家创新生态系统是指国家内部创新主体与创新环境之间，通过信息流、能量流、物质流的联结传导，构成动态协调、共生竞合、自组织演化的复杂开放系统③。此系统中的各创新主体为实现创新总目标，适应依存、互利共生、协同演化、价值共创，为经济社会发展提供新动能。所以，构建高效有序的国家创新生态系统，是建设"创新型国家"、实施"创新驱动发展战略"的必然要求。国家创新生态系统的构成要素主要有以下三个：创新主体、创新环境、创新主体与创新环境之间的资源流动④。

1. 创新主体

国家创新生态系统的主体包含多种机构、组织群落以及个人，从不同的视角有不同的划分方法。譬如：部分学者认为国家创新生态系统的主体包括核心主体以及辅助主体，企业、科研机构及大学等为核心主体，辅助主体是政府和其他中介机构等。另一部分学者将国家创新生态系统的主体分为创新服务供应者、创新平台供应者、中介组织及客户等。实际上，虽然国家创新生态系统包含多个主体，但起主要作用的还是政府、企业、科研机构及大学等。

2. 创新环境

在国家创新生态系统中，创新环境非常重要，为创新主体提供了基本的生存支撑和保障。譬如：科技创新所需的市场、制度、人才、资源、文化等，是创新生态系统内各要素互利共生的基础条件。如果创新环境发生了市场失灵，

---

① OECD. National Innovation Systems [M]. Paris：OECD, 1997：10.

② 王政. 为制造强国建设装上创新引擎：对话工业和信息化部党组书记、部长苗圩 [J]. 中国中小企业，2017（12）：34-36.

③ 朱学彦. 创新生态系统：动因、内涵与演化机制 [A] //中国科学学与科技政策研究会. 第十届中国科技政策与管理学术年会论文集. 中国科学学与科技政策研究会：中国科学学与科技政策研究会，2014：8.

④ 费艳颖，凌莉. 构建高效的国家创新生态系统 [J]. 人民论坛，2019（18）：62-63.

就需要政府和国家的补位。无论是建设和完善基础设施设备等硬件环境，还是建设创新制度等软件环境，政府都在其中发挥着重要作用，政府能营造支撑国家创新生态系统高效运行的环境。

3. 创新资源流动

创新主体与创新环境之间的资源流动是国家创新生态系统的重要构成要素。国家创新生态系统强调创新主体与创新环境之间具有动态调整适应性特征，即创新主体与创新环境之间的互动。创新主体的共生竞合活动会使创新环境发生改变，创新主体不仅能从外部环境汲取能量，还能为其提供很多能量，推动创新环境不断完善和优化；不断优化的创新环境又为创新主体提供生存的根基。创新主体不仅能实现创新行为和内部组织结构最优，也能实现与外部环境动态匹配，进而构建起高效有序的创新生态系统。当国家创新生态系统的平衡性、稳定性遭到破坏或干预时，创新主体可通过人才流、物质流、能量流、资金流与创新环境进行信息、物质和能量等的交换，加速创新物质的繁衍，进而提升整个国家创新生态系统的抗风险能力和自我修复能力。从对国家创新生态系统的定义出发，可以看出创新活动是国家创新生态系统的核心，创新活动不再是孤立的，而会涉及若干创新主体之间的相互作用与联系。

二、国家创新生态系统与国家创新体系的相同与不同

（一）国家创新生态系统与国家创新体系的相同点

国家创新生态系统与国家创新体系的相同点主要如下：

1. 创新性

两者都强调创新性，即整个国家是一个创新而有活力的系统。国家创新生态系统与国家创新体系中的"创新"的含义是相似的。创新指"抛开旧的，创造新的"，是一种首创性的活动；同时创新必须是一种有价值的活动，产生有价值的成果，这种价值不仅包括经济上的价值，也包括精神方面的价值。当然，这种活动要"弃旧造新"，就一定要与旧事物做斗争，抛开一切因循守旧的思想，战胜一切阻挡前进脚步的事物，从而营造有利于创新的环境，获得创新性成果。

2. 开放性

两者都强调开放性，即整个国家是一个开放系统。系统内各主体要素（如研究机构、企业、大学）不仅有内部的自由流动，还有系统之间的流动。其中技术和知识的应用与扩散，更能引起各主体要素在系统之间的流动。

3. 综合性

两者都强调综合性，即将整个国家看作一个综合体系，是经济与科技在整个国家综合体系内的有机高效结合。整个运行过程从体制、机制、组织、政策等层面将政府、企业、高等院校、研究机构等部门融为一体。国家创新能力的衡量标准主要是综合体系的整合效用大小。

4. 动态性

两者都强调动态性，即体系（或系统）的建设与发展，自始至终处于动态变化之中。这主要有两个原因：一是科技进步与发展本身处于不断演进变化的动态过程之中，科技进步与创新是国家创新发展的原生动力，影响经济的整体发展水平；二是市场环境、创新者的意识、消费者需求等要素都处于动态变化发展的进程中。

（二）国家创新生态系统与国家创新体系的不同点

国家创新生态系统与国家创新体系既有相同点，又有不同点。

国家创新体系强调创新是一种"非线性"模式，投入与产出呈非均衡性，强调企业的开放式创新，重视政府、企业、大学之间的相互作用，即产学研合作，共同构建国家创新体系。国家创新体系时期开始关注市场调节，不仅输出产品，同时输出服务。在国家创新体系中，大学也主动参与企业创新，但政府采用的仍是自上而下的管理模式。

国家创新生态系统强调用户个性化需求、体验及创意，这是一种非线性动态模式，政府转变管理职能，不再自上而下管理创新活动，而是强调政府、市场、社会等多元治理，政府提供创新生态，企业、大学、用户等处于创新生态系统中，进行自组织演化创新，即产学研用的"共生式"模式，创新不仅输出产品，还输出服务及参与者体验。大学主动参与并体验创新，实现共生共赢。

由此可见，国家创新生态系统与国家创新体系的差别，主要就在"生态"二字上。国家创新体系无"生态"二字，因而还是强调国家自上而下地管理干预创新活动，而国家创新生态系统中的"生态"二字内涵丰富，强调的是政府不再干预创新的内生性而任其按照内部规律进行自组织演化。国家创新生态系统的构建需要发挥政府的治理和推动作用，但政府发挥治理和推动作用的边界是不能破坏和干预创新生态系统的内生性。

三、国家创新生态系统的构建

国家创新生态系统的构建，主要注重"生态"两字，我国从国家创新体系向国家创新生态系统的战略提升，能加快打造国家创新能力的"升级版"。尤其是当今时代，随着产业变革和新科技革命的启动及深化，全球的创新态势发生了深刻变化，出现了更加多元的创新主体，更加多样的创新活动，更加多变的创新路线，更加灵巧的创新链条，因而创新创业大众化的趋势也更加明显，世界范围内的科技与经济的竞争更多体现在以创新生态系统为主的综合性创新能力的竞争上。我国急需在国家创新生态系统的构建上加快进度、加大力度。构建具有中国特色的国家创新生态系统，需要系统谋划、深入研究、统筹推进。目前关键的环节是坚持问题导向，重点解决束缚创新创业活动的体制机制缺陷与障碍，进一步激发科技人员及大众创新的能动性和积极性。最重要的是，内生性是国家创新生态系统的典型特征①。

政府的主要作用是推动创新活动，即在创新活动中，并不干预创新的规律性活动和具体过程，但应营造自由宽松的创新环境，构建支撑创新活动的坚实的基础设施，完善创新各要素之间的联系，通过政策制定、体制机制改革等措施推动其他创新要素的发展与成熟，策划、组织社会创新活动等，促使创新生态系统进行自组织演化。

从提供良好的创新文化、提供有力的创新政策支持、加强创新主体的协同合作、加大创新资源的投入四方面着手，构建高效的国家创新生态系统。主要如下②：

1. 提供良好的创新文化

任何创新都需要有良好的社会文化环境，一个尊重知识、尊重人才、崇尚科学、崇尚能力、鼓励创新、学术自由的文化环境，对于"创客教育"的开展无疑是十分重要的。没有党的"百花齐放、百家争鸣"的方针，不可能有我国艺术和科学的巨大发展；没有"实践是检验真理的唯一标准"大讨论，就没有今天中国的繁荣昌盛。

创新文化是指有利于促进创新活动开展的价值观念、行为准则和社会环境的综合体，是一种消除了无知与偏见，充分整合科学与人文，尊重植根于团队合作的个体学术自由，营造百家争鸣、开放和谐的良好氛围的文化形态。创新文化有利于催生创新灵感、激发创新潜能、保持创新活力，是一种鼓励探索未知，勇于提出新观点、新理论、新思想，激励发明创造，促进技术革新、制度创新、体制创新等的务实文化。

---

① 本报评论员. 构建国家创新生态系统迫在眉睫 [N]. 科技日报, 2016-10-22 (1).
② 费艳颖, 凌莉. 构建高效的国家创新生态系统 [J]. 人民论坛, 2019 (18): 62-63.

改革开放政策已经给科技创新提供了便利，国家创新生态系统思想的提出更是营造了一种良好的创新文化氛围。

在国家创新生态系统中，创新是核心，创新活动再也不是孤立的事件，必然涉及许多创新行为者之间的联系与相互作用，这是推动创新的关键。各系统要素的创新为高职院校"创客教育"提供了良好的创新文化。因此，要建立一个宽松的思想舆论环境，在全社会形成崇尚创新、鼓励创新的风尚。

2. 提供有力的创新政策支持

国家和政府应提供有力的创新政策支持，应尽快制定修订科技与创新成果转化法、反垄断法、标准化法、知识产权保护法以及公司法等法律法规，出台职务发明条例、商业秘密保护法等相关制度文件，完善和促进创新创业的法律环境。应进一步发挥服务型、引导型政府在推动创新创业等方面的重要功能，在创新政策制定、优秀创新人才聚集、市场环境营造、知识产权保护等方面发挥制度的供给效能，较好地维护国家创新生态系统的高效运行。我国目前在新兴产业与技术等领域的法律法规及制度政策尚不健全，所以，应尽快出台有关新兴产业与技术等领域的法律法规及制度政策，且根据实践需求使相关规定得到持续更新，增强法律法规及制度政策的适应性与针对性。同时，还应强调创新创业基础制度的完善，聚集优势创新资源，打造制度保障的合力，有效保障国家创新生态系统的高效运行。

在国家创新生态系统中，政府创新政策制定实施原则是：

（1）创新主体转换原则。创新政策应明确地把企业和高校推向技术创新主体性地位，即企业和高校成为技术创新的决策主体、投入主体、活动主体、创新成果享有的利益主体、创新风险承担主体。政府在技术创新中的角色应是技术创新的启动者、引导者、推动者和保护者，只有在特殊情形下，才针对个别项目成为技术创新主体[①]。因而，创新政策体系中大多数政策应属诱导性政策，刺激倡导企业、高校、企业家及科研工作者从事技术创新。

（2）创新政策协同原则。各类创新政策及创新政策与其他政策应协同配套。为此，制定创新政策的政府机构不宜多，各机构既要有分工，又要有协同，协商制定创新政策。创新活动是经济社会活动的一部分，受其影响制约，所以创新政策要与相关经济政策协同配套[②]。

（3）创新政策可操作原则。创新政策要有实施细则，要具有针对性和可

---

① 江莹. 理解创新政策 [J]. 安徽大学学报，2000（6）：109-112.

② 彭纪生，刘廷建. 完善我国技术创新政策的思考 [J]. 河海大学学报（哲学社会科学版），2000（4）：6-9，23.

操作性，无论是对技术创新过程，还是对技术创新行为主体，创新政策要有明确的指向对象，且定位准确[①]。

（4）创新政策力度原则。经济体制转轨期的政府管理普遍趋于软约束，但政府对技术创新要强化激励。

政府制定创新政策应坚持两个目标：一是促进科技的发展和繁荣，二是要推动科技成果取得社会效益和经济效益。在创新政策的鼓励和引导下，大学不仅能很好地进行知识生产，而且能有效地进行知识转化。

3. 加强创新主体的协同合作

多元化的创新主体是国家创新生态系统中的主要栖息者，在共生竞合中应维持动态平衡的状态，进行有效的协同合作。企业、科研院所、用户及大学等创新主体间应该构建高效的合作与联盟关系，进而实现创新资源的高效对接与互补。在共生协作的国家创新生态系统中，创新主体之间相互依存与制约，在此基础上保障系统的高效运行。所以，创新主体之间的产学研用协同合作质量和水平能直接决定国家创新生态系统运行的效果。为加强创新主体的协同创新，应构建完备的产学研用协同合作创新体系，以市场为主导向，确立企业在创新生态系统中的核心主体性地位。科研机构及大学（包括高职院校）的创新者应面向企业和市场的需求，建立大学（包括高职院校）与企业的高效互动机制。

4. 加大创新资源的投入

如何实现多元科技创新资源的科学积累以及合理配置，是我国构建国家创新生态系统亟待解决的难题。因此，应全方位加强创新资源投入，为创新生态系统构建提供关键支撑。第一，人才资源是科技创新的决定性力量。面对我国人才结构性短缺等问题，应建立健全科技创新人才的培养、使用和引进机制。同时，也应深化和完善教育体制机制改革，实现人才培养方法的创新，人才培养质量的提升，大力培育支撑中国智造、中国创造的高技能创新人才队伍。此外，还要加强科研院所、高职院校、高等院校等的创新条件建设，重视必要的物质激励，给予科研人员知识产权保护以及物质利益回报，最大限度地激发各类人才的创新才智。人才引进应坚持"以用为本，按需引进"的原则，重点引进关键技术领域及新兴技术领域的领军人才，通过产权及股权的确认与保护、科技项目的扶持等方式吸引、留住外国人才。第二，要加强科技创新基础设施建设，注重完善核心技术自主创新实验平台以及信息基础设施建设，不断

---

① 江莹. 理解创新政策 [J]. 安徽大学学报，2000（6）：109-112.

提升基础研发、信息安全保护、信息采集与处理等能力。同时，应避免科研设施闲置浪费和重复建设，要通过规范管理，逐步将国家大型科研基础设施和仪器向社会各界开放，实现其使用频率和利用效率最大化。第三，要加大科技创新财力资源投入，全面提高科技资金的使用效率。要引导企业合理增加研发投入，同时注重完善企业技术创新的相关金融政策，对企业自主创新形成有效激励。此外，还应提高金融机构对科技创新的服务水平和服务能力，通过设立风险投资基金、天使基金等，加大资本市场对科技创新活动的支持力度①。

第二节　构建区域协同创新体系

构建区域协同创新体系是一项需长期进行的复杂性工作，各核心要素之间的协同合作、相互作用和相互补充是构建区域协同创新体系的关键因素和核心内容。在体系设计中，以区域协同创新平台为核心，构建区域政府、企业、科研院所、高校等利益相关者之间的资源共享机制，打造区域协同创新体系，以保障高职院校"创客教育"的顺利运行。

一、打造区域协同创新平台

区域协同创新平台是保障创客活动开展的核心力量和重要载体。目前，我国在各区域已初步构建了以工程技术中心、技术创新中心、重点实验室等为主体的区域协同创新平台。虽然取得了显著成效，但这些平台还存在诸多问题，如各平台资源分散浪费、分工模糊不明等。根据技术和知识创新的运行规律，本书将区域协同创新平台划分为协同研发平台、协同孵化平台、协同产业化平台、公共服务平台、众创空间平台、协同育人平台，并系统地分析区域协同创新平台的内涵、特点、结构与功能等，主要如下②：

1. 协同研发平台

协同研发平台是集研究、探索与开发核心制造技术、关键工艺技术、设计方法等功能于一体的创新载体。协同研发平台主要包括重点实验室、技术创新中心、工程实验室等。

---

① 本报评论员. 构建国家创新生态系统迫在眉睫 [N]. 科技日报, 2016-10-22 (1).
② 韩博. 区域协同创新体系构建的路径选择 [J]. 中国经贸导刊, 2013 (29): 7-9.

2. 协同孵化平台

协同孵化平台是基础性研究的延续和具化，是将抽象的基础理论研究变成具体的应用性新工艺、新作品和新产品的必经之路，也是协同产业化平台的前置场所和前提条件，是创新成果与区域产业之间的纽带和桥梁，能加快创新成果的孵化与转化。

3. 协同产业化平台

协同产业化平台是采用市场化的运作模式，将创意、创新成果转变成现实产品的平台，此平台具有一定规模，且主要目的是产生经济效益。创新成果市场化应遵循市场运作规律，存在诸多难以预料的因素，因而成功转化还存在一定风险。所以，协同产业化平台主要是根据市场情况对成果转化的每个阶段和每个流程制定具体可行的目标，且对阶段性成果转化情况进行评价，予以完善与改进，并及时调整协同研发平台的战略方向和策略。

4. 公共服务平台

区域公共服务平台应由政府以购买服务或委托管理的模式牵头构建。公共服务平台主要是为协同研发平台、协同孵化平台及协同产业化平台的高效发展提供服务支撑和相关信息，包括信息资源共享平台、科技咨询服务机构，如科学数据共享平台、科技文献共享平台、自然资源共享平台、仪器设施共享平台、生产力促进中心、创新投融资平台、行业检测服务平台、评估平台等等。公共服务平台是促进区域协同创新平台内的创新资源优化配置，提升创新能力，实现协同创新可持续发展的前提条件和基础平台①。所以，政府应充分发挥引导和推动作用，实现基础设施和创新资源的高效网络化集成，以增强和提升区域协同创新平台的整体运行效果与效率。

5. 众创空间平台

在"大众创业、万众创新"的国家战略背景下，应强调区域众创空间对"创客教育"规划、统筹与实践的支持。应该认识到区域创新与创造是社会创新与创造的重要源泉，打造高效的区域众创空间在帮助区域民众知晓、掌握、参与、发展创新与创造活动，支持区域民众创新、创造、创业等方面发挥着重要作用。加强区域"众建众创共享"式创客空间建设，能为高职院校"创客教育"提供强有力的保障。

《国家中长期教育改革和发展规划纲要（2010—2020年）》明确提出要"广泛开展城乡社区教育，加快各类学习型组织建设，基本形成全民学习、终

---

① 韩博. 区域协同创新体系构建的路径选择 [J]. 中国经贸导刊，2013 (29)：7-9.

身学习的学习型社会"，要"统筹开发社会教育资源，积极发展社区教育"。"社区"是社会民众的主要生活区域，不仅是民众共同生活的空间，同时也是民众共同学习、协同创新、共同创造的重要空间和平台，为民众提供了回归生活、体验生活、创造生活、优化生活的活动机会与空间。社区中的创意、创新与创造让人们更具活力和生命力①。因而，打造社区创客空间具有重要的意义。社区创客空间比校园创客空间在规划、设计、打造、管理与应用等方面更具有挑战性。譬如：社区创客空间具有更加灵活的应用模式，能承载更加多样化的创客活动，有更强的生活关联性，更强调创新与创造成果的分享、展示与应用转化，"创客教育"课程虽然相对零散但更有针对性等。社区创客空间能满足社区中不同知识、不同技能与不同年龄的民众在不同时间的需求，能承载多样化的社区创客活动，能实施形式多样的"创客教育"。从这个意义上说，社区创客空间不只是一个简单的工具空间，而是具有整合性、开放性，多功能的社区空间与教育空间，具有复合型功能②。

社区创客空间主要由社区资源打造，为社区发展服务但又不局限于此。此外，如何发展社区创客成员，让社区创客空间能够真正被有效利用起来也是社区创客空间发展过程中必须面对的问题。虽然美国社区创客空间的功用与应用是基于美国的特定情境，但我们仍然期望相关探讨可以为我国社区层面的"创客教育"实践、社区创客空间的有效建设与应用提供有益启示③。

同时，在"互联网+"背景下，应积极打造数字化创客空间。数字化会极大降低教育资源的边际成本，即与实体资源相比，数字化教育资源的优点为零成本复制。这不但减少了教育资源的占有率，能实现教育资源的有效流通、共享和配置的均衡化；而且减少了教育资源配置的利益纠纷，能有效实现教育资源使用与利益回馈的对等；还能推动并生成教育资源建设的新模式④。

数字化教育资源应推行"众建共享"模式，其动力目标是满足"创客教育"的需要，其动力主体为社会民众，其动力机制为共享共赢，其动力燃料为众筹资金。"众建共享"模式能更高效合理地统整"创客教育"资源的每一个要素，同时构建基于资源创建共享、资源利益共享、资源服务共享、资源管

① 李卢一，郑燕林. 美国社区创客教育的载体：社区创客空间的发展动力、功用与应用 [J]. 开放教育研究，2015，21（5）：41-48.

② 李卢一，郑燕林. 美国社区创客教育的载体：社区创客空间的发展动力、功用与应用 [J]. 开放教育研究，2015，21（5）：41-48.

③ 李卢一，郑燕林. 美国社区创客教育的载体：社区创客空间的发展动力、功用与应用 [J]. 开放教育研究，2015，21（5）：41-48.

④ 杨刚. 创客教育双螺旋模型构建 [J]. 现代远程教育研究，2016（1）：62-68.

理共享的"大众式"资源开放与建设机制，在此基础上构建解决资源管理、建设、共享、绩效与服务的新模式。通过统筹整合社会民众力量而进行教育资源建设，不仅能使"创客教育"所需的共享服务绩效以及资源生成的问题得到有效解决，使数字化教育资源融入"创客教育"公共服务领域①；还能进一步满足社会民众的"非正式学习"要求，将数字教育资源的服务对象由原来的学校群体变为社会大众，从而能更有效地推进"学习型社会"建设。所以，在"草根时代"建设数字化教育资源具有重要作用，同时也是可行的。

6. 协同育人平台

严格意义上说，协同育人平台融合于以上五大协同平台之中。协同育人平台的最终目标是培养"创客式"人才。该平台的人才培养功能在其他五大协同平台的运行过程中伴随完成。协同育人平台还需结合区域协同创新团队及区域人才建设计划，使人才培养融合于区域协同创新体系中，达到协同育人的目的。

在以上平台之间构建信息互通、服务顺延、资源共享的机制，使平台之间形成协同效应，能更高效地推进创新活动的实施与发展②。

二、构建区域资源共享机制

区域资源共享机制包括区域人力资源共享机制、区域物力资源共享机制、区域财力资源共享机制、区域信息资源共享机制、区域文化资源共享机制，详细内容如下③：

1. 区域人力资源共享机制

区域人力资源共享机制主要是指区域内高职院校、行业、企业等"创客教育"利益相关者单位的管理者、员工、学生、教师等进行交流沟通的方式与途径等。这需构建利益相关者单位之间人力资源共享的常态机制，包括高职院校教师去企业等单位培训、实践，企业员工去高职院校培训，行业企业专家去高职院校兼职，学生去企业顶岗实习及实训，高职院校教师的跨校互聘联聘，区域内不同学校的学生交流互动（包括中高职学生衔接以及同级学生交流及学分互认），以及良好的毕业生就业创业机制等。

---

① 杨刚. 创客教育双螺旋模型构建 [J]. 现代远程教育研究, 2016 (1)：62-68.
② 韩博. 区域协同创新体系构建的路径选择 [J]. 中国经贸导刊, 2013 (29)：7-9.
③ 唐小艳, 孙悦. 职教集团资源共享的综合评价指标构建 [J]. 现代教育管理, 2013 (11)：85-89.

2. 区域物力资源共享机制

区域物力资源共享是高职院校"创客教育"资源共享的又一重要方面。一些大型实验仪器设备等教学科研资源，由于稀缺且采购成本高，并不是所有院校都有条件具备，这需要建立共享共建机制，逐渐提高物力资源的利用效率，从而达到提高利用率、节约成本、获得经济效益的目的。

物力资源共享主要包括：区域图书馆、图书资料的开放共享，教学科研仪器设施设备的共用共享，教学科研试验基地或实验室在区域各高职院校之间的共建共享。同时，各高职院校可以以技术入股联合企业共办产业，进一步探索高职院校产业开发的实施路径和规模经济，并且由有关部门制定物力资源向城乡社会开放的实施细则，统一调配区域资源，形成有序的物力资源共建共用共享机制①。

3. 区域财力资源共享机制

区域财力资源是高职院校"创客教育"利益相关者的各项资源货币化的集中体现，这需要政府对高职院校拨款、利益相关者单位（主要是企业、行业、社会力量等）对高职院校赞助拨款，以保证高职教育办学经费充足。

同时，高职院校、企业、行业等利益相关者应协同合作，通过共同承担技术服务项目及科研项目，从而共同创收资金。各利益相关者的共同收益越高，在一定程度上表明产教融合的效果越好，这也能使高职教育办学经费更充足。

4. 区域信息资源共享机制

在"互联网+"背景下开展高职教育创客资源共享平台建设，积极推进"互联网+"战略，加快智慧校园、未来教育、先进教室建设步伐，打破高职院校之间以及与其他利益相关者之间的网络壁垒，逐步实现网络一体化。构建区域内功能丰富的资源共享平台，实现信息资源网络共享②，实现教学、管理、资源、制度等一体化，实现资源利用效益最大化。

信息一般有四种形态：文本、数据、图像、声音③。高职院校"创客教育"的利益相关者可建立联盟网站，共享网络教学资源、人才需求信息资源、科研信息资源、管理信息资源等。网络教学资源共建共享主要包括利益相关者成员共建共享的专业、课程、实习实训等网络教学资源库；人才需求信息资源

---

① 李哲，王昕，朱胜慧，等. 重庆市职业教育公共资源共享机制建设研究［J］. 哈尔滨职业技术学院学报，2018（1）：14-16.

② 何廷玲，唐敏，冯兰. 重庆市教育信息资源公共服务平台的运行研究［J］. 重庆工商大学学报：社会科学版，2007，24（2）：149-152.

③ 田秀萍. 职业教育资源论［M］. 北京：光明日报出版社，2010：90.

共享主要是指利益相关者联盟内行业企业及时更新人才需求信息，学校根据信息及时调整人才培养方向，多方共同确定人才培养方案等；科研信息资源共享主要包括集团成员单位及时共享科研动态、科研成果信息等；管理信息资源共享主要包括人力资源管理、教学管理等网络信息系统的共同开发及维护等。

建立校企共同进行职业教育信息资源开发的机制。建议设立中央和地方职业教育数据库，分门别类地收集我国行业企业的专业资源、课程资源、师资资源、培训设备资源等，加强校企之间资源上的优化配置，减少信息不对称，便于优质高职教育资源的共享。

5. 区域文化资源共享机制

按结构要素划分，利益相关者的文化资源包括以下三个内容：制度文化、物质文化及精神文化。各利益相关者应构建畅通的共享机制，共享制度文化、物质文化及精神文化。

制度文化属于管理文化，是各利益相关者的规章制度及组织形式、行为准则所反映出来的文化，是利益相关者单位相互约定必须遵守的行为规范。"创客教育"利益相关者之间应相互借鉴制度文化，高职院校可借鉴企业制度文化，使教育制度更规范；企业也可借鉴高职院校的制度文化，使企业制度更人文化。

物质文化属于显性文化，反映在建筑风格、实习实训场所、花草树木等物质建设上，具有形象、直观的特点。"创客教育"利益相关者之间应相互借鉴物质文化，区域内高职院校和企业在物质文化上应相互借鉴，特别是高职院校的校园文化应具有行业特色，以增强差异性、特色化和辨识度。

精神文化属于隐性文化，是观念层面的文化，集中表现在学校的办学理念与行业企业、科研院所等利益相关者单位的经营理念上。利益相关者之间应相互借鉴，且共享品牌文化（高职院校教学及科研重点项目、企业品牌）等。

区域政府要统一协调，组织相关职能部门对以上问题进行研究，明确相关的规定，建立相应的机制，使资源共享工作规范推进。关于企业用工需求信息与学校专业技能人才培养信息间缺乏全面沟通的问题，政府可以建立相应层面企业用工需求信息与学校专业技能人才培养信息的公共信息发布平台，及时更新，公开发布；关于实训实习中学生发生意外伤害的预防措施和处理问题，可以分别明确学生实训实习期间企业和学校的安全责任，明确意外险购买主体和经费来源，明确发生意外后责任主体应承担的经济赔偿责任等；关于实习学生的报酬支付问题，要明确报酬最低标准和支付办法，同时规范实习期间学生加班、事假、病假以及考核奖励等相关问题；关于学校引进和聘用企业高层次工程技术人员、高技能人才担任专业课教师和实习指导教师的机制问题，要尽快开通引进政策渠道，规范引进条件和程序办法等，并尽快建立聘用人员报酬支付的政策性规定，明确资金来源；关于绩效工资实施后，学校为企业培训员工、研发产品等形成的经济效益处理机制问题，制定的政策应有利于校企合作的深入开展，有利于调动职业院校的积极性，学校可将为企业培训员工、研发产品等列入教师工作量和绩效考核范围。同时，学校可根据实际需要成立由实习生代表、家长代表、企业代表和校方代表组成的"实习管理委员会"，明确其权利和义务，协调解决学生实习中发生的问题和矛盾，平衡各方利益，保护学生合法权益，为校企合作营造良好氛围①。

在协同创新体系中，涉及区域整体发展的核心关键问题和共性技术由政府以产业技术路线图的形式直接组织，推动协同创新。涉及产业发展的关键、共性技术以产业技术创新战略联盟和工业技术研究院为载体，推动协同创新。涉及产业发展的重点技术以区域网络式创新为主要形式，推动协同创新。涉及企业的关键技术，以虚拟网络组织、产学研合作为主要形式，推动协同创新②。

第三节　打造创新型高职院校

《国务院关于印发国家职业教育改革实施方案的通知》（国发〔2019〕4号）指出："职业教育与普通教育是两种不同教育类型，具有同等重要地位。"职业教育作为一种教育类型，由中职教育和高职教育构成，高职教育又包括专科层次的高职院校、应用型本科、专业研究生教育等层次。目前，随着应用型本科建设工作的推进，职业教育体系日趋完善，高职院校也不再是职业教育的终点，而是作为起点，去连接应用型本科以及专业学位研究生教育③。高职教育的重新定位，必然要对传统高职教育进行改革。同时，随着创新 3.0 的兴起，与普通本科院校的基础领域创新不同，高职院校应肩负起技术技能创新的重任，不仅是知识的生产源和传播源，同时应紧跟时代步伐，完善院校职能，即创新技术技能的职能，从社会的边缘走向社会的中心。因而，传统的高职院校已不再适应知识经济时代的发展要求，不利于"创客教育"的开展，应构建创新型高职院校，以在院校（微观）层面保障"创客教育"的顺利进行。

---

① 曾桂英. 职业教育校企合作政策保障的几点思考［J］. 当代职业教育，2013（4）：7-9，20.
② 韩博. 区域协同创新体系构建的路径选择［J］. 中国经贸导刊，2013（29）：7-9.
③ 曹起武. 新形势下高职院校在高等教育中的地位分析［J］. 高等农业教育，2015（7）：99-101.

一、创新型高职院校的特征

创新型高职院校的基本特征为：以创新为学校发展的核心理念；以培养未来化的"创客式"人才为学校的人才培养目标；以高绩效的创新团队为主要的创新主体；以产学研用相结合的模式为创新成果转化的主渠道①。

（一）以创新为学校发展的核心理念

核心理念引导高职院校的发展，具有导向、调节和评鉴的功能，影响着高职院校领导者的管理，也决定着高职院校教师和学生的地位、作用和活动的效益。可以说，有什么样的教育思想理念就有什么样的教育行为和教育实践。创新型高职院校的创新理念是知识经济时代社会发展的反映。知识经济的发展过程有着明显的"跳蛙式"特点，经历着"知识的获取与选择—知识的改组与创新—知识的运用与推广—知识的产业化"这样一个快速转换的过程，以此推动社会生产力和经济的发展。因而，创新对于生产的发展及发展的质量具有决定性的作用。它是连接科学技术进步与经济发展的一个转化媒介，决定经济发展的速度与效益。

创新不仅是人的理性思维活动的产物，而且与人的非理性思维如欲望、需要、热情、意志、冒险等因素密切相关，其中尤以冒险为最，创新就是要敢于冒险。创新型高职院校的全体师生必须解放思想，打破传统的思维模式，敢于冒失败之险，冒反对权威之险，敢于反对传统势力，大胆地试、大胆地闯，开辟一条崭新的道路。

（二）以培养未来化的"创客式"人才为学校的人才培养目标

在创新 3.0 时代，"创客式"人才将会处于一个更为重要的位置。随着高科技的发展，世界各国在经济、政治、文化方面的竞争将会更加激烈，竞争的焦点是"创客式"人才的竞争。"创客式"人才必须是满足未来社会需要的人才，即未来化"创客式"人才。

创新型高职院校紧跟时代步伐，以培养未来化"创客式"人才为人才培养目标。"未来化"是当今国际上流行的一种新概念，即用未来决定现在。因为未来社会的经济、教育和科技基于现代社会的不断运动和发展，所以未来化为现代人的思想观念、行为准则注入了新的活力。正如国际未来研究所儒佛内尔博士所说："明天的资本就是智慧。"② "未来化"强调对人的智慧的培养，

---

① 唐小艳. 试论创新型大学的基本特征 [J]. 当代教育论坛，2006 (5): 105-106.
② 王玉恒. 智慧教育之一：认识人的智慧 [EB/OL]. [2005-10-09] 中国教育和科研计算机网. http://www.edu.cn/20020412/3024917_5. shtml/.

即对人才创新能力的培养。人的智慧不仅可以创造我们现代的物质文明和精神文明，还可以创造人类本身。通过教育能培养出适应社会变化、能创造性地解决可持续发展问题并具有国际意识和全球观念的人才①。同时，笔者认为创新型高职院校所培养的人要能适应未来社会的发展，不仅要具有创新能力，还要具有较强的创业能力。创业需要强烈的成就感，要有创建事业、发展事业的热情、冲劲、恒心和意志，要敢于冒险，同时又要胆大心细。"创客式"人才既要又有较强的经营管理能力，又要有良好的人际关系、合作精神和感召力，能在实践中逐步锻炼及获得创业必需的知识准备。这种"创客式"人才能更好地适应未来社会的变化。

创新型高职院校所培养的人才能面向世界、面向未来，具有创新和创业等多种能力，能敏锐地洞察社会的发展动态以及未来的发展趋势，运用创造性的思维和多方面的知识，从容灵活地迎接未来社会的挑战。

（三）以高绩效的创新团队为主要的创新主体

创新团队是创新型高职院校主要的创新主体。高绩效的创新团队可以形成设备和人力资源的有效凝聚，共同完成重大项目的技术攻关，产生具有前瞻性、高显示度的技术技能创新成果。同时，高绩效的创新团队提供了交流信息、切磋思想、阐述见解的渠道，培育了不同学科及专业知识交叉、互补、综合的土壤，容易形成相对完整的知识结构，从而不断完善团队的创新成果。创新团队建设能克服个人片面、武断的思想障碍，使大家在平等、民主、自由、活跃的创新气氛中，对学术问题进行交流讨论、比较参考、批判创新和融化组合，进而去寻找和推敲真理，有利于不同个体和整体克服自身的局限和认识的偏颇，从而接触真理、揭示真理，推动创新型高职院校原创性成果的获得。创新型高职院校以高绩效的创新团队为主要的创新主体，推动技术技能创新。

（四）以产学研用相结合的模式为创新成果转化的主渠道

近年来，我国高职院校取得的技术创新成果中有绝大多数未能转化为现实生产力，大多数专利被束之高阁，从而造成了大规模的人、财、物等资源浪费。这主要是因为传统高职院校忽视创新成果的转化，而且能够取得较好经济效益的转化成果极少。

创新型高职院校能及时地把创新成果转化成现实的生产力，这一点是与传统非创新型高职院校的最大区别。创新型高职院校以产学研用相结合的模式为创新成果转化的主渠道，已从社会的边缘走进社会的中心，从社会的服务部门

---

① 曹菱红. 未来化：关于创新型人才培养的思考 [J]. 教育探索，2003（10）：6-8.

转化为社会要素的直接生产部门。产学研用相结合的模式是教育、科技与经济结合的较好形式。通过产学研用相结合，创新型高职院校能缩短创新成果向生产力转化的周期，推进高职院校技术创新和产业化，以提高国家的生产率和竞争力。

从这个意义上说，创新型高职院校不再是"知识的传播器"，而是成了"知识的经纪人"①。可将知识的经纪人定义为这样的组织或个人：他们通过将知识和思想传播到一个新的、可能导致新的创新机会的地方的活动而获得必要的报酬。知识的经纪人一般以新的产品设计方案、生产过程、发展战略咨询、教育课程以及各种智力服务的形式，将知识和思想传播到各行各业。创新型高职院校在整个"经纪"知识的过程中都进行着创新活动，将产学研用四个部分有机结合起来。它不是简单地进行知识的生产和知识的传播，而是强调知识的应用和知识的转化。从与传统非创新型高职院校的区别上讲，创新型高职院校作为"知识的经纪人"，具有以下功能：①经纪信息功能，即把高职院校的科研成果、科研动态、科研人才等信息及时整理，通过学术论文、科研报告、学术交流、洽谈会、发布会等渠道介绍给企业，同时又广泛收集企业的需求信息并提供给高职院校的科研人员；②经纪技术功能，即企业将在技术创新中遇到的技术难题提供给高职院校，高职院校的创新团队及时提出解决方案，并加强与企业的合作；③经纪孵化功能，即在高职院校成果与企业需求之间建立孵化机构，把创新成果孵化为能为企业接受的可直接产业化的成果。④经纪培训功能，即高职院校凭借其知识和智力资源丰富的优势为企业培训人才，有针对性地为企业员工提供继续教育和终身教育。

总之，创新型高职院校具有了促使创客成长的特征，是保障"创客教育"有效推进的微观环境。

二、创新型高职院校对"创客教育"的氛围浸染

（一）营造良好的创新氛围

从创新型高职院校的特征可以看出，创新型高职院校视"创新"为学校发展的核心理念与核心竞争力，积极倡导追求真理、鼓励冒尖、热爱科技、崇尚创新的价值观，确立一种敢冒风险、宽容失败的取向，大胆推崇创新，鼓励创新，使人人皆知，努力营造一个人人谈创新、时时想创新、无处不创新的环境氛围。同时，创新型高职院校应树立师生中的创新典型，以其特有的感染

---

① 张振刚. 论知识的经纪人 [J]. 科技进步与对策，2003（2）：31-33.

力、影响力和号召力，为师生员工提供可资模仿的具体榜样，并开展有目的、有计划的培训和教育，使师生员工系统接受和强化认同学校所倡导的组织精神和组织文化①。

创客在这样的创新氛围中，往往能取得较好的成果。

(二) 营造民主的学术与学习氛围

民主的学术与学习氛围分为两个方面：一是学术氛围，二是学习氛围。由于"创客教育"不仅是学生简单的学习过程，还涉及与教师共同的探究和研究的过程，学术与学习氛围的营造都要强调民主自由。

科学技术创新从本质上来说是一种精神活动过程，心情舒畅是技术创新的必要前提。没有哪一种体力劳动会像技术创新这样如此依赖工作者的情绪。现代心理学研究表明，薪酬等物质因素仅能调动个人工作能力的60%，相对于其他社会阶层而言，创新人员对尊重需求和自我实现需求能否得到满足尤为看重。"官念"淡化、平等合作、互敬互信的学术与学习氛围往往能使技术人员感到受重视、有尊严，产生自豪感和成就感，获得自我实现的满足，从而激发其创新的热情②。这样的工作氛围和学习氛围不仅应当存在于普通教师和学生之间，而且应当存在于高职院校管理者与普通教师之间，至于必要的约束可以通过规章制度与合同来保证。

在创新型高职院校里，鼓励学术自由、学习自主，是探索真理、发展技术、培养创客的先决条件。只有学术与学习民主，才能活跃人们的思想，培养创造性思维，激励人们学术创新与创造学习；只有学术与学习自由得到保障，才会出现学术繁荣、创新人才辈出的局面。创新型高职院校应坚持教学、科研并重，创新型高职院校在学术与学习上应坚决反对门户之见，发扬学术与学习民主的传统，在校内各学科之间形成相互尊重、兼容并蓄的氛围，真正做到尊重知识、尊重人才，形成一种识才、用才、爱才、聚才、知人善任、广纳贤能的机制，同时大力宣传在学术研究方面作风严谨、成绩突出的先进个人及其典型事迹，以先进典型个人的高尚人格和严谨的治学态度影响和带动全校学术与学习氛围建设③。学生的创客素质在民主的学术与学习氛围中，能获得可持续发展。

---

① 吴畏，陈泞. 构建高校创新文化研究 [J]. 煤炭高等教育，2005 (1)：80-82.
② 朱晓刚. 为科技创新提供良好的人文环境因素 [J]. 科学决策，2005 (5)：24-25.
③ 王豫生. 大力营造四种氛围 不断加强思想工作 [J]. 福建农林大学学报 (哲学社会科学版)，2003 (1)：1-4.

（三）营造浓厚的人文氛围

创新型高职院校创客教师的人文素养对"创客教育"的发展具有重要影响。人文素养是指一个人的知识、能力、意志、情感等经过"内化"提升而形成的相对稳定的人生观、价值观、人格、气质、修养和行为方式，主要表现为哲学素养、道德修养、法制观念、教育意识、艺术鉴赏能力等，体现了一个人是否的具备人文知识、人文思想、人文方法、人文精神①。对于创客教师来说，不仅要具有聪慧的头脑和非凡的智力，奉献还要具备基本的人文素养，有淡泊名利、善于合作、勤奋探索的科学奉献精神，有百折不挠、坚定不移的意志。此外，具有很好的哲学素养，对创客教师来说也很重要，因为这直接影响人的思维方式，潜移默化地影响对学生的人文素养培养。

深厚的人文素养使教师和学生思维活跃、视野开阔，能多视角、多方位地审视遇到的问题，有利于提出最佳解决方案；同时，还能激发人们的灵感与想象力，提高创造能力。因此，必须大力发展人文学科，创造适合"创客教育"发展的人文氛围②。

从创新型高职院校的定义及特征可以看出，创新型高职院校非常重视人文氛围的营造，它不像部分普通本科大学那样片面强调理工学科研究，而是在协调理工学科和人文学科的设置比例，推动高职院校和谐发展。

创新型高职院校培养的学生既具有较高的技术水平，又具有较深厚的人文素养，在科技精神与人文精神的碰撞中，促使高职院校形成良好的人文氛围。

三、创新型高职院校对"创客教育"的制度保障

创新型高职院校通过相关制度的制定来保障"创客教育"的顺利开展。

（一）注重柔性的目标管理

创新型高职院校注重柔性的目标管理，有利于师生创新思维的发挥。传统的管理是一种"过程管理"，而目标管理是一种"结果管理"，即通过制定计划目标、考核目标完成情况，辅以赞美、肯定等柔性管理手段，兑现奖惩措施。目标管理并不特别关注完成目标的手段和具体过程。大量的实例表明，创新人员的创新思维与活动有其自身的特点，需要更大的自由度，包括对时间和空间的自主支配，灵感的触发往往不限于规定的办公室以及 8 小时以内。换言之，创新人员每天的实际工作时间往往超过 8 小时，过度的管制只会遏制创新

---

① 纪延光，韩之俊. 论高校科技创新团队的人文环境建设 [J]. 学位与研究生教育，2004（9）：26-30.

② 阳剑兰. 我国大学科技园运行机制研究 [D]. 长沙：湖南大学，2003.

思维。因此对创新人员的管理，既不适用准军事化管理和刻板的作息制度，也不适宜采用管理流水线工人那样的监工方式①。总之，创新型高职院校不会试图用有限的时空来束缚无限的思维，而是采用核定工作量的柔性作息制度，这有利于创新。

（二）客观公正的激励机制

在制度上，高职院校必须按创造性劳动的本质客观公平地实施利益分配、奖励和职务晋升。只有这样才能真正鼓励教师去创新，鼓励他们致力于创新成果的转化，形成推动创新的不竭的动力源泉。然而目前在一些高职院校中，人才评价仍存在不少问题，主要表现在：要么不顾职工实际贡献的差异，过于强调分配结果的平等；要么根据关系的亲疏或个人好恶决定职工的业绩评价及分配奖励；此外，嫉贤妒能，冷落和压制人才的现象也时有发生。此类做法极大地挫伤了广大教师的创新积极性②。

创新型高职院校致力于建立良性的激励机制。其激励机制的建立原则是：在管理方式上要以市场为导向建立一个面向需求的"创客教育"运行机制，在调查研究的基础上不断完善创新政策，改进和建立有利于创新的管理制度，重视管理的科学性和规范性，尊重"创客教育"自身的特点和规律，主动引导"创客教育"发展的方向及资源的配置。完善"创客教育"评价体系，区别不同评价对象，坚持公平公正原则，倡导质量第一，营造有利于新人辈出、鼓励创客活动、促进创客资源优化配置的环境③。

政策是领导者为了实现某个目标而制定的一系列相关的文件，对广大创新人员的成果进行量化管理，目的是创造一个尊重知识、尊重人才的外部环境，肯定人才和智力劳动成果的价值，进一步调动教师的积极性，所以政策激励是一种积极的激励方式④。

创新型高职院校"创客教育"管理激励机制中的组织引导，主要表现在管理条例和管理方法的制定及实施等对师生需求的满足方面，为组织的引导、激励提供了较好的条件⑤。从组织上，一要尊重人才，尊重人才成长规律，并为师生的成才创造机会和条件；二要提供宽松的创新环境和优越的实验条件；

---

① 朱晓刚. 为科技创新提供良好的人文环境因素 [J]. 科学决策，2005 (5)：24-25.

② 朱晓刚. 为科技创新提供良好的人文环境因素 [J]. 科学决策，2005 (5)：24-25.

③ 彭丽华. 高校科研管理激励机制的构建及实施方略 [J]. 黑龙江高教研究，2004 (11)：36-38.

④ 凌申坤，刘晨. 略论科研管理中的决策与激励机制 [J]. 浙江海洋学院学报（自然科学版），2003 (3)：293-296.

⑤ 唐小艳. 大学科研创新团队的成长环境研究 [D]. 长沙：中南大学，2006：35-36.

三要建立严格且合理的人事制度和职称考评制度；四要充分发挥创客导师在"创客教育"中的作用。

（三）有力的创客成果转化机制

创客成果的有效转化可以将高职院校创客活动推向更高阶段。创客成果是否可行最终要通过实践活动加以检验，尤其是实用技术，只有应用于生产过程，才能验证它在不同环境下的适应程度。同时，创客成果只有通过推广转化才能暴露出在原来创客活动中没有发现的问题，从而为原有成果的改进提供方向。而合乎生产实践需要的创客成果，一经推广应用必然会推动生产的发展，而生产的进一步发展必然会对创客工作提出更高的要求，从而把创客工作推向更高阶段[①]。此外，创客项目也有赖于创新推广活动的检验并以此为依据进行调整，从而使创新工作更好地为生产服务。

四、创新型高职院校对"创客教育"的经费提供

（一）创新型高职院校的物质基础——项目经费

创新型高职院校除了给教师和学生提供制度保障，还应大力建设学校的创新资源和各类硬件软件条件，如项目基地和实验设备等，创造适合创新人员生活和工作的创客基地和人居环境等。

其中，项目经费是高职院校开展各种创客活动的物质基础，是衡量学校"创客教育"的规模、实力和地位的一个重要指标。

（二）创新型高职院校的经费来源——多样化渠道

当前我国创新型高职院校经费来源结构中，政府拨款占绝大部分，其他来源途径的经费少而且占比小，因此，许多高职院校仍处于社会边缘地带，不能充分发挥对社会的直接推动作用。但是，创新型高职院校则不然。

收入多样性是创新型高职院校的一个本质特征，多样化的资金来源具体包括：①其他的政府部门资金，这包括政府中与主要捐资者同一级别的其他部门的资金支持，像农业管理部门、林业管理部门、科技管理部门和经济发展管理部门等；同时也包括其他层次政府部门的资金支持，如地区、市级政府部门。这些资金使大学的收入渠道更加多样化。②私人组织资金，这主要包括：产业部门中大小各异的各种企业，鼓励成员继续接受教育的行业协会和公民协会，提供各种专项资金和无偿援助的慈善基金会。这些捐赠者的捐助多少不一，有

---

① 徐忆琳，叶正祥. 浅析我国高校科研成果转化率低的原因及对策 [J]. 科技进步与对策，2002 (8)：181-182.

的捐赠者能为学校提供一两项研究基金，有的捐赠者在某些研究领域的投入甚至可以和国家拨款相当①。③高职院校自身的收入，包括：学校校园服务机构如"校中厂"等取得的收入，科研经费、学生的学费，校友筹款，学校和教职员工共享的科技成果转让收入（专利转让等），等等。

正像我们单个家庭的投资，如果将鸡蛋放在一个篮子里，风险是很大的；如果将鸡蛋分散地放在几个篮子里，那么风险将会减少。同理，依靠单一的拨款资金来源，既不能建成真正自主创新的高职院校，也不能开展真正有实效的"创客教育"；只有依靠多样化的资金来源，特别是依靠高职院校自身的收入，才能使创新教育资金得到持续保障。

创新型高职院校应实现多渠道经费来源，争取各方资金，增加创收所得，为"创客教育"的物质建设提供坚实的基础。

五、院校案例：构建"政产学研用社"五位一体的"技术技能协同创新服务机制"

这主要是从微观层面出发，针对高职院校的特征，打造院校层面的技术技能创新服务平台，并协同政府、行业、企业、社会等各方力量，进行技术研发、技术服务、技术咨询、技术积累、技术普及等，增强高职院校自身能力建设和服务社会能力。

《国务院关于印发国家职业教育改革实施方案的通知》开篇指出："职业教育与普通教育是两种不同的教育类型，具有同等重要地位。""开展本科层次职业教育试点。""到2022年，职业院校教学条件基本达标，一大批普通本科高等学校向应用型转变。""经过5~10年左右时间，职业教育基本完成由政府举办为主向政府统筹管理、社会多元办学的格局转变，由追求规模扩张向提高质量转变，由参照普通教育办学模式向企业社会参与、专业特色鲜明的类型教育转变，大幅提升新时代职业教育现代化水平，为促进经济社会发展和提高国家竞争力提供优质人才资源支撑。"从国家最新政策可以看出，职业教育不再是一种层次教育，而是与普通教育平行的一种教育类型，职业教育也是由中职、高专、本科、硕士、博士学历构成的完整的教育体系。国家政策的变化是顺应经济社会的迅速发展而做出的相应调整。层次的提升是社会对职业教育提出的新要求，同时也对高职院校提出了新要求，需要高职院校进行"创客教育"。在院校层面实施"创

---

① 伯顿·克拉克，王晓阳，孙海涛. 自主创新型大学：共治、自治和成功的新基础 [J]. 清华大学教育研究，2000（4）：1-8.

客教育"的核心要素是打造"政产学研用社"五位一体的技术技能协同创新服务平台。

技术技能协同创新服务平台是指产教协同打造的"技术研发""技术服务""技术咨询""技术积累""技术普及"多功能结合,"政产学研社"五位一体的技术技能创新服务平台。"政校行企"四方联动,建设体现产教融合特色的技术技能协同服务平台,服务区域发展和产业转型升级。建设技术研发创新中心、技术应用服务中心、技术咨询智库中心、技术积累育人中心、技术普及科普基地五大子平台。

1. 建设技术研发创新中心

对接"政产学研社"五位一体平台的"研"的功能,产教融合利益相关者共建工程技术中心、实验室等技术研发创新中心,学校对接产业需求,加强技术研发,研发出新工艺、新流程。对具有产教融合性质的技术研发创新中心来讲,技术研究主要有三大功能:一是开展基础技术研究,即对新原理、新理论进行探讨,为新的技术发明创造提供理论前提;二是开展应用研究,即把自己或别人在基础研究中发现的新理论应用于特定的目标研究,以便为基础研究成果开辟具体的应用途径,使之转化为实用性技术;三是进行开发研究,即为把前两个研究过程中获得的成果应用于生产实践而进行研究,它是科学技术转化为社会实际生产力的中心环节。这三种研究活动是一个系统的整体,是促进科学研究中心协调、长远发展的重要条件,能避免科学研究的复制性,避免科学研究成果与应用的脱节①。高职院校产教融合开展的研究主要以后两类为主,即主要为应用研究和开发研究。

由长沙环境保护职业技术学院牵头的"湖南省环境保护大气挥发性有机污染物监测与控制工程技术中心""环境生物技术研究所"等平台,与行业企业联合共建技术研发创新中心,联合开展应用技术研发、工艺开发、工程设计等技术创新工作。长沙环境保护职业技术学院联合湖南省环境科学研究院、湖南省环境监测中心站、长沙华时捷环保科技发展股份有限公司、湖南万容科技股份有限公司等企业共建共享重点实验室2个,针对企业在环境保护工作中存在的技术问题,与企业联合开展调查研究和科技攻关,共同攻克在节能减排、清洁生产、污染治理等方面存在的难题,满足了湖南省环保科技和产业发展需求,获得"湖南省十大惠民科技成果贡献奖"。

---

① 罗汝珍. 市场经济背景下高等职业教育产教融合机制研究 [J]. 教育与职业,2014 (21):8-11.

2. 建设技术应用服务中心

对接"政产学研社"五位一体平台的"产"的功能，构建高职院校对企业进行技术服务和技术培训的常态机制。譬如：长沙环境保护职业学院主要采用校企合作模式，依托校企共建的具有独立法人资格的湖南产学研环境技术有限公司、长沙环院检测技术有限公司等技术服务实体，发挥校企在清洁生产审核、环境影响评价、环境检测等领域的优势，积极参与湖南省"水污染防治行动计划""大气污染防治行动计划""长株潭两型社会建设规划""湘江流域污染防治规划"等重大项目，为企业节能减排、污染治理提供技术孵化与应用，解决了企业的实际问题，为企业提供清洁生产审核技术咨询，帮助企业节电、节水、节煤，减排粉尘、废水、氮氧化物、二氧化硫及铅、铬、汞、镉、砷等重金属污染物；通过农村综合整治技术服务，协助湖南省各县市编制农村环境整治规划，使这些县市各自获得了平均 500 万元以上的国家财政补贴，有力促进了地方企业与社会发展。

3. 建设技术咨询智库中心

对接"政产学研社"五位一体平台的"政"的功能，充分发挥高职院校的智库作用，与政府直接合作，成为政府部门的决策咨询中心。高职院校通过编制行业标准及法规、向政府提供政策建议等方式，参与政府决策咨询服务工作。

长沙环境保护职业技术学院瞄准战略性新兴产业，大力开展环保标准研究，汲取国内外行业标准制定实施的经验，分析国内标准制定的不足，提出完善的对策与建议。长沙环境保护职业技术学院鼓励教师积极参与国家、行业、地方环保标准与技术规范的制定与修订，推动行业生产工艺和污染治理技术单新，引领产业发展。近年来，长沙环境保护职业技术学院先后主持编制国家行业标准 7 项、地方标准 10 余项，在全省甚至全国产生了较大影响。

4. 打造技术积累育人中心

打造技术积累育人中心体现了"政产学研社"五位一体技术技能系统创新服务平台的学的重要功能。这主要是从学校的育人功能出发，统筹政府、学校、企业、行业等多方力量，坚持"合作办学、合作育人、合作就业、合作发展"的原则，政校企行合作开展人才培养，共同确定人才培养目标、制定人才培养方案、开发专业课程体系、编写核心课程教材、共建专业实训室，实现师资和仪器设备共享，组建企业化二级学院等。

长沙环境保护职业技术学院与北控水务集团共建"北控水务学院"二级学院，按照企业模式进行专业建设与课程建设；与湖南省公共卫生环境检测行业协会共建"传帮带检测类专业班",使行业企业参与到人才培养全过程。

　　同时,市场经济需求的不断提升及其对技术技能人才素质和能力要求的提高,要求将新技术、新知识融入技术技能人才培养全过程,培养学生的创新创业能力,即培养学生"创客"。高职院校应打造"线上""线下"创客空间,成立创客实验室、创客工作室等创客中心,让学生在学习新知识、新技术的基础上提升创新创业能力,成为"创客式"人才,创造性地积累与传承技术技能。

参考文献

［1］吴康林. 工业 4.0 背景下技术技能人才需求分析及培养路径［J］. 西部素质教育，2018，4（23）：215.

［2］唐小艳. "创新 3.0" 背景下高职院校 "创客式" 人才培养探析［J］. 当代教育论坛，2019（3）：105-111.

［3］李志宏. 新古典经济增长理论的局限性：基于面板数据的实证分析［J］. 经济科学，2004（4）：101-109.

［4］李万，常静，王敏杰，等. 创新 3.0 与创新生态系统［J］. 科学学研究，2014，32（12）：1761-1770.

［5］CHRIS FREEMAN. The "National System of Innovation" in historical perspective［J］. Cambridge Journal of Economics，1995，19（1）：5-24.

［6］陈道江. 经济学的新发展：演化经济理论的回顾与展望［J］. 学海，2004（1）：155-161.

［7］KAYE F. A Handbook of The Science of Science Policy［M］. California：Stanford University Press，2011.

［8］THE EUROPEAN COMMISSION. Open Innovation 2.0-Sustainable Economy & Society－Stability. Jobs. Prosperity［R］. Dublin，Ireland：The European Commission，2013.

［9］张枝实，杨茹，陈东毅. 基于创新 2.0 的在线学习支持服务系统的构建［J］. 中国远程教育，2011（8）：68-72.

［10］胡畔. 多方面打造国家创新生态系统［N］. 中国经济时报，2018-05-28（002）.

［11］敬石开. "中国制造 2025" 与职业教育［J］. 中国职业技术教育，2015（21）：5-9.

［12］规划司.《中国制造 2025》解读之二：我国制造业发展进入新的阶段［EB/OL］.（2015-05-19）［2018-9-9］. http://www.miit.gov.cn/n11293472/

n11293832/n11294042/n11481465/16595200. html.

［13］2015 年财富世界 500 强［EB/OL］.(2015-7-22)［2018-6-9］.财富中文网 http://www.fortunechina.com/fortune500/c/2015-07/22/content_244435. htm.

［14］2016 年财富世界 500 强［EB/OL］.(2016-7-20)［2018-9-9］.财富中文网 http://www.fortunechina.com/fortune500/c/2016-07/20/content_266955. htm.

［15］国务院. 国务院关于印发《中国制造2025》的通知［EB/OL］.(2015-05-08)［2018-10-20］.http://www.gov.cn/gongbao/content/2015/content_2873744.htm.

［16］胡鞍钢，王洪川，鄢一龙. 中国现代化：人力资源与教育（1949—2030）［J］.教育发展研究，2015（1）：9-14.

［17］于志晶，等. 中国制造2025与技术技能人才培养［J］.职业技术教育. 2015，36（21）：10-24.

［18］杨刚. 创客教育双螺旋模型构建［J］.现代远程教育研究，2016（1）：62-68.

［19］李政."中国制造2025"与职业教育发展观念的转轨［J］.中国职业技术教育，2015（33）：38-44.

［20］陈诗慧，张连绪."中国制造2025"视域下职业教育转型与升级［J］.现代教育管理，2017（7）：107-113.

［21］国家发展改革委、外交部、商务部（经国务院授权发布）.推动共建丝绸之路经济带和21世纪海上丝绸之路的愿景与行动［EB/OL］.(2015-03-02)［2018-10-20］.https://www.yidaiyilu.gov.cn/yw/qwfb/604.htm.

［22］坚持"一带一部"战略定位［N］.湖南日报，2018-07-30（1）.

［23］李欢欢，付程程. 中国制造2025背景下湖南制造业优化升级研究［J］.企业导报，2015（20）：49-50.

［24］刘红."一带一路"产教协同峰会会议综述［J］.中国职业技术教育，2017（4）：20-23.

［25］苏丽锋，史薇."一带一路"倡议的政策红利与高等职业教育改革对策［J］.教育与经济，2018（5）：3-7，39.

［26］范唯，郭扬，马树超. 探索现代职业教育体系建设的基本路径［J］.中国高教研究，2011（12）：62-66.

［27］曹晔. 我国现代职业教育体系建设历程与发展趋势［J］.职教论坛，2012（25）：44-48.

［28］本刊记者. 新发展新动向：记高职班试点工作座谈会［J］.中国职业技术教育，1994（12）：43.

[29] 马树超,范唯,郭扬.构建现代职业教育体的若干政策思考 [J].教育发展研究,2011,(21):1-6.

[30] 范唯,郭扬,马树超.探索现代职业建设的基本路径 [J].中国高教研究,2011,(12):62-66.

[31] 马树超.职教体系建设应加强顶层设计 [N].光明日报,2012-03-24 (10).

[32] 王明达.努力推进现代职业教育体系的研究工作 [J].教育与职业,2004 (5):1.

[33] 唐高华.基于大职业教育理念的现代职育体系构建 [J].职业技术教育,2011 (22):19-22.

[34] 徐涵.关于建设中国特色的现代职业教育体系的思考 [J].中国职业技术教育,2012 (12):18-23.

[35] 韩民.有机衔接是体系构建的核心 [N].中国教育报,2012-03-21 (5).

[36] 周建松.关于全面构建现代职业教育体系的思考 [J].中国高教研究,2011 (7):74-76.

[37] 蒋旋新,蒋萌.中国特色现代职业教育体内涵与特征研究 [J].成人教育,2010 (8):17-20.

[38] 王长文.构建现代职业教育体系的思考与实践:在现代职业教育体系建设国际职教论坛上的讲话 [J].哈尔滨职业技术学院学报,2012 (4):1-3.

[39] 曹起武.本科院校转型形势下高职院校的定位分析 [J].职教论坛,2015 (22):40-43.

[40] CHRIS ANDERSON. Makers:The New Industrial Revolution [M]. New York:Crown Business,2012.

[41] 克里斯·安德森.创客:新工业革命 [M].萧潇,译.北京:中信出版社,2012.

[42] 陈安,林祝亮.职业院校创客教育的价值、现状及路径 [J].中国职业技术教育,2018 (2):25-28.

[43] 杨现民,李冀红.创客教育的价值潜能及其争议 [J].现代远程教育研究,2015 (2):23-34.

[44] 周京.探究高职院校创客教育的意义和策略 [J].教育观察,2018,7 (6):132-133,144.

[45] 金吾伦.创新的哲学探索 [M].上海:东方出版中心,2010.

[46] 郭伟,钱玲,赵明媚.我国教育视域下创客研究述评 [J].现代教

育技术, 2015, 25 (8): 107-112.

[47] DOUGHERTY D. Weare makers[EB/OL].[2016-12-25].http://www. ted. com/speakers /dale _ Dougherty.

[48] 姜奇平. 史诗般的创客与新工业革命 [J]. 互联网周刊, 2012 (23): 6.

[49] 祝智庭, 雒亮. 从创客运动到创客教育: 培植众创文化 [J]. 电化教育研究, 2015 (7): 5-13.

[50] 曾明星, 宁小浩, 周清平, 等. 面向大学生创客的网络学习空间构建 [J]. 中国电化教育, 2016 (11): 30-38.

[51] 姜艳玲, 古岱月. "互联网+" 环境下微视频实现创客学习研究 [J]. 中国电化教育, 2016 (6): 71-76.

[52] 朱龙, 胡小勇. 面向创客教育的设计型学习研究: 模式与案例 [J]. 中国电化教育, 2016 (11): 23-29.

[53] NMC. The NMC Horizon Report (2015 Higher Education Edition) [EB/ OL].[2016-12-25].http://www.nmc.org/publication/nmc-horizon-report-2015-higher-education-edition.

[54] 陈鹏. 基于创客项目的学习模式探究 [J]. 现代教育技术, 2016 (11): 13-19.

[55] 王同聚. 基于 "创客空间" 的创客教育推进策略与实践 [J]. 中国电化教育, 2016 (6): 65-85.

[56] 高群, 王小慧. 创新双螺旋视角下的高校创客教育模式 [J]. 中国石油大学学报 (社会科学版), 2016, 32 (4): 89-93.

[57] 郑燕林. 美国高校实施创客教育的路径分析 [J]. 开放教育研究, 2015 (3): 21-29.

[58] BLIKSTEIN P, KRANNICH D. The makers' movement and FabLabs in education: experiences, technologies, and research [C] //International Conference on Interaction Design and Children. New York: ACM, 2013: 613-616.

[59] 徐千慧. 真实性评价在创客教育中的应用研究 [D]. 深圳: 深圳大学, 2018.

[60] CALLICOTT B B, SCHERER D, WESOLEK A. Making Institutional Repositories Work [J]. Journal of Electronic Resources Librarianship, 2015, 28 (2): 137.

[61] THOMPSON G. The Maker Movement Connects to the Classroom: A Hands-OnApproach to STEM Engages Students, but How Does Project-Based Learn-

ing Connect with Standardized Testing? ［J］. T H E Journal, 2014, 41: 103-116.

［62］侯施昱. 利益相关者视角下的校企合作管理策略优化研究 ［D］. 上海: 华东师范大学, 2018.

［63］姚树伟. 职业教育发展动力机制研究 ［D］. 长春: 东北师范大学, 2015.

［64］EVANS J R. An exploratory study of performance measurement systems and relationships with performance results ［J］. Journal of Options Management, 2004, 10 (5): 326-354.

［65］ANSOFF H I. Corporate Strategy: An Analytic Approach to Business Policy for Growth and Expansion ［M］. New York: Mc-Graw-Hill, 1965.

［66］SANTORO M D, GOPALAKRISHNAN S. Relationship Dynamics between University Research Centers and Industrial Firms: Their Impact on Technology Transfer Activities ［J］. The Journal of Technology Transfer, 2001 (26): 163-171.

［67］CAROLL B A. A three dimensional conceptual model of corporate social performance ［J］. In Academy of Management Review, 1979 (4): 497-505.

［68］FREEMAN R E. Strategic management: a stakeholder approach ［M］. 1984.

［69］孙珊珊. 基于利益相关者视角的高职院校校企合作研究 ［D］. 沈阳: 沈阳师范大学, 2015.

［70］刘美玉. 企业利益相关者共同治理与相互制衡研究 ［D］. 大连: 东北财经大学, 2007.

［71］DONALDSON T, PRESTON L E. The Stakeholder Theory of the Corporation: Concepts, Evidence and Implications ［J］. Academy of Management Review, 1995, 20 (1): 65-91.

［72］WOOD D J J R E. Stakeholder matching a theoretical problem in empirical research on corporate social permance ［J］. International Journal of Orgnational Analysis, 1995, 3 (3): 229-267.

［73］ALKHAFAJI B A F. A Stakeholder Approach to Corporate Governance ［M］. 1989.

［74］CLARKSON M. A Stakeholder Framework for Analyzing and Evaluating Corporate Social Performance ［J］. Academy of Management Reviw, 1995 (20): 92-117.

［75］ATKINSON A A, WATERHOUSE J, WELLS R B. A stakeholder approach to strategic performance measurement ［J］. Sloan Management Review, 1997, 3 (38): 25-37.

［76］JENSEN M C, MECKLING W H. Theory of the firm: Managerial agency costs and ownership structure ［J］. Social Science Electronic Publishing, 1976, 3 (4)：305-360.

［77］BAUMANN-PAULY D W C S. Organizing Corporate Social Responsibility in Small and Large Firms：Size Matters ［J］. Journal of Business Ethics, 2013 (4)：115.

［78］郭德芳. 利益相关者分类研究综述 ［J］. 东方企业文化, 2012 (15)：158.

［79］张凡. 利益相关者导向的内部控制研究 ［D］. 青岛：中国海洋大学, 2008.

［80］MITCHELL R K, AGLE B R, WOOD D J. Toward a Theory of Stakeholder Identification and Salience：Defining the Principle of who and What Really Counts ［J］. Academy of Management Review, 1997, 22 (4)：853-886.

［81］周柳. 基于利益相关者视角的现代学徒制研究 ［D］. 广州：广东技术师范学院, 2011.

［82］柳锦铭. 基于利益相关者的品牌危机管理研究 ［D］. 天津：天津大学, 2007.

［83］张维迎. 所有制、治理结构及委托—代理关系：兼评崔之元和周其仁的一些观点 ［J］. 经济研究, 1996 (9)：3-15.

［84］杨瑞龙, 周业安. 论利益相关者合作逻辑下的企业共同治理机制 ［J］. 中国工业经济, 1998 (1)：38-45.

［85］林萍. 利益相关者理论综述 ［J］. 闽江学院学报, 2009, 30 (1)：54-58.

［86］杨瑞龙, 周业安. 企业的利益相关者理论及其应用 ［M］. 北京：经济科学出版社, 2000.

［87］贾生华, 陈宏辉. 利益相关者管理：新经济时代的管理哲学 ［J］. 软科学, 2003 (1)：39-42, 46.

［88］万建华, 戴志望, 陈建. 利益相关者管理 ［M］. 深圳：海天出版社, 1998.

［89］陈建煊. 利益相关者管理 ［J］. 经济管理, 2000 (4)：58.

［90］李心合. 面向可持续发展的利益相关者管理 ［J］. 当代财经, 2001 (1)：66-70.

［91］陈宏辉. 企业的利益相关者理论与实证研究 ［D］. 杭州：浙江大学, 2003.

［92］吴玲. 中国企业利益相关者管理策略实证研究 ［D］. 成都：四川大

学，2006.

[93] 温素彬，方苑. 企业社会责任与财务绩效关系的实证研究：利益相关者视角的面板数据分析 [J]. 中国工业经济，2008（10）：150-160.

[94] 中国社会科学院语言研究所词典编辑室编. 现代汉语词典 [K]. 北京：外语教学与研究出版社，2002.

[95] 肖云龙. 别无选择：中国创新论 [M]. 长沙：湖南大学出版社，1999.

[96] 约瑟夫·熊彼特. 经济发展理论 [M]. 何畏，易家详，译. 北京：商务印书馆，1990.

[97] 唐小艳. 大学科研创新团队的成长环境研究 [D]. 长沙：中南大学，2006.

[98] 贾旭琴. 高等师范教育中融入创客教育的教学实践模式探究 [D]. 哈尔滨：哈尔滨师范大学，2018.

[99] 张晓振. 创客教育在高职 VB 教学中应用的实践研究 [D]. 哈尔滨：哈尔滨师范大学，2017.

[100] 庄琪琪. 我国高校创客教育发展现状与发展策略研究 [D]. 青岛：青岛大学，2018.

[101] 王竹立. "互联网 + 教育" 意味着什么 [J]. 今日教育，2015，（5）：1.

[102] 何克抗. 论创客教育与创新教育 [J]. 教育研究，2016（4）：12-24.

[103] 王旭卿. 面向 STEM 教育的创客教育模式研究 [J]. 中国电化教育，2015（8）：36-41.

[104] 袁刚，沈祖芸. 全球都在跨越 STEM[EB/OL]. [2014-10-01]. http://mp.weixin.qq.com/mp/appmsg/show?__biz = MjM5Njg3ODkwMQ = = &appmsgid = 10001601&itemidx = 1&sign = d9e6dc4975747018ac659a9e66b1dc77#wechat_redirect.

[105] 中共中央马克思恩格斯列宁斯大林著作编译局. 马克思恩格斯全集（第 1 卷）[M]. 北京：人民出版社，1972.

[106] 中共中央马克思恩格斯列宁斯大林著作编译局. 列宁全集（第 55 卷）[M]. 北京：人民出版社，1990.

[107] 姚树伟，谷峪. 高职院校发展动力因素与机制研究：基于利益相关者视角 [J]. 教育理论与实践，2014（15）.

[108] 唐小艳. 高职环保人才培养的利益相关者角色定位分析 [J]. 中国市场，2017（7）：80-81.

[109] 贾建国. 我国高等职业教育制度的改革与创新：基于利益相关者视角 [J]. 职教论坛，2009（15）：14.

[110] 洪彩真. 学生: 高等教育之核心利益相关者 [J]. 黑龙江高教研究, 2006 (12): 118-121.

[111] 亓俊国. 利益博弈: 对我国职业教育政策执行的研究 [D]. 天津: 天津大学, 2010.

[112] 丁煌. 利益分析: 研究政策执行问题的基本方法论原则 [J]. 广东行政学院学报, 2004 (3): 27-30, 34.

[113] 李名梁, 谢勇旗. 职业教育利益相关者: 利益诉求及其管理策略 [J]. 职教通讯, 2011 (21): 5-9.

[114] KLUGE. Friedrich. Etymologisches Worterbuch der deutschen Sprache [M]. Berlin New York: de Gruyter, 1995.

[115] 江奇. 德国职业教育产教融合机制研究 [D]. 西安: 陕西师范大学, 2014.

[116] 郝英奇. 管理系统动力机制研究 [D]. 天津: 天津大学. 2006.

[117] 刘延松. 高等教育创新动力研究 [D]. 西安: 西安科技大学, 2005.

[118] 武任恒. 多元智能理论对创新教育的启示 [J]. 江西社会科学, 2005 (1): 166-170.

[119] 温彭年, 贾国英. 建构主义理论与教学改革: 建构主义学习理论综述 [J]. 教育理论与实践, 2002 (5): 17-22.

[120] 李文君. 体验式学习理论研究综述 [J]. 教育观察, 2012, 1 (4): 83-89.

[121] 沈玲娣, 陶礼光. 体验学习的理论与实践 [J]. 北京教育 (普教版), 2005 (Z1): 20-22.

[122] 卢锋. 中小学创客教育模式研究 [D]. 武汉: 湖北师范大学, 2018.

[123] 朱永新, 杨树兵. 创新教育论纲 [J]. 教育研究, 1999 (8): 8-15.

[124] 熊吕茂, 薄明华. 创新教育理论研究综述 [J]. 当代教育论坛, 2003 (2): 50-52.

[125] 元元, 蔡敏, 李伟刚, 等. 创新教育的理论实践 [J]. 高教探索, 2001, 26 (2): 14-19.

[126] 卢锋. 中小学创客教育模式研究 [D]. 武汉: 湖北师范大学, 2018.

[127] 韩佳笑. 广西中职学校创客教育的现状与对策研究 [D]. 桂林: 广西师范大学, 2018.

[128] 陈张荣. 基于项目的学习理论综述 [J]. 教育教学论坛, 2017 (12): 249-250.

［129］邬彤. 基于项目的学习在信息技术教学中的应用［J］. 中国电化教育，2009（6）：95-98.

［130］刘景福，钟志贤. 基于项目的学习（PBL）模式研究［J］. 外国教育研究，2002（11）：18-22.

［131］李臣学，郝润科，宇振盛. 新时期下高校创客教育面临的机遇与挑战［J］. 当代教育实践与教学研究，2019（2）：149-150.

［132］戴军. 浅析我国愉快教育的理论演进［J］. 吉林省教育学院学报，2011，27（6）：1-2.

［133］李莲花. "创客"教育的国外经验剖析与国内推进路径研究［J］. 中国成人教育，2017（14）：125-127.

［134］THE WHITE HOUSE. fact sheet：New commit-ments in support of the President's Nation of Makers Initiative［EB/OL］.（2015-07-16）［2018-09-10］. https：//www. whitehouse. gov /the-press-office /2015 /06 /12 /fact-sheet-new-commitments-support-president's-nation-mak-ers-initiative/.

［135］李卢一，郑燕林. 美国社区创客教育的载体：社区创客空间的发展动力、功用与应用［J］. 开放教育研究，2015，21（5）：41-48.

［136］PITTSBURGH CITY. Mayor's Maker Movement Roundtable Summary Report［EB/OL］.［2015-07-25］. http：//apps. pittsburghpa. gov /cis/Maker_ Roundtable_ Summary_ Report. pdf /

［137］赵君，刘钰婧，王静. 国外创客空间发展的经验与启示［J］. 创新与创业教育，2019，10（1）：102-107.

［138］李燕萍，李洋. 中美英三国创客空间发展的比较及启示［J］. 贵州社会科学，2017，35（8）：82-88.

［139］宋刚，陈凯亮，张楠，等. Fab Lab 创新模式及其启示［J］. 科学管理研究，2008，26（6）：1-4.

［140］徐婧，房俊民，唐川，等. Fab Lab 发展模式及其创新生态系统［J］. 科学学研究，2016，34（5）：765-770.

［141］周贤日. 美国教育捐赠税制及其启示：以美国《国内税收法》501（C）条款为视角［J］. 温州大学学报（社会科学版），2015，18（6）：73-83.

［142］曾路，郑湛，杨雅歌. 创客空间的商业化发展研究：以美国 Tech Shop 创客空间为例［J］. 图书馆理论与实践，2016，38（8）：32-35.

［143］王立娜，房俊民，田倩飞，等. 美国创客运营模式研究：以全球知名创客空间 Tech Shop 为例［J］. 创新科技，2015，14（5）：7-9.

[144] 于跃，张雅光. 德国、英国大学生创新创业政策比较 [J]. 学理论，2018 (7)：169-170，175.

[145] 谢萍，石磊. 英国创新创业教育的现状及其启示 [J]. 世界教育信息，2018 (14)：42-47，51.

[146] 李南，陈云兰. 英国高校创新创业教育发展经验及启示 [J]. 智库时代，2018 (33)：243-244，257.

[147] 王志强，赵中建. 英国教育系统变革的背景、现状与趋势：论教育在英国国家创新系统中的作用 [J]. 全球教育展望，2010 (6)：45-49.

[148] 周洲. 英国高等教育的创新战略：基于《2004—2014 科学与创新投资框架》及年度报告的分析 [J]. 教育发展研究，2011 (Z1)：103-107.

[149] BIS. Innovation andResearch Strategy for Growth [R]. Crown copyright，2011：12-14.

[150] 田倩飞，房俊民，王立娜，等. 英国创客空间的组织方式及运作机制 [J]. 科技创新与应用，2015，4 (13)：61-62.

[151] LUC L. Community Makerspaces[EB/OL].(2015-07-25)[2018-09-25].http：//trueinnovators.com/community-makerspaces/.

[152] 加拿大首个专门提供创客空间的"无书"图书馆[EB/OL].(2019-06-11)[2019-06-15]. http：//www. 360kuai. com/pc/9d116e0874d0ca7a3？cota = 4&kuai_so = 1&sign = 360_57c3bbd1&refer_scene = so_1.

[153] 江泽民. 高举邓小平理论伟大旗帜把建设中国特色社会主义事业全面推向二十一世纪[EB/OL]. (2007-08-29)[2018-06-20].http：//www.gov.cn/test/2007-08/29/content_730614. htm.

[154] 王占仁. 中国创业教育的演进历程与发展趋势研究 [J]. 华东师范大学学报（教育科学版），2016 (2)：30-38，113.

[155] 教育部. 面向 21 世纪教育振兴行动计划[EB/OL].(1998-12-24)[2018-06-20]. http://old. moe. gov. cn/publicfiles/business/htmlfiles/moe/s6986/200407/2487. html.

[156] 中共中央关于完善社会主义市场经济体制若干问题的决定[EB/OL].(2003-10-21)[2008-08-13]. http://www.gov.cn/test/2008-08/13/content_1071062. htm.

[157] 人力资源社会保障部，等. 关于促进以创业推动就业工作的指导意见[EB/OL].(2008-10-29)[2018-10-29].http://www.gov.cn/jrzg/2008-10/29/content_1135116. htm.

［158］国务院办公厅. 国务院办公厅关于加强普通高等学校毕业生就业工作的通知［EB/OL］.（2009－01－23）［2019－01－23］. http://www.gov.cn/zwgk/2009－01/23/content_1213491. htm.

［159］高校创新创业教育改革与发展问题研究（笔谈）［J］. 教育研究，2018，39（5）：59.

［160］教育部. 普通本科学校创业教育教学基本要求（试行）（教高厅〔2012〕4号［EB/OL］.（2012－08－01）［2018－09－10］. http://old.moe.gov.cn/publicfiles/business/htmlfiles/moe/s5672/201208/140455. html.

［161］政府工作报告起草组成员解读"大众创业万众创新"［EB/OL］. 中国经济网，2015－03－06.

［162］李克强：为大众创业，万众创新清障搭台［EB/OL］.（2015－05－08）［2018－09－09］. http://www.ce.cn/culture/gd/201505/08/t20150508_5313092. shtml.

［163］国务院. 关于深化高等学校创新创业教育改革的实施意见［EB/OL］.（2015－05－04）［2018－05－13］. http://www.gov.cn/zhengce/content/2015－05/13/content_9740. htm.

［164］王鑫，王荣，杨光飞. 创客文化的原生动力及其功能演绎［J］. 重庆社会科学，2017（4）：107－113.

［165］中华人民共和国教育部. 关于做好2016届全国普通高等学校毕业生就业创业工作的通知：教学〔2015〕12号［EB/OL］.（2015－12－01）［2018－03－29］. http://www.moe.gov.cn/srcsite/A15/s3265/201512/t20151208_223786. html.

［166］教育部. 教育部关于印发《教育信息化"十三五"规划》的通知［EB/OL］.（2016－06－07）［2018－05－29］. http://www.moe.gov.cn/srcsite/A16/s3342/201606/t20160622_269367. html.

［167］创业新政策助大学生做创客［EB/OL］.（2015－05－28）［2018－05－29］. 教育部网站 http://www.moe.gov.cn/ jyb_xwfb/s7600/201505/t20150528_188686. html.

［168］中华人民共和国科学技术部. 深入推进大众创业万众创新，全社会创新创业活力进一步激发［EB/OL］.（2017－01－10）［2018－12－29］. http://www.most.gov.cn/ztzl/qgkjgzhy/2017/2017pd2016/ 201701/ t20170110_130388. htm，2017－01－10.

［169］谢作如. 如何建设适合中小学的创客空间：以温州中学为例［J］. 中国信息技术教育，2014（9）：13-15.

［170］王佑镁. 当前我国高校创客教育实践的理性认识综述［J］. 现代远

程教育研究，2017（4）：20-31+87.

[171] 谷歌支持高职参加中美青年创客大赛倡议[EB/OL].（2018-4-16）[2018-11-29].https://www.tech.net.cn/web/articleview.aspx? id = 20180416104525325&cata_id = N179.

[172] 教育部.教育部关于举办第五届中国"互联网+"大学生创新创业大赛的通知[EB/OL].（2019-3-27）[2019-3-29].http://www.moe.gov.cn/src-site/A08/s5672/201904/t20190408_376995.html.

[173] 上海市教育科学研究院，麦可思研究院.中国高等职业教育质量年度报告[R].北京：高等教育出版社，2018.

[174] 上海市教育科学研究院，麦可思研究院.中国高等职业教育质量年度报告[R].北京：高等教育出版社，2019.

[175] 湖南省教育厅.湖南省高等职业教育质量年度报告（2019）[R].长沙：湖南省教育厅，2019.

[176] 王运宏.湖南机电职业技术学院：打造创客校园，培养智慧工匠[EB/OB].（2018-6-29）[2018-11-29].https://www.tech.net.cn/web/articleview.aspx? id = 20180629105901529&cata_ id = N004.

[177] 对接农业农村 培育"三农创客[EB/OL].（2018-5-14）[2018-6-29].http://www.moe.gov.cn/ jyb_xwfb/xw_zt/moe_357/jyzt_2018n/2018_zt10/18zt10_zjzx/201805/t20180514_335952.html.

[178] 长沙环境保护职业技术学院.长沙环境保护职业技术学院高等职业教育质量年度报告（2019）[R].长沙：长沙环境保护职业技术学院，2019.

[179] 浙江省教育厅.浙江省高等职业教育质量年度报告（2016）[R].2016.

[180] 姜瑜，孙玲.大学校园里的创客们：温职院举办首届创新创业文化节暨第十九届大学生商品展销会[EB/OL].（2016-12-7）[2018-11-29].https://www.tech.net.cn/web/articleview.aspx? id = 20161207153320940&cata_id = N004

[181] 温州科技职业学院大力开展现代农业创客教育[EB/OL].（2015-6-29）[2018-11-29].https://www.tech.net.cn/web/articleview.aspx? id = 20150629150910615&cata_id = N049.

[182] 山东：2018年底校校建立创客空间[EB/OL].（2017-3-27）[2018-9-29].http://www.moe.gov.cn/jyb_xwfb/s5147/201703/t20170327_301013.html.

[183] 青岛3年培养3万名大学生创客[EB/OL].（2016-3-29）[2018-9-29].http://www.moe.gov.cn/jyb_xwfb/s5147/201603/t20160329_235729.html.

[184] 广东省教育厅.广东省高等职业教育质量年度报告（2019）[R].

广州：广东省教育厅，2019.

［185］黑龙江启动"高校创客活动周"［EB/OL］.(2015-9-16)［2018-5-29］. http://www.xinhuanet.com/politics/2015-09/16/c_128234412.htm.

［186］绵阳职业技术学院积极争创省级大学生创客俱乐部［EB/OL］.(2016-6-14)［2018-11-29］. https://www.tech.net.cn/web/articleview.aspx?id=20160614094400769&cata_id=N049.

［187］德州职院："创客"，点亮创新创业之梦［EB/OL］.(2016-6-14)［2018-11-29］. https://www.tech.net.cn/web/articleview.aspx?id=20150706123329563&cata_id=N049.

［188］唐小艳."创新3.0"背景下高职院校创客教育探析［J］. 当代教育论坛，2019（3）：105-111.

［189］彭波，邹蓉，贺晓珍. 论教育精准扶贫的现实隐忧及其消解之径［J］. 当代教育论坛，2018（6）：25-30.

［190］李根. 高校创客教育问题与对策探究［J］. 亚太教育，2016（15）：105-106.

［191］周高鹏. 创客教育存在的问题与对策分析［J］. 中外企业家，2019（2）：171.

［192］李燕萍，陈武，李正海. 驱动中国创新发展的创客与众创空间培育：理论与实践：2016年首届"创新发展·创客·众创空间"论坛评述［J］. 科技进步与对策，2016，33（20）：154-160.

［193］钟萍，董新春. 高职院校合作培养模式中主体利益的研究［J］. 中国林业教育，2015，33（3）：23-26.

［194］姚树伟，谷峪. 职业教育发展动力因素分析及机制优化：基于利益相关者视角［J］. 现代教育管理，2012（12）：49.

［195］蒋才锋，陈炜. 基于利益相关者的职业教育发展动力机制［J］. 教育与职业，2016（24）：40.

［196］姚树伟，谷峪. 职业教育的功能分析与目标实现［J］. 河北师范大学学报（教育科学版），2014，16（1）：86-89.

［197］王文兵，王维国. 论中国现代职业文化建设［J］. 中共长春市委党校学报，2004（4）：71-73.

［198］董显辉. 职业文化的内涵解读［J］. 职教通讯，2011（15）：5-9.

［199］顾兵，卢禹廷，顾彦玲. 高校创新创业教育动力机制研究［J］. 吉林化工学院学报，2019，36（6）：50-53.

[200] ADAFRUIT J C. Adafruit celebrates the National Week of Making with a trip to the White House[EB/OL]. (2015-07-08)[2018-09-10]. https：／／blog. adafruit.com/2015／06／15／adafruit-celebrates-the-national-week-of-making-with-a-trip-to-the-white-house-whitehouseostp-na-tionofmakers-weekofmaking／

[201] 卢燕梅, 张雪萍, 田涛. 河西学院大学生创新创业动力机制调查研究 [J]. 科技视界, 2017 (27)：29-30.

[202] 刘惠坚, 刘洁, 康思琦, 等. "校企双主体"办学的内涵、路径、模式的探索与实践 [J]. 中国职业技术教育, 2015 (8)：109-113.

[203] 中华人民共和国教育部. 中国短期职业大学和电视大学发展项目报告 [Z]. 1982.

[204] 中华人民共和国教育部. 关于印发《教育部关于加强高职高专教育人才培养工作的意见》的通知[EB/OL]. (2000-01-17)[2018-08-19]. http://www.moe.gov.cn/srcsite/A08/s7056/200001/t20000117_162628. html.

[205] 中华人民共和国教育部. 关于全面提高高等职业教育教学质量的若干意见[EB/OL]. (2006-11-20)[2018-08-23]. http：//www.moe.gov.cn/s78/A08/moe_745/tnull_19288. html.

[206] 中华人民共和国教育部. 关于推进中等和高等职业教育协调发展的指导意见[EB/OL]. (2011-12-30)[2018-09-09]. http://www.moe.gov.cn/src-site/A07/s7055/201112/t20111230_171564. html.

[207] 中华人民共和国教育部. 关于印发《国家教育事业发展第十二个五年规划》的通知[EB/OL]. (2012-06-14)[2018-09-19]. http：//www.moe.gov. cn/srcsite/A03/moe_1892/moe_630/201206/t20120614_139702. html

[208] 肖坤, 夏伟, 卢晓中. 论协同创新引领技术技能人才培养 [J]. 高教探索, 2014 (3)：11-14.

[209] 陈昌曙. 技术哲学引论 [M]. 北京：科学出版社, 2012.

[210] 唐成斌. 中学生发现问题和提出问题能力培养研究 [D]. 重庆：西南师范大学, 2001.

[211] 高博. 总理提出构建面向人人的"众创空间"激发亿万群众创造活力 [N]. 科技日报, 2015-01-30 (001).

[212] 李燕萍, 陈武, 陈建安. 创客导向型平台组织的生态网络要素及能力生成研究 [J]. 经济管理, 2017, 39 (6)：101-115.

[213] 徐思彦, 李正风. 公众参与创新的社会网络：创客运动与创客空间 [J]. 科学学研究, 2014, 32 (12)：1789-1796.

［214］王佑镁，陈赞安. 从创新到创业：美国高校创客空间建设模式及启示［J］. 中国电化教育，2016，23（8）：1-6.

［215］埃里卡·哈尔佛森，金伯利·谢里登. 教育中的创客行动［J］. 现代远程教育研究，2015，22（3）：3-8.

［216］KERA D. NanoŠmano Lab in Ljubljana：Disruptive Prototypes and Experimental Governance of Nanotechnologies in the Hackerspaces［J］. Journal of Science Communication，2012，11（4）：37-49.

［217］史蒂文·里夫. 黑客：计算机革命的英雄［M］. 赵俐，刁海鹏，田俊静，译. 北京：机械工业出版社，2011.

［218］刘志迎，徐毅，洪进. 众创空间：从"奇思妙想"到"极致产品"［M］. 北京：机械工业出版社，2015.

［219］曹衷阳，李建英. 高校教师培养创新型人才的设计策略研究：基于"慕课与翻转课堂"的理性思考［J］. 当代教育论坛，2018（5）：95-102.

［220］罗汝珍，孟子博，唐小艳. 高职院校"四轮并进"课程体系改革模式与运行机制［J］. 2011，（11）：84-87.

［221］饶燕婷. 利益相关者视野中高等教育质量保障多元主体探析［J］. 大学（研究与评价），2009（Z1）：19-23，47.

［222］李鹏鹏. 博弈视角下的高职院校校企合作运行机制研究［D］. 南昌：江西科技师范大学，2014.

［223］唐小艳. 第三方评价的理论分析：以经济新常态背景下现代职业教育为例［J］. 中国市场，2018（34）：183，195.

［224］张宏亮，赵学昌. 我国职业教育质量第三方评价研究综述［J］. 中国职业技术教育，2016（15）：31-36，47.

［225］佟林杰，孟卫东. 我国高等教育第三方评价体系构建研究［J］. 当代教育论坛，2013（3）：25-28.

［226］唐小艳. 高职环保人才培养模式改革研究［J］. 文存阅刊，2017（9）：49.

［227］杨洁，何燕子. 校企协同下创新型人才培养的实践教学体系构建［J］. 当代教育论坛，2018（1）：107-111.

［228］本报评论员. 构建国家创新生态系统迫在眉睫［N］. 科技日报，2016-10-22（001）.

［229］FREEMAN C. Technology Policy and EconomicPerformance：Lessons from Japan［M］. London：Pinter，1987.

[230] PATEL P, PAVITTI K. The Nature and Economic Importance of National Innovation System [M]. Paris: OECD, STI, 1994.

[231] LUNDVALL B A. National Systems of Innovation: Towards a Theory of Innovation and Interactive Learning [M]. London: Pinter, 1992.

[232] OECD. National Innovation Systems [M]. Paris: OECD, 1997.

[233] 王政. 为制造强国建设装上创新引擎: 对话工业和信息化部党组书记、部长苗圩 [J]. 中国中小企业, 2017 (12): 34-36.

[234] 朱学彦. 创新生态系统: 动因、内涵与演化机制 [C] //中国科学学与科技政策研究会. 第十届中国科技政策与管理学术年会论文集: 分4: 创新与创业 (Ⅰ). 中国科学学与科技政策研究会: 中国科学学与科技政策研究会, 2014: 8.

[235] 费艳颖, 凌莉. 构建高效的国家创新生态系统 [J]. 人民论坛, 2019 (18): 62-63.

[236] 江莹. 理解创新政策 [J]. 安徽大学学报, 2000 (6): 109-112.

[237] 彭纪生, 刘廷建. 完善我国技术创新政策的思考 [J]. 河海大学学报 (哲学社会科学版), 2000 (4): 6-9, 23.

[238] 韩博. 区域协同创新体系构建的路径选择 [J]. 中国经贸导刊, 2013 (29): 7-9.

[239] 唐小艳, 孙悦. 职教集团资源共享的综合评价指标构建 [J]. 现代教育管理, 2013 (11): 85-89.

[240] 李哲, 王昕, 朱胜慧, 等. 重庆市职业教育公共资源共享机制建设研究 [J]. 哈尔滨职业技术学院学报, 2018 (1): 14-16.

[241] 何廷玲, 唐敏, 冯兰. 重庆市教育信息资源公共服务平台的运行研究 [J]. 重庆工商大学学报: 社会科学版, 2007, 24 (2): 149-152.

[242] 田秀萍. 职业教育资源论 [M]. 北京: 光明日报出版社, 2010.

[243] 曾桂英. 职业教育校企合作政策保障的几点思考 [J]. 当代职业教育, 2013 (4): 7-9, 20.

[244] 曹起武. 新形势下高职院校在高等教育中的地位分析 [J]. 高等农业教育, 2015 (7): 99-101.

[245] 唐小艳. 试论创新型大学的基本特征 [J]. 当代教育论坛, 2006 (5): 105-106.

[246] 王玉恒. 智慧教育之一: 认识人的智慧[EB/OL].(2005-10-09) [2018-09-10].http://www.edu.cn/20020412/3024917_5.shtml/.

［247］曹菱红. 未来化：关于创新型人才培养的思考［J］. 教育探索，2003（10）：6-8.

［248］张振刚. 论知识的经纪人［J］. 科技进步与对策，2003（2）：31-33.

［249］吴晨，陈泞. 构建高校创新文化研究［J］. 煤炭高等教育，2005（1）：80-82.

［250］朱晓刚. 为科技创新提供良好的人文环境因素［J］. 科学决策，2005（5）：24-25.

［251］王豫生. 大力营造四种氛围 不断加强思想工作［J］. 福建农林大学学报（哲学社会科学版），2003（1）：1-4.

［252］纪延光，韩之俊. 论高校科技创新团队的人文环境建设［J］. 学位与研究生教育，2004（9）：26-30.

［253］阳剑兰. 我国大学科技园运行机制研究［D］. 长沙：湖南大学，2003.

［254］彭丽华. 高校科研管理激励机制的构建及实施方略［J］. 黑龙江高教研究，2004（11）：36-38.

［255］凌申坤，刘晨. 略论科研管理中的决策与激励机制［J］. 浙江海洋学院学报（自然科学版），2003（3）：293-296.

［256］徐忆琳，叶正祥. 浅析我国高校科研成果转化率低的原因及对策［J］. 科技进步与对策，2002（8）：181-182.

［257］伯顿·克拉克，王晓阳，等. 自主创新型大学：共治、自治和成功的新基础［J］. 清华大学教育研究，2000（4）：1-8.

［258］罗汝珍. 市场经济背景下高等职业教育产教融合机制研究［J］. 教育与职业，2014（21）：8-11.